名师大讲堂

西方哲学精神探源

王晓朝 著

北京大学出版社

图书在版编目(CIP)数据

西方哲学精神探源/王晓朝著；—北京：北京大学出版社，2016.4
（名师大讲堂）
ISBN 978-7-301-26889-6

Ⅰ.①西… Ⅱ.①王… Ⅲ.①西方哲学 Ⅳ.① B5

中国版本图书馆CIP数据核字(2016)第027808号

书　　　名	西方哲学精神探源 Xifang Zhexue Jingshen Tanyuan
著作责任者	王晓朝　著
责任编辑	吴　敏
标准书号	ISBN 978-7-301-26889-6
出版发行	北京大学出版社
地　　　址	北京市海淀区成府路205号　100871
网　　　址	http://www.pup.cn　　新浪微博:@北京大学出版社
电子信箱	pkuwsz@126.com
电　　　话	邮购部 62752015　发行部 62750672　编辑部 62757065
印刷者	北京中科印刷有限公司
经销者	新华书店
	650毫米×980毫米　16开本　16印张　199千字
	2016年4月第1版　2018年4月第2次印刷
定　　　价	38.00元

未经许可，不得以任何方式复制或抄袭本书之部分或全部内容。
版权所有，侵权必究
举报电话: 010-62752024　电子信箱: fd@pup.pku.edu.cn
图书如有印装质量问题，请与出版部联系，电话: 010-62756370

前　言

"西方哲学精神探源"是清华大学人文素质核心课程。自2006年开讲以来,至今已有十个年头。本课程面向全校各专业本科生,通过讲述古希腊罗马哲学家丰富的思想和观点,探讨西方哲学精神的起源,揭示西方民族的精神取向,阐明西方民族思维方式的特征,帮助学生把握西方哲学的基本精神,养成理论思维的能力,培养高尚的情操,提高人文素质。课程开设以来,取得了良好的教学效果,为学校的人文素质教育做出了一定的贡献。

古希腊哲学是整个西方哲学的源头与初始阶段,探索西方哲学精神就是探索希腊哲学的基本精神。在长达1000多年的历史中,希腊哲学经历了多个阶段的变迁,在此期间哲人辈出、学派更迭,遗留下来的典籍卷帙浩繁。中国哲学界历来重视古希腊哲学的研究。希腊哲学思想自上个世纪初传入中国以来,一方面成为中国现代哲学的研究对象,另一方面成为现代中国哲学发展的重要思想资源,其思想成果转化为现代中国哲学的内在组成部分。

本世纪以来,中国学者在古希腊哲学研究领域取得了重要进展。在全球化的大趋势下,中国学者努力翻译和整理希腊哲学典籍,结合中国当下处境,对希腊哲学典籍做出新的诠释和阐发,发表了大量的研究成果,提出了一系列重要的理论见解。从已有研究成果看,无论其外观采取何种形式(专著、译著、论文),均注重对古希腊哲学典籍的文本诠释和义理阐发,研究水平有了稳步提升。随着今后研究的深入,中国学者将进一步拓展希腊哲学研究的范围,更加详细地把握希腊哲学的细节,更为完整地理解希腊哲学的精粹,大踏步地走上国际学术讲坛,并以中国学者的独立见解影响外国学者。

探索西方哲学精神是这门课程的主旨。为了适合教学的需要,我于今年上半年对这门课程的体系和结构做了巨大的变动。课程共分15讲。第1讲,"导论一",对哲学、宗教与文化进行界定,揭示三者之间关系,提供课程的理论框架;第2讲,"导论二",简介古希腊哲学发生、发展、繁荣、衰亡的历史过程,为探索希腊哲学精神提供预备性知识;第3讲,"求是",结合判断希腊哲学诞生的标准问题,分析早期希腊哲人的思维方式特征,揭示希腊理性精神的萌发;第4讲,"求本",结合希腊哲学探讨的主要问题,揭示希腊哲学发展从追求本原,到追求本质,再到追求本体的过程;第5讲,"求知",介绍希腊哲学主流知识论的三位主要哲学家(柏拉图、西塞罗、奥古斯丁)的相关思想,揭示古希腊罗马民族的求知精神;第6讲,"求真",阐明希腊语言中的两种"真",揭示古希腊民族的求真精神,讲述希腊哲学方法论与逻辑学的相互关系;第7讲,"求实",介绍与分析古希腊希腊罗马民族从事科学研究的特点和所取得的成就,揭示其科学精神;第8讲,"求美",古希腊人没有创立美学这门学问,但有丰富的美学思想,本讲通过解读柏拉图《会饮篇》的基本思想,讲解柏拉图的爱情哲学,由此领略希腊人的求美精神;第9讲,"求善",善的问题是伦理学研究的重大问题,本讲介绍古希腊罗马伦理思想发展的概况,掌握哲学家们对善的思考,领略希腊民族的求善精神;第10讲,"求仁",通过介绍古希腊罗马的古代人文主义思想,来领略希腊人的求仁精神;第11讲,"求义",通过介绍柏拉图、西塞罗、奥古斯丁有关正义的思想,领略希腊罗马民族的求义精神;第12讲,"求礼",介绍与分析柏拉图和西塞罗有关国家和法制的相关思想,领略希腊罗马民族的求礼精神;第13讲,"求福",介绍希腊罗马传统宗教的衰亡和基督教的诞生,讲述各种幸福论思想,反映希腊罗马民族的精神生活和精神追求;第14讲,"求圣",希腊罗马古代思想家都在求福(追求幸福),也在求圣(追求成为圣人),通过分析各种希腊神秘主义的起源,领略希腊罗马民族的求圣精神;第15讲,"总结",介绍与分析古希腊哲学的地方性特征和世界化历程,掌握希腊哲学的基本精神。

  这门课开设已久,但一直没有一个正式的教材,而用拙著《希腊哲学简史》和《罗马帝国文化转型论》来替代。近年来,清华大学努力推行大规模公开在线教育(MOOC,慕课)。这门课程于今年夏天拍摄了慕课,并上线运行。为适应教学需要,我以我的讲稿和以往的论著为依据,整理了这本教材。在整理这本教材的时候,得到了我的博士生谢伊霖的帮助。谢伊霖同学今年担任我的助教组长,带领16名助教对清华校内修课的学生进行导修(课堂讨论),为全面提高学生的思、读、写、讲能力做出了重要贡献。

  感谢北京大学出版社编辑吴敏女士。她去年底就已向我约稿,并耐心地等待我本学期的教学工作的完成!感谢北京大学出版社的领导,为你们对人文素质教育的重视!我以前撰写的教材《宗教学基础十五讲》也是在北京大学出版社出版的。

王晓朝
2015年12月30日于清华园

目录

第1讲	导论一:哲学、宗教与文化	1
第2讲	导论二:希腊哲学概览	22
第3讲	求是:理性精神的萌发	50
第4讲	求本:本体论、形上学	65
第5讲	求知:古代知识论	78
第6讲	求真:方法论、逻辑学	93
第7讲	求实:科学精神	105
第8讲	求美:爱的礼赞	122
第9讲	求善:伦理思想	137
第10讲	求仁:人文主义	152
第11讲	求义:正义论	166
第12讲	求礼:国家与法制	182
第13讲	求福:宗教的寻求	195
第14讲	求圣:与神合一	210
第15讲	总结:希腊哲学的基本精神	229
参考书目		241

第1讲
导论一：哲学、宗教与文化

同学们，我们这门课是哲学类的课程。这门课的内容属于西方古代哲学史，但我们的讲授并不按照哲学史的传统方法来进行。我知道，在座的同学绝大部分来自理、工、医、商、法、政、经等各个学科，在修这门课之前对哲学没有太多的了解。所以在这一讲中，我要讲解哲学、宗教、文化这三个基本概念的含义，并阐述三者之间的关系。无论同学们以前有无学过哲学，我都把这一讲视为和同学们一道迈入希腊哲学殿堂的第一步。

一、哲　学

我先解释一下"哲学"这个词的来源。在古希腊语中，"哲学"这个词写作Φιλοσοφία，这个词实际上是一个合成词，它的前一部分Φιλο-的词义是"爱"，后面一部分σοφία的意思是"智慧"。那么，为什么"爱"加上"智慧"就成了哲学了呢？公元3世纪的一位作家第欧根尼·拉尔修记载说："第一个使用哲学这个名称，并称自己为哲学家的人是毕达哥拉斯。"①"僭主勒翁问他是什么人的时候，他回答

---

① 第欧根尼·拉尔修：《名哲言行录》I.12，徐开来、溥林译，桂林：广西师范大学出版社，2010年。

说,我是哲学家(爱智慧的人)。"①可见,最初的"哲学"是智慧的同义词。

我们是中国人,我们的母语是汉语。我们在接触到外来词的时候,总是用母语在理解和思考。所以我们还要看一下在汉语中,"哲"是什么意思?"哲"如果作为动词用,那么它的意思是"知道""了解""掌握"。"哲,知也。"(《说文》)"立政鼓众,动化天下,莫上于中和,中和之发,在于哲民情。"(《汉书·扬雄传下》)如果作名词用,它的意思就是"智慧"。"哲,智也。"(《尔雅》)"智人则哲。"(《尚书·皋陶谟》)上述二义结合,相当于"掌握智慧"。所以很巧,西方的"哲学"最基本的含义,或者说,它的初步含义是对智慧的热爱和追求。而在中文里,"哲"的意思是对智慧的把握。"哲"的本原字,其词根来自折断的"折"和分析的"析",即用心用口用语言进行分析和解释。"哲"字又可写作"晢"字的异体字,即清晰和明亮的意思。通过分析而达到明晰,就是"明哲",即通过理性思维达到对世界的把握。19世纪70年代,日本最早的西方哲学传播者西周(1829—1897)用汉字将它译为"哲学"。1896年,中国学者黄遵宪首先移用这一译名,将日本的译法介绍到中国,后来逐渐流行,沿用至今。

"哲学史,顾名思义,就是哲学发展的历史。"②哲学史是人写出来的,写哲学史的人有什么样的哲学观,就会写出什么样的哲学史。这种情况对于学习哲学史也适用。"要了解一个时代或一个民族,我们必须了解它的哲学;要了解它的哲学,我们必须在某种程度上自己就是哲学家。"③因此,我们的讨论要从哲学这个概念开始。

当今时代,学科林立,专业高度分化,不同专业的从业者形成了一个个圈(circle),或一个个界(field)。于是乎,哲学也有了一个圈,

---

① 第欧根尼·拉尔修:《名哲言行录》VIII.8。
② 汪子嵩、范明生、陈村富、姚介厚:《希腊哲学史》第1卷,北京:人民出版社,1988年,第1页。
③ 罗素:《西方哲学史》上卷,何兆武、李约瑟译,北京:商务印书馆,1981年,第12页。

哲学也有了一个界。在圈外人看来,研究哲学的人一定明白哲学是什么。然而实际情况是,这个世界上自有哲学起,"哲学是什么"这个问题一直是哲学家们想说明白,但一直未能说明白,或者是没有统一答案的问题。已有的各种哲学教科书对"哲学是什么"这个问题有明确的答案,但若我们放眼世界范围人类历史中出现的各种哲学,学者们对这个问题确实没有统一的答案。有哪位自然科学家和社会科学家会对自己研究的学科究竟是什么都说不清楚?然而哲学的情况就是这样。

我认为要回答哲学是什么,不能从哲学的具体功能(它有什么用)入手,而要从哲学的本性入手。经过一个多世纪的努力,中国哲学家已经明白了:哲学与意识形态有千丝万缕的联系,但哲学不能完全等同于意识形态;哲学与政治也有百般瓜葛,政治的理论层面和实际运作都可以有某种哲学作为理论根据,但它们都是某种政治理念的运作,而不是哲学本身;哲学不是具体的自然科学和社会科学,尽管哲学在特定时期为许多学科的诞生奠定基础,孕育了许多学科,哲学往昔拥有的"科学之母"的冠冕虽已落地,但哲学思维却仍是任何学科进一步发展不可或缺的;哲学可以提供智慧,使人聪明,但哲学不是现成的知识,更不是教条,如果把哲学当作恒定不变的知识或教条,实际上就是对哲学本性的违背。

在漫长的历史中,许多中外思想家和哲学家都给哲学下过定义,但这些所谓定义有许多并非是在用逻辑定义的方法(种加属差)界定哲学,而是在表达他们自己对哲学的看法(哲学观)。比如,冯友兰先生在《中国哲学简史》中说哲学"就是对于人生的有系统的反思思想"。爱因斯坦这位大科学家也谈论过哲学,他大意是说,如果把哲学理解为在最普遍和最广泛的形式中对知识的追求,那么,哲学显然就可以被认为是全部科学之母。很显然,他是在哲学与科学的关系中间寻求对哲学的看法。18世纪德国著名浪漫派诗人诺瓦利斯(1772—1801)说,哲学是全部科学之母,哲学活动的本质就是精神还乡,凡是怀着乡愁的冲动到处寻找精神家园的活动皆可称之为哲学。

我在《希腊哲学简史》中表达了我对哲学的看法。我认为,哲学的本性是一种批判性的理论思维和一种对世界(包括社会和人本身)的终极关怀,学习和研究哲学的最根本目的就是掌握一种批判性的理论思维方式和确立一种关于终极实在的高尚情操。

我们看到,在漫长的历史中,人类逐渐形成了不同的思维方式。1857年,马克思在《〈政治经济学批判〉导言》中指出人类掌握世界有四种方式:理论的、艺术的、宗教的、实践的。他说:"整体,当它在头脑中作为思想整体而出现时,是思维着的头脑的产物,这个头脑用它所专有的方式掌握世界,而这种方式是不同于对于世界的艺术精神的,宗教精神的,实践精神的掌握的。"①这里讲的人类运用"思维着的头脑"掌握世界的"专有的方式"就是理论思维,它通过语言、概念、范畴认知世界。在后来一系列重要著作中,马克思进一步把人类活动分为"物质活动"和"精神活动","物质生产"和"精神生产","认识活动"和"实践活动"等两大类,从而把人对世界的掌握方式分为物质掌握和精神掌握这两大类。人对世界的精神掌握并不是消极被动的,而是以不同的方式、途径积极影响着人对世界的物质掌握。人类精神发展越完善,对自然和社会规律的认识越深邃、越全面,人类掌握世界的程度也就越高。从这个意义讲,人对世界的精神掌握是人类能动特质的一个表现,是人类区别于动物界的一个重要标志。"每一时代的理论思维,从而我们时代的理论思维,都是一种历史的产物,在不同的时代具有非常不同的形式,并因而具有非常不同的内容。因此,关于思维的科学,和其他任何科学一样,是一种历史的科学,关于人的思维的历史发展的科学。"②

---

① 马克思:《马克思恩格斯选集》第2卷,北京:人民出版社,1995年,第19页。
② 马克思:《马克思恩格斯选集》第3卷,第465页。

自哲学诞生以来,哲学家们首先把他们的眼光投向人类所处的这个世界,想要解答这个世界的本原是什么,于是就有了各种各样的答案。后来他们发现,在人连自身都还没有认识清楚的时候就去认识自然会带来许多谬误,于是就把目光转向研究人本身,用内省的方式对人的心灵进行研究,探讨人的本质。在对人的本身进行内省式反思的过程中,哲学家们认识到人与动物的根本区别不在于身体的构造,而在于人的精神追求。人的基本生存条件得到满足以后,他会有精神方面的追求(包括理性、欲望和情感),他会超出现象世界思考现象背后的东西,他会越过现时代而思考未来,他会超脱世俗的事务而追求一种对终极实在的关怀。

　　哲学不是生活必需品,因此并非人人都需要哲学,更谈不上人人都有哲学。然而人们除了物质生活的需要,还有精神生活的需求。"时代的艰苦使人对于日常生活中平凡的琐屑兴趣予以太大的重视,现实上很高的利益和为了这些利益而作的斗争,曾经大大地占据了精神上一切的能力和力量以及外在的手段,因而使得人们没有自由的心情去理会那较高的内心生活和较纯洁的精神活动,以致许多较优秀的人才都为这种艰苦环境所束缚,并且部分地被牺牲在里面。因为世界精神太忙碌于现实,所以它不能转向内心,回复到自身。"[1]然而,从整个人类来说,人类的精神、民族的精神又绝不愿意自甘堕落到动物的水平,它始终要追求"精神的家园"。"追求真理的勇气和对于精神力量的信仰是研究哲学的第一个条件。人既然是精神,则他必须而且应该自视为配得上最高尚的东西,切不可低估或小视他本身精神的伟大和力量。人有了这样的信心,没有什么东西会坚硬顽固到不对他展开。那最初隐蔽蕴藏着的宇宙本质,并没有力量可以抵抗求知的勇气;它必然会向勇毅的求知者揭开它的

---

[1] 黑格尔:《哲学史讲演录》第1卷,贺麟、王太庆译,北京:商务印书馆,1981年,第1页。

秘密,而将它的财富和宝藏公开给他,让他享受。"①可以说,哲学自诞生以来绵延不绝,其理由就在于人的这种本性,而人的这种本性也就是哲学的本性。

哲学史与哲学在本质上是同一的。黑格尔说:"哲学史的本身就是科学的,因而本质上它就是哲学这门科学。""哲学是理性的知识,它的发展史本身应当是合理的,哲学史本身就应当是哲学的。"②把握哲学史与哲学本质同一的原则,对于我们研究哲学史具有重要意义。

哲学有其自身发展的历史,哲学史也有其自身发展的历史。我们看到,古希腊哲学家柏拉图的对话记载有大量前人的观点,而亚里士多德在他的主要著作中收集和整理了许多文献资料,对以往哲学家的观点作了有分析、有评价的系统阐述。到了近现代,许多大哲学家本身也是哲学史家,例如黑格尔、罗素,等等。他们的哲学史著作除了阐述哲学史的基本内容外,还为我们提供了哲学史方法论方面的论述。这些古今哲学家所做的工作不仅为我们保留了经过整理的可供研究的史料,而且也为我们研究哲学史提供了方法论上的借鉴。

哲学是人类思维从非理性思维踏入理性思维门槛以后的产物,它首先出现在世界各民族大家庭中的某些民族之中,而古希腊人就是其中之一。在研究希腊哲学史的过程中,我们可以把握古希腊民族在批判性的理论思维和对世界的终极关怀方面的进展,从而提高我们的理论思维能力。如恩格斯所说:"理论思维仅仅是一种天赋的能力。这种能力必须加以发展和锻炼,而为了进行这种锻炼,除了学习以往的哲学,直到现在还没有别的手段。"③

---

① 黑格尔:《哲学史讲演录》第1卷,第3页。
② 同上书,第12页。
③ 恩格斯:《马克思恩格斯选集》第3卷,第465页。

西方近代大哲学家黑格尔探讨过哲学与文化的关系。他指出："时代精神是一个贯穿在所有各个文化部门的特定的本质或性格"，"哲学是对时代精神的实质的思维，并将此实质作为它的对象"，而其他各种文化形态，都是"在一个与哲学有内在联系的精神领域内表现那同一的精神原则。""这就是哲学在各个文化形态中的地位"。①

人类社会经过漫长的发展，在各个不同社会都发现和积淀了一些基本价值，比如公平、正义、民主、富强等等。这些基本价值是维系人类社会的基本要素，而哲学对于这些基本的人文价值起着发现、继承和维护的作用。我们常说，中国人的精神生活中有对真善美的追求，西方人的精神生活中也有对真善美的追求。人有这种追求精神发展的本性，有追求真善美之类普遍精神价值的本性。人的这种本性也就是哲学的本性。

综上所述，要表达我们对哲学的看法，可以说哲学是一种理论思维，是对时代精神的反思，是对人文价值的发现、继承和维护。

二、宗　教

"宗教"是个外来词。我国古代典籍中有"宗"和"教"这两个单字，但无"宗教"这个词组。根据《说文解字》中的解释，"宗，尊祖庙也。""教，上所施，下所效也。"可见，"宗"字在古汉语中的基本含义在于人的祖先崇拜，而"教"字则是教化的意思。

宗教这个词在中国出现首先源自印度佛教。佛教以佛陀所说为教，以佛弟子所说为宗，宗为教的分派，合称宗教，意指佛教的教理。宗教这个词的另一个来源是拉丁文"religio"，它本来的意思有

---

① 黑格尔：《哲学史讲演录》第1卷，第56页。

虔诚、对神的敬畏和景仰、敬神的礼仪、神圣性、圣地、圣物,等等。尽管宗教是个外来的概念,但与我国古籍中的神道设教思想颇为吻合。儒家经典《中庸》中有所谓"天命之谓性,率性之为道,修道之为教"。《易经》中也说:"观天之神道,而四时不忒,圣人以神道设教,而天下服矣"。这些都更进一步强调和突出了宗教的教化作用。

　　在科学研究中,给研究对象下定义往往起着确定研究方向的作用。宗教学的发展表明,对宗教的界说不同,研究的视角、取向、方法与结果往往会呈现极大的差异。面对什么是宗教这一看似简单的问题,人们却很难为其下一个简单明确的定义。诚如宗教学的创始人麦克斯·缪勒所说:"各个宗教定义从其出现不久,立刻会激起另一个断然否定它的定义。看来,世界上有多少宗教,就会有多少宗教的定义,而坚持不同宗教定义的人们间的敌意,几乎不亚于信仰不同宗教的人们。"[①]从已有的宗教定义来看,学者们一般从以下几个方面来给宗教下定义。

　　首先,世界上各种宗教都有一个以神道为对象的信仰层面,因此宗教学者们把宗教理解为某种以神道为中心的信仰系统。通过对各种宗教的比较性的研究,学者们超出特定的宗教神道信仰,把各种各样的宗教信仰对象抽象化,一般化,并使用"无限存在物""精灵实体"或"超世的""超自然的存在"之类抽象的哲学概念来表述宗教信仰对象,使之适用于世界历史上的各种宗教体系。比如麦克斯·缪勒认为人们产生宗教意识的种子,乃是人们对无限存在物的认识和追求,因此,所谓宗教就是对某种无限者的信仰。[②]又比如宗教人类学家爱德华·泰勒认为,一切宗教,不管是发展层次较高的种族的宗教,还是发展层次较低的种族的宗教,它的最根本根据是对

[①] 麦克斯·缪勒:《宗教的起源与发展》,金泽译,上海:上海人民出版社,1989年,第21页。
[②] 麦克斯·缪勒:《宗教学导论》,陈观胜、李培茱译,上海:上海人民出版社,1989年,第11页。

"灵魂"或"精灵"的信仰。因此,他给宗教所下的最低限度的定义就是"对于精灵实体的信仰"。①

其次,有一批宗教学家以信仰主体的个人体验来规定宗教的本质。比如美国心理学家威廉·詹姆士认为,以个人的宗教体验为本质的"个人宗教",比以神学信条和教会制度为根本的制度宗教更为根本。以教会为基础的制度宗教一经成立,就变成因袭相承的传统。可是每个教会的创立者的力量,最初都是由教会创立者个人直接与神感通的宗教经验而来的。因此,个人的宗教体验是宗教中最先起、最根本的因素。所谓宗教,"就是各个人在他孤单时候由于觉得他与任何一种他认为神圣的对象保持关系所发生的感情、行为和经验"。②又比如英国著名宗教学者约翰·麦奎利认为,宗教中最根本的东西就是人与神的交际和感通,宗教学家们都以信仰者个人主观性的个人感受和宗教体验为中心,认为它是宗教崇拜活动、宗教仪式、宗教信条及教义的基础所在。③

再次,有一批宗教社会学家以宗教的社会功能来规定宗教的本质。在宗教社会学的创始人爱弥尔·涂尔干看来,宗教乃是"一种统一的信仰和行为体系,这些信仰和行为与神圣的事物,即被划分出来归入禁忌的东西有关,它把所有信奉者团结到一个称为教会的单一的道德共同体之中"。④美国宗教学家密尔顿·英格则把宗教定义为"人们藉以和生活中的终极问题进行斗争的信仰和行动的体系"。⑤总之,他们把宗教的社会功能视为宗教的本质,把与宗教有

---

① Edward Tylor, *Primitive Culture: Researches into the Development of Mythology, Philosophy, Religion, Language, Art and Custom*, John Murray Co. London, 1871, p.4.
② 威廉·詹姆士:《宗教经验之种种》,唐钺译,北京:商务印书馆,1984年,第30页。
③ 参阅约翰·麦奎利:《二十世纪宗教思想》,高师宁等译,上海:上海人民出版社,1989年。
④ 爱弥尔·涂尔干:《宗教生活的基本形式》,渠东、汲喆译,上海:上海人民出版社,2006年,第47页。
⑤ 英格:《宗教的科学研究》,金泽等译,北京:中国社会科学出版社,2009年,第7页。

相同社会功能的文化现象视为宗教。但是从20世纪60年代起西方学术界出现了一种趋势,把在社会功能上近似于宗教的非宗教现象称之为"非宗教的宗教"或"世俗宗教"。许多颇有名气的社会学家把共产主义、爱国主义、民族主义甚至热爱科学、推崇民主等等都当成类似宗教的"世俗宗教"。

最后,还有一批学者从宗教与文化的关系角度定义宗教。有关宗教与文化之关系的讨论,是当今文化学、哲学、宗教学都极感兴趣的课题。它关系到人类对自身价值和历史意义的评说。学者们认为,人类的宗教与文化最初是同时形成的,而且人类文化最早采用了"宗教文化"的形式,只是在后来的发展过程中,才从这种"宗教文化"形式中产生出其他多种文化形式,导致了宗教与文化的表面化分手,形成了"宗教"与"世俗"两大领域。比如美国宗教哲学家保罗·蒂利希认为,人类文化的统一性就在于宗教。他强调,人类文化成果所体现的一切,就其内涵来说都是宗教的。宗教构成一切文化的内部意义,宗教是文化的实质,文化是宗教的表现形式。他说:"正如文化在实质上是宗教,宗教在表现形式上则为文化。"①

下定义是人文社会科学研究的工具和手段,但任何定义都有局限性,因此我们了解了上述各种定义以后,千万不要执着于某一个定义,以免以偏概全。宗教不仅仅是一种意识形态,而是一个文化实体。与此相应,分析宗教现象也应当是多视角、多层面的。中国宗教学家吕大吉先生提出"宗教要素说",非常适宜用来判断宗教与非宗教。

吕大吉先生指出:"宗教作为一种社会化的客观存在具有一些基本要素。我们把这些要素分为两类:一类是宗教的内在因素;一类是宗教的外在因素。宗教的内在因素有两部分:1)宗教的观念或思想;2)宗教的感情或体验。宗教的外在因素也有两部分:1)宗

---

① 保罗·蒂利希:《文化神学》,陈新权译,北京:工人出版社,1988年,第8页。

教的行为或活动;2)宗教的组织和制度。一个比较完整的成型的宗教,便是上述内外四种因素的综合。"①

从逻辑上看,四个要素在宗教体系中实际上有四个层次。处于基础层或核心层的是宗教观念(主要是神道观念)。只有在有了宗教神道观念的逻辑前提下,才有可能产生观念主体对它的心理感受或体验。因此,我们把宗教的感受或体验作为伴生于宗教神道观念的第二个层次。宗教崇拜的行为(巫术、祭祖、祈祷、禁忌等)显然是宗教观念和宗教体验之外在的表现,属于宗教体系的第三个层次。宗教的组织与制度则是宗教观念信条化、宗教信徒组织化、宗教行为仪式化、宗教生活规范化和制度化的结果,它处于宗教体系的最外层,对宗教信仰者及其宗教观念、宗教体验和宗教行为起着凝聚固结的作用,保证宗教这种社会现象作为社会结构的一部分而存在于社会之中。

从宗教的发展来看,"具有超人间、超自然的神或神性物的观念,在宗教体系中构成核心的、本质的因素"②。但是,单是神灵观念并不构成宗教的全体。宗教观念要想成为信众共同崇拜的对象,还必须把它表象为信众可以感知和体认的感性物。因此,各种宗教都把其崇奉的神圣对象客观化为某种具有感性形态的象征系统。天主教神学家虽然把他们的上帝抽象化为无形的精神性存在,但同时又把十字架、圣母像、圣徒遗物之类作为上帝的象征和神圣事物,把耶稣基督说成是"道成肉身"和"上帝之子",这实际上也是把他作为上帝和圣灵的象征。伊斯兰教谴责一切偶像崇拜,但真主却偏要通过某个具体的人(真主的使者穆罕默德)来传达他的启示,而且圣城麦加的克尔白神庙还要供奉一块黑石。至于佛教寺庙中佛和菩萨的偶像更是多如牛毛。有了宗教崇拜的偶像或其他象征表现,相

---

① 吕大吉:《宗教学通论新编》,北京:中国社会科学出版社,1998年,第76页。
② 同上书,第74页。

应地就产生了宗教象征物的安息之所、供奉之地,以便为信仰者提供宗教活动的场所。于是,金碧辉煌的寺庙、巍峨壮丽的教堂便傲然矗立在大地之上,虚无缥缈的神灵便具有了物质存在的形式。

宗教观念的客观化进一步体现在宗教信仰者的行为之中。宗教信仰者的行为是信仰者用语言和肉体进行的外在活动,它是内在的宗教观念和宗教感情的客观表现。一定的宗教观念和一定的宗教感情总是像磁铁的两极一样相伴而生。当人们把异己力量表象为超人间、超自然的力量的时候,也就伴生了对这种超人间、超自然力量的敬畏感、依赖感和神秘感。情动于中则形之于外,发之为尊敬、爱慕、畏怖、祈求、祷告的言词,表现为相应的崇拜活动。各种宗教都通过一定的仪式把这些原为自发而且分散的宗教行为规范化、程式化,并附加上神圣的意义。

宗教观念的社会化具体表现为宗教组织和制度的建立。宗教组织的出现,进一步消除了原始宗教信仰上的自发性,而使宗教成为以宗教组织为基础的社会性宗教。宗教既然有了一定的组织形态,为了对外立异和对内认同的需要,便相应地把本教的基本宗教观念教义化、信条化,并建立与教义相适应的各种戒律规范和教会生活制度。这些共同的礼仪行为、共同的教义信条、共同的教会生活制度、共同的戒律规范,强化了宗教的社会性,把广大信仰者纳入共同的组织和体制,规范了他们的信仰和行为影响以至决定了他们的整个社会生活,这就使宗教在现实生活中成为一种重要的社会力量。

上述四种基本要素在宗教体系中具有一定的关系和结构。宗教观念和宗教体验是统一的宗教意识的互相依存的两个方面。宗教意识又必然外化为宗教行为和宗教组织。所以,构成宗教的内外两类因素乃是同一事物的两个方面,它们是相互伴生、相互制约的。

三、文　化

宗教与哲学有着密切的关系,与文化也有着密切的关系。文化这个概念也是我们这门课使用得最多的概念之一。我们下面就来说一说文化。

我们知道,整个20世纪是国际文化研究热潮此起彼伏的世纪,也是中国学术界深深地卷入文化问题的世纪。在这一文化大讨论的背景下,我于上世纪90年代末提出了"文化互动转型论",并把它与我对希腊哲学、基督教哲学和中西文化交流的研究结合起来。

我认为,20世纪的文化理论研究经历了诸如文化定义的探讨、文化形态的分类、文化系统的描述、跨文化的比较、文化多元主义、文化冲突论与融合论一类的研究热点或浪潮,但是现有各种研究并没有穷尽文化研究的对象,也没有提出一种能为学者们全然信服的理论体系。随着时间的推移,经过学术界的长期思考与争论,现有文化理论中有些观点已经落伍,而有些观点则由新论转化为共识或常识。这些共识就是我们建构新的文化理论的前提。

下述观点可以引来作为我们建构文化互动转型论的前提:

第一,文化与文明绝对界限之消融。

任何一位学者都不会忽略文化研究或文化学研究所包括的巨大范围,学者们提出的文化(或文明)定义之杂多,也是人所周知的。在笔者看来,这些成批涌现的定义只能说明文化研究的范围日益扩大,而不能说明学术界对文化或文化学的研究对象与方法达成了共识。20世纪的文化研究把许多学科牵扯了进来,但是可以预期的是,某些学者想要创立的作为单一学科的文化学在相当长时间内仍将只是一种应然状态,而非现实状态。

尽管文化学的创建远未成为现实,但是文化研究的成果不能忽视。文化与文明之绝对界限的消融可以看作是文化研究的重要进展之一。学者们在追溯现代文化研究的渊源时大都追溯到泰勒的文化定义。这位学者写道:"文化或文明,就其广泛的民族学意义来说,乃是包括知识、信仰、艺术、道德、法律、习俗和任何人作为一名社会成员而获得的能力和习惯在内的复杂整体。"[1]在这里,他将文化与文明等量齐观,在二者之间未作任何区别,实际上开了消融文化与文明界限之先河。

有一些学者试图对文化和文明之间的差异和联系做出说明。比如德国历史哲学家斯宾格勒赋予文化强烈的主体性意义,称"文化是一个有自己的观念、情欲和愿望的,有着周期性生命节律的有机体,而文明则是伟大文化停止发展的衰败时期的僵死的东西。每种文化都有它自己的文明,文明是文化的有机的和逻辑的结果、完成和结尾",是文化的"最终归宿和坟冢。"[2]然而,现代理智的长期努力并没有划定文化与文明的绝对界限,反而道出了它们一般意义上的同一性和特殊意义上的差异性。20世纪人类思维中的主客体界限消融的特征在文化研究中也得到了充分表现。而中国学术界在这个问题上的现状是:使用文化一词多于文明,而在多数场合下将两个概念互相替换使用。

第二,广义文化与狭义文化的区分。

文化定义的涌现推动着文化研究的热潮,但是文化定义的泛化也在阻碍着文化研究中具体问题的解决。从已有各种文化定义来看,文化的基本规定在于认定文化是人类创造活动与成果的总和,因此,研究文化即对人的研究。我们可以承认这类文化定义的成立,但我们也不得不遗憾地指出,在具体研究中,这样的定义无助于我们确定研究对象,甚至无法用来作为理论分析的工具。鉴于这一

---

[1] Edward Tylor, *Primitive Culture: Researches into the Development of Mythology, Philosophy, Religion, Language, Art and Custom*, p.1.
[2] 斯宾格勒:《西方的没落》上册,齐世荣等译,商务印书馆,1963年,第54页。

现状,建构任何新的文化理论或从事具体的文化研究都应充分注意到现有文化定义中广义文化与狭义文化之区分与联系,努力使文化概念成为一个可以用来分析文化现象的工具,而不是让它泛化为一个包罗万象的容器。

我们还要看到,在对文化的基本规定有了大体一致的看法之后,更要注意到人们在实际运用中是将文化理解为观念和精神,或物质、制度、行为中所包含的人文意义。这种狭义的文化定义以广义文化为基础,但更加抽象、更加深刻地表现了文化的本质,即人的本质力量的对象化。广义文化包含着人的本质力量对象化的内涵,而狭义文化具有更加积极的人文意义。这里说的人文意义就是否定单纯追求物质、制度、科学、技术的世界,即依存或单纯追求外在于人的世界,寻找回归以人为中心,为着人本身的人类世界。

第三,文化是有机体。

文化不是其各个组成部分的机械组合,而是某种自我完成的历史的有机体,这是德国哲学家斯宾格勒最为著名的观点。经历了多年的批判和砥砺,这个观点已经为学者们普遍接受而成为文化研究的一种常识。所谓文化是有机体指的是,文化是一个高度综合的统一体,文化精神渗透于民族、社会的各个部门和领域。所以文化研究应当将文化的各个部门、各种起作用的因素作为一个有机的综合体联系起来进行考察。这种联系文化的具体表现形式对其所含人文精神的综合考察就是一般的文化研究,或可称之文化学的研究。而现今最接近这一层次的研究当属文化哲学的研究。

所谓文化是有机体指的又是,文化不是某种永恒的东西或实体,而是具有生长期和衰亡期的活体存在。一个世纪过去了,斯宾格勒关于文化宿命的结论没有被学者全然接受,但是他反对传统的历史研究方法,即那种简单地套用自然科学术语及机械因果论的方法,得到了学术界的认可。学者们公认文化是历时性的、动态的,是一种活体,有自身的发展轨迹。在整个人类历史上,随着人们的需要的变化,传统的行为和态度不断在被取代或改变着。没有哪种文化模式永远不变。

第四,文化的变迁。

既然文化不是一成不变的东西,因此文化研究要求理解和解释:文化变迁是怎样出现的？文化变迁经历着什么样的过程？文化变迁的动力和动因是什么？

文化研究对文化变迁的解释,进化论一直在唱主角。社会进化论在文化研究领域的拓展使人们产生了文化进化的观念。所谓文化进化是指一种表现为时间形式的持继过程,经过这一过程,文化现象便系统地组织起来,发生变迁,并在整个过程中,呈现出不同形式的阶段性来。文化进化序列是由简单到复杂、低级到高级、落后到进步。因此,文化进化呈示出两个基本特点,即它的累积性和进步性,同时也包含有平行、趋同、渐进、突发等状态,而其中占优势的则是多线进化,即在有限度发生的文化平行体中寻找发展上的连续序列。

第五,文化的分化。

既然文化必然会发生变迁,文化的分化也就理所当然。德国学者卡西尔说:"人类文化分为各种不同的活动,它们沿着不同的路线进展,追求着不同的目的。"① 文化分化的展开,可以用文化结构理论来加以说明。在文化学领域中,不少学者将文化结构分为物质技术层、制度行为层、心理观念层。这些层次不是一开始就明确地存在的,而是逐渐形成的,是从一个浑沌的统一状态分化为相对独立的不同领域的,这就是文化分化的表现。

第一形态的文化与人的自然需求,与物质世界结合紧密,因而人们在有了丰富的精神需求及其对象化形式之后,就不那么感受到其人性内涵了。随着时间的推移,第一形态的文化产品,越是与人

---

① 卡西尔:《人论》,甘阳译,上海:上海译文出版社,1985年,第90页。

的自然需求紧密相连的,越是淡化了其人性内涵,逐渐与自然物在观念上同化。第二形态的文化反映了人际关系的建立,其实质在于保证物质生产的顺利进行,其人性内涵也披上僵硬的外壳。而第三形态的文化则不同,它很大程度上超越了人的自然需求,它的产品形式与自然物有明显的区别,为人类所特有。比如宗教、哲学、艺术。借助于这些形式,人们可以用它们来解释大千世界,寄托自己的灵魂,发挥人的想象力和创造力。这些东西与物质生产没有直接联系,但最容易感受到人的本质力量和人的独特价值。

文化有不同形态、层次和结构的观点为学术界所公认,并在各种具体研究中运用。从物质文化到制度文化,再到观念形态文化,属于文化形态的分化,在每一形态中,还进行着文化种类的分化。每一形态中的种类,又分化为亚种类,这是一个无穷尽的过程。

文化互动转型论以上述文化研究的理论成果为前提,但重在探讨文化传播问题。我之所以要使用"互动"与"转型"这两个术语来标识想要建构的文化理论,原因就在于这种理论以不同类型文化间的文化传播为对象,以强调本有文化与外来文化的"互动"与"转型"为主要特征。文化互动转型论的基本立场有以下几点:

(1) 跨文化的文化传播具有双向性,而非单向性的输出或输入。

异质文化之间的交流与传播是文化发展的动力。各种文化自组织系统发展到一定程度,必然会发生扩张和相互接触,会有文化输出与输入的现象发生。同类型文化间的交流与传播可以维系和强化该文化系统,但不会引起它的质变和型变,而不同类型文化间的交流与传播则能做到这一点。文化互动转型论承认文化传播是文化发展的动力,但它强调文化交流与传播的途径往往是双向的,在许多情况下是一个互动的过程;交流的双方总是相互影响,很难分出谁是纯粹主动的传播者,谁是完全被动的接受者;外来文化与本有文化的区分在文化融合阶段是相对的,两种文化的关系及其自身价值要在一个互动的过程中方能得到充分的表现；更重要的是，在双向的交流与传播过程中，双方都在不断地改变着自身。这种状况在文化的制度、器物层面可以得到反映，在文化的精神层面也能得到表现。

（2）文化冲突和对抗是一种必然，而非文化融合不可能的证明。

由文化交流与传播引发的文化冲突和对抗是一种普遍现象，文化互动转型论对文化冲突持具体分析的态度，而不是笼统地赋予其肯定的或否定的评价。文化冲突是客观存在，不容否认，但对文化冲突之后果和意义的观察与评价则囿于人们的民族文化情结而具有强烈的主观性。文化互动转型论是打破这种民族文化情结的武器。从整个中西文化冲突的历史来看，以战争为文化传播通道所引起的文化冲突多于导致讨论和批评的文化冲突。但是，文化冲突带来的不良后果只能用来证明不同类型文化的差异和文化传播手段之不恰当，不能用来证明文化融合的不可能，否则西方文化的形成和拓展，东方文化的形成和拓展都将成为可疑的。文化互动转型论以不同类型文化之差异的缩小来观察世界文化发展的趋势，而以自愿接受还是强迫接受为判断文化传播手段之恰当性的标准。应当说，以往的中西文化冲突造成过巨大的灾难，但与此同时，它也带来了富有成效的积极作用。可以预计，中西文化交流的前景仍将充满冲突，但我们看到，前进的道路无论如何迂回曲折，千磨万劫，它在持续不断地走向一个更合适、更宽敞的新的文化世界。

（3）文化融合是可能的，消除一切差异的文化整合是不可能的。

文化互动转型论承认文化融合是可能的，这不仅是世界各大文化体系成形的历史告诉我们的事实，而且也是一种世界文化发展的大趋势；但是文化互动转型论也否认世界文化的发展能达到无差别的单一文化状态。这里的关系就好比理想中的圆与现实中的圆。

明白了这个道理可以防止对世界文化的发展趋势做出错误的估计。文化互动转型论不仅注重对文化类型的考察,更注重文化融合后输出方与接受方各种文化要素的组合,肯定这种矛盾组合通过调适可以达到和谐,从而比旧文化具有更为强大的生命力。

（4）肯定文化融合的最后结果不是文化的衰亡,而是文化的转型。

文化传播曾被学者们用来说明文化不是衰亡的,而是不断地由一种文化向另一种文化类型转移的,而这种文化的转移又导致了文化的不断进步,以此反对文化宿命论。但这种反对相当无力,因为文化类型的转移讲到底是一种类型被另一种类型所取代,而不是文化的转型。在以往对中西文化关系的解说中,有两种主张针锋相对,然而,无论是主张以西方文化替代中国文化,还是主张用东方文化主宰未来世界,都是期望以一种文化替代另一种文化,实际上讲的还是文化转移,而没有涉及文化转型。另一种解说是主张中西文化各有所长,混而配之,构造出一种最优的文化形态。但这种解释以混合、取长补短为手段,没有讲到外来文化要素与本有文化要素之冲突和融合所引起的文化型变。就其本质而言,只是上述文化替代论在要素层次上的变体。

文化互动转型论否认文化宿命,承认文化更新。但它把文化延续的希望不是寄托在文化转移上,而是寄托在文化转型上。它认为文化转型是一个历史过程,它不是外来文化与本有文化之间的简单取代,而是通过外来文化与本有文化之间的冲突与调和实施重组,从而产生新型文化。当一个社会处在文化转型时期,从这种社会文化的政治、经济、社会、思想等各个层面都可以看到这种转型的发生。文化就其核心内容而言,是不能简单替换的。但是,通过文化间的相互对话可以拓展文化视野,乃至于在不同文化间形成共同的视野。这种拓展其实是一个双向运动的过程。一方面,它通过文化之间的对话来发现自身文化的边界和局限,另一方面,它又通过对自身文化的重新解释来拓展自身的文化视野。这是一种反复的循环回答。对外来文化的解读，实际上是从本有文化的角度向外来文化发问，而从外来文化中得到的回答，又会促使向自身的文化传统发问，并进一步迫使本有文化以新的方式对外来文化作答，对自身文化作出新的理解。文化视野的拓展，既是一个不断解读对方文化的过程，也是一个不断对自身文化传统重新解释的过程。原来的文化鸿沟愈大，新的智力视野或文化世界也就扩展得愈大。因此，外来文化与本有文化的融合结果，并不是两者合二而一，而是通过各自的拓展达到视野上的融合。一方面，作为不同的文化体系，外来文化与本有文化将依然保有各自的特性；另一方面，文化视野的融合，意味着两种文化可以达到彼此理解对方文化的特定问题、评判方式和价值取向，并从自身文化的角度对其可被其他文化理解的内容加以评说。所以，文化的融合并不会创造一种单一文化的一统天下，而只会导致各种不同文化的共同繁荣和交相辉映。

（5）文化适应与外来文化的本土化是文化融合的有效途径。

文化互动转型论要思考文化传播与融合的有效途径，在武力征服被公认为无效的现时代，文化适应与外来文化的本土化应被视为世界文化融合的有效途径。外来文化在与本有文化深入接触以后则必然发生外来文化本土化、本色化一类的变化。无论现今学者们对本土化持何种态度，但本土化是文化互动转型论的逻辑推演和组成部分。有学者指出本土化方法有优点也有缺点。它的缺点在于有可能曲解了原有文化，甚至将一些它原本不具有的含义强加于它，影响了人们对于原文本作出客观正确的理解，而它的优点在于丰富了原文本的内涵，有可能丰富和发展了原有文化。这样的评价若纳入文化互动转型论的视野，那么应当说是没有什么大问题的。因为外来文化与本有文化之融合本来就包含着一个对原本重新解释的问题，文化交流的传播方和接受方都要为这种解读作出努力。在这里起决定作用的不是外来文化或本有文化自身的性质，而是文化接受方的自主选择。有了适宜的文化环境和接受方的正确选择，文化的转型和更新才会朝着正确的方向前进。

最后，我再说一下"轴心时代"的文化。德国哲学家雅斯贝尔斯研究了全球各大文明系统以后，在《历史的起源与目标》这本书中指出：公元前8世纪至公元前2世纪的人类思想获得了重大发展，具体说来，就是在希腊、中东、印度和中国，它们形成了影响人类文明两千多年的主要文化形态，因此这一时期被称为轴心时代。

这个时代为什么被称作"轴心"？这是因为，相对于后世的各代时代而言，这个时代对于整个人类文明的发展起着关键性、枢纽性、定向性的作用。一个车轮子要是没有车轴，它是不可能沿着既定的路线前进的。我们看到，自从轴心时代以来，人类各大文明都相对独立地在漫长的历史中获得了发展，而到了今天最终融入现代化和全球化的历史洪流中。我们还看到，在诸多古代文明中，只有中国、印度、希腊产生出了一般意义上的哲学。希腊哲学与希腊宗教同为希腊精神文化的核心，亦是整个西方文化的源头。因此，学习和把握希腊文化的精髓具有非常重要的现实意义。

扫一扫，观看讲座视频

第2讲
导论二:希腊哲学概览

为了实现我们的教学目的,我在本讲中对整个希腊哲学的诞生和发展概况作一个十分简略的介绍。我们知道,在人类历史的进程中,许多古代民族都有自己的圣贤、先知和宗教家,但只有极少数古代民族拥有哲学家,其中比较公认的有希腊、中国、印度。这也就是说,每个民族都有自己的精神发展史,但非经一定的阶段,不会产生自己民族的哲学。

古希腊人为世界文化宝库奉献了一种原创性的、具有较为公认形态的哲学,但它又是一种在历史进程中已经终结了的哲学。人们一般认为,公元前7世纪末的泰勒斯是第一位希腊哲学家,希腊哲学起始于他,而以罗马皇帝查士丁公元529年关闭柏拉图学园为标志,希腊哲学走向了终结。

一、希腊哲学的生存环境

希腊哲学诞生在古希腊,但是古希腊并非现今位于欧洲巴尔干半岛的希腊共和国,亦非一个单一民族国家。古希腊的地理范围大体上包括位于欧亚两大洲交界处的爱琴海地区,由希腊半岛、小亚细亚西部沿海地区,以及爱琴海上诸岛和南部的克里特岛组成。①

希腊半岛位于整个爱琴海地区的中心,分为北部、中部、南部三部分。北部是贫瘠的山地,奥林帕斯山是希腊神话传说中天神居住的地方。中部希腊包括以雅典为主的阿提卡地区和以底比斯为主的彼俄提亚地区,位于福基斯山区的德尔斐圣地是古代希腊宗教活动的中心。南部希腊即伯罗奔尼撒半岛,分为拉科尼亚和美赛尼亚两个土地肥沃的地区,斯巴达、科林斯和麦加拉等均为古希腊重要城邦。

小亚细亚现在属于土耳其,古代称作安纳托利亚,意思是"太阳升起的地方"。腓尼基人称之为"亚细亚",意思就是"东方"。古代希腊的重要城邦米利都和爱菲索都位于小亚细亚西部、爱琴海的东岸。小亚细亚西岸中段从南到北的一条狭长地带,再加上萨摩斯和开俄斯两个岛屿,被称作伊奥尼亚。这里气候温和,自古以来就是富饶的地方。

古希腊人还向意大利半岛的南部殖民。南意大利加上西西里岛以及附近岛屿在希腊殖民时代被统称为"大希腊"。南意大利的东海岸有克罗顿,西海岸有爱利亚,这两个城邦是希腊早期哲学流派的重要活动地点。

根据考古学、语言学、历史学的研究,在一个相当原始的史前时期,在里海和咸海以北那一片弧形的大草原上,栖息着古代印度人、波斯人、日耳曼人、克尔特人、拉丁人、希腊人的祖先。他们分为许多部落和部族,过着逐水草而居的游牧生活。由于他们文明程度相同,都讲一种原始的印欧语,因此被统称为印欧语系诸部族。后来,大约在公元前2500年左右,这些部族从石器时代演进到铜器时代。然而,那个时候他们还没有文字,除了原始氏族公社以外还没有更高的政治组织,与同时期的两河流域居民或埃及人相比,他们

---

① 参阅汪子嵩等《希腊哲学史》第1卷,第4—8页。

还是未开化的野蛮人。①

公元前2000年左右,印欧语系诸部族分两大支先后从里海的东北岸向外迁移:一支向南迁徙到伊朗高原和印度,征服了当地的土著部落而定居下来,成为伊朗人和印度人;一支向西迁徙到欧洲,后来又分别地繁衍为希腊人、拉丁人、高卢人、日耳曼诸部族以及斯拉夫族。"从那时起,同一根株的两根枝条开始分离;我们后来再遇到他们的时候,他们的结构和果实完全不同了;但一枝长在意大利,一枝长在希腊。"②

爱琴海地区是欧洲最早使用青铜器的地方,最早开始由野蛮向文明过渡。然而,最早在爱琴海地区活动的不是希腊人,而是从西亚来的移民和当地土著,史称"前希腊人"。

爱琴文明在历史上分为克里特文明和希腊本土的迈锡尼文明。克里特岛上的文明起源很早,大约在公元前3000年已经进入青铜时代,经过长时间的发展,于公元前1700年左右达到繁荣。所使用的文字由象形文字发展到线形文字A,在建筑、工艺、雕刻等方面达到相当高的水平。公元前2000年左右,在欧洲的部落大迁徙中,阿该亚人南下进入希腊半岛定居,与当地居民融合,成为最早的希腊人,在希腊半岛上创建了迈锡尼文明。在荷马史诗中,阿该亚人是攻打特洛伊的希腊联军的主力。公元前15世纪,阿该亚人进入克里特岛,取代了原来的居民,克里特文明告终。

公元前15世纪末,希腊半岛上的迈锡尼文明达到繁荣。有大型的王宫和王陵,有青铜农具和武器,有造船业和商业。泥板文书上的线形文字B有别于线形文字A,现在已经能够解读。当时已经出现了贵族占有大片土地的私有制度,出现了公有奴隶和私有奴隶。线形文字B已有表示男奴和女奴的词,表明当时的迈锡尼已经

---

① 参阅王晓朝:《希腊宗教概论》,上海:上海人民出版社,1997年,第1章第1节。
② 丹纳:《艺术哲学》,傅雷译,北京:人民文学出版社,1983年,第243页。

向奴隶制过渡。

公元前12世纪初,迈锡尼的珀罗普斯王朝国王阿伽门农统帅希腊半岛境内的联军,远征小亚细亚西岸的特洛伊,经过10年的战争,终于攻克该城。公元前5世纪的希腊历史学家修昔底德说:"在特洛伊战争之前,我们没有关于整个希腊共同行动的记载。"① 这次统一行动打破了希腊各部落间彼此隔绝的关系,使各部落感到它们拥有共同的利益,促进了它们之间的交往与融合。这次远征也是迈锡尼势力从繁荣到衰落的转折点。公元前1125年左右,巴尔干地区又一次发生部落大迁徙,同属于希腊语支的多立斯人陆续南下,进入希腊半岛和某些爱琴海岛,摧毁了迈锡尼,结束了迈锡尼文明的历史。

多立斯人原来是半农半牧的原始部落。进入希腊以后,他们摧毁了当地原有的王宫、王陵等建筑,破坏了手工业和商业,线形文字B也绝迹了。这个时期没有留下任何文献资料,但却产生了相传为诗人荷马所作的两部史诗——《伊利亚特》和《奥德修纪》。所以,这个时期被称作"荷马时代",有些史书则称之为"黑暗时代"。

荷马时代后期希腊社会的最大进步,就是结束了部落大迁徙的历史,开始了由部落向民族的过渡。公元前9—8前世纪,希腊半岛、爱琴海诸岛和小亚细亚西岸基本上形成一个整体,产生了具有固定地域和共同方言的三个民族:伊奥尼亚人、埃俄利亚人和多立斯人。它们就是原始希腊人,是后来统一的希腊民族的基本成分。

希腊人这个统一的名称来源于一则为古希腊人普遍相信的神话传说。普罗米修斯和普罗诺亚生下丢卡利翁和皮拉。大洪水以后幸存的丢卡利翁和皮拉生子希伦。希伦就是整个希腊民族的始祖,而他的三个儿子,多鲁斯、克苏索斯、埃俄罗斯,分别是多立斯人、伊奥尼亚人和埃俄利亚人的祖先。丢卡利翁还有一个女儿,生

---

① 修昔底德:《伯罗奔尼撒战争史》,谢德风译,北京:商务印书馆,1960年,第3页。

子马其顿,即为马其顿人的祖先,所以马其顿人和希腊人是表兄弟。诸如此类的远古神话包含着古代民族对远古历史的记忆。从整个希腊历史中,我们可以看到所有希腊人有一种日益增长的意识:他们属于一个民族,构成一个统一体。这个统一体不仅以共同的宗教、共同的语言为特征,而且以或多或少共同拥有的文化为标志。

荷马时代后期,铁器在希腊得到广泛使用,生产力有了新的发展。这时不仅有了大量家奴,而且农业、手工业等生产领域中广泛使用奴隶,奴隶和奴隶主阶级逐渐形成。原来氏族成员中的分化日益加深,部落和氏族首领转化为奴隶主贵族,一般成员转化为平民,出现了奴隶主、奴隶、平民三大阶级。整个社会有了建立新的组织机构的需要。城邦的议事会和人民大会是改造旧机构而成的,执政官则是新建的官职。公元前683年,雅典废除王权,次年实行一年一任的执政官制度。斯巴达的监察官制度始于公元前757年,而它的二王制、长老院和民众大会则早在公元前9世纪就有了。到了这个时候,原来的城市正式成为城邦国家,城邦中的居民就成为"公民"。

从公元前776年开始,全希腊实行四年一次的奥林匹亚竞技会(运动会),对统一希腊起了很好的作用。它同时也成为希腊各城邦共同采用的纪元标准。在此之前,各城邦的纪元标准不同,有的以首席执政官或以监察官的名字作年号依据。奥林匹亚会后,传记作者将四年一次的赛会作为纪元标准,希腊有了统一的纪年依据。

希腊的城邦由卫城发展而来。最早的时候,人们在遭到敌对势力或海盗的威胁时就聚集在那里,在高地和山头上建筑城墙和城堡。后来由于耕作的发展和定居的需要,卫城就从山头搬到平坦的地方或河畔。后来,卫城逐渐转化为建有生产场所、宗教生活中心和首领、祭司居所的城市。卫城加上周边的居民住宅就成为城市,再加上周边的土地与村落,就成为大小不等的城邦。

希腊全境各地区经济政治的发展很不平衡。古希腊历史学家希罗多德说:"伊奥尼亚人在亚细亚只建立了十二座城市并拒绝再扩大这个数目,这原因在我看来是当他们居住在伯罗奔尼撒的时候,他们是分成十二个部落的。"①最早建立城邦国家的有:科林斯地峡的科林斯、麦加拉;小亚细亚的米利都、爱菲索、士麦拿;阿提卡的雅典;伯罗奔尼撒半岛的斯巴达、阿戈斯、奥林匹亚;希腊中部彼俄提亚地区的底比斯和福基斯地区的德尔斐;希腊北部帖撒利地区的拉利萨等。据《剑桥古代史》记载,公元前800年到公元前500年建立的、有文献或考古资料可查的希腊殖民地有140多个。这些殖民城邦一般都在沿海地区,土地肥沃,交通便利,商贸发达。城邦一经建立,经济和政治发展较快,很快超过本土内陆的城邦。最早的希腊哲学家就诞生或活动在这些殖民城邦里,这里就是希腊哲学诞生的摇篮。

公元前5世纪的古希腊社会发生了剧烈的变动。公元前500年,米利都等城邦发生反抗波斯的起义,得到伊奥尼亚地区各城邦和希腊本土雅典等城邦的支持。由于起义惨遭镇压,米利都等繁华城邦被焚为焦土,丧失独立,导致伊奥尼亚地区经济社会衰落不振。学术文化中心西移。一批知识精英辗转流徙,来到雅典这个希腊本土的中心,播种出雅典黄金时代的灿烂文化。

公元前5世纪也是雅典城邦繁荣、发达、衰落的时期。雅典是阿提卡半岛的一个城,阿提卡统一为一个城邦以后,雅典成为这个国家的名称。雅典的王政时代约于公元前683年结束,开始有一年一任的执政官。大约与泰勒斯同期的梭伦于公元前594年担任执政官,实行改革,为雅典的奴隶主民主制奠定基础。公元前6世纪末,克利斯提尼实行一系列政制改革,最终摧毁了氏族贵族的反抗,被称为雅典民主制之父。雅典从此蒸蒸日上。它同斯巴达结盟,担

---

① 希罗多德:《历史》,王以铸译,北京:商务印书馆,1981年,第240页。

起领导全希腊民族抗击波斯帝国入侵的伟大历史使命。经历了数十年战争的磨难,希腊人粉碎了数十万侵略大军的进攻,将波斯帝国彻底打败。

希波战争后期,雅典和斯巴达争霸。斯巴达控制了伯罗奔尼撒同盟,雅典则建立提洛同盟,向雅典纳贡的城邦有300多个。奴隶主民主派的杰出领袖伯里克利统治雅典30余年(约公元前462—前429年)。他大力推行民主政治革新,扩充军事经济实力,倡导繁荣学术文化,开辟了雅典奴隶主民主制的黄金时代,使雅典成为全希腊政治、经济和文化中心。从此,希腊哲学进入一个新阶段,在以雅典为中心的希腊本土发展起来。

在漫长的人类历史中,宗教几乎总是居于一切上层建筑的顶端,对其他上层建筑领域产生支配性的影响;各种意识形态和文化形式被纳入宗教观念系列之中,具有宗教的色彩。希腊宗教在哲学产生以前是希腊民族精神的代表,在哲学产生以后是希腊民族精神的底蕴。简言之,希腊宗教是希腊哲学的母体。

"在文化发展的过程中,依时间次序,宗教的现象总是先行于哲学的出现。"[1]希腊宗教的资格比希腊哲学要老得多。"我们可以很方便地区分四个时期:第一,史前时期,主要是从公元前2000年起,到以荷马史诗为标志的时代为止;第二,从公元前900年到公元前500年,始于希腊人的殖民扩张,终于波斯人的侵略;第三,从公元前500年到公元前338年,包括希腊历史的最伟大的那个世纪,终于喀罗尼亚战役和马其顿霸权的建立;第四,希腊化时期和希腊罗马时期。"[2]在漫长的历史进程中,希腊人信奉的不是单一的宗教,而是无数种宗教。这些宗教也不是保持着始终如一的面貌,而是在历史的

---

[1] 黑格尔:《哲学史讲演录》第1卷,第62页。
[2] Farnell, L. R., *Outline History of Greek Religion*, Ares Publishers Inc. Chicago, 1921, p. 16.

长河中不断发生变迁。

从起源上说,古典时代的希腊人的宗教信仰本身已经接受了从米诺斯到迈锡尼,从埃及到小亚细亚诸民族宗教的影响。后来,在各种社会因素的作用下,奥林波斯教逐渐成为希腊城邦社会占主导地位的正统宗教。[①]奥林波斯教的崇拜对象是以宙斯为首的12位主神。[②]他们有男有女,相互之间又有亲属关系,形成一个位居诸神和万民之上的"神圣家族"。荷马时代开始有了对这个神圣家族的合祭。神圣家族的成员起初有宙斯、赫拉、波赛冬、雅典娜、阿波罗、阿耳忒弥斯、阿佛罗狄忒、赫耳墨斯、德墨忒耳、阿瑞斯、赫淮斯托斯和赫斯提亚。后来酒神狄奥尼索斯取代了女灶神赫斯提亚的地位,成为12主神之一。

"神圣家族"作为奥林波斯教的主要信仰对象,反映了希腊古典社会最正统的一面。宙斯象征着希腊民族的统一、公正和法律;赫拉象征着合法婚姻;雅典娜象征着智慧和城邦文明;阿波罗象征着光明和音乐;阿瑞斯象征着勇敢和战斗;阿佛洛狄忒象征着美丽;德墨忒耳象征着丰裕;波赛冬象征着航海事业;赫耳墨斯象征着商业繁荣;赫淮斯托斯象征着手工工艺;这些因素综合起来,反映着希腊人的社会政治理想。

希腊民族精神在进入古典时代以前主要是以宗教观念的形式得到表现的。作为正统宗教的奥林波斯教的神灵观念代表着希腊民族精神的一极,象征着希腊民族精神的主导面,体现着作为一个整体的希腊民族的理想和追求;而奥斐斯教(Orphism)一类的民间宗教则以另一类神灵观念代表着希腊民族精神的另一极,象征着希腊民族精神的次要的一个层面,体现着作为个体的希腊人的精神解放的需要和情感要求。这两类宗教给希腊民族的精神世界都打上

---

① 参阅王晓朝:《希腊宗教概论》第1章。
② 同上书,第4章第1节。

了深刻的烙印。正统宗教给希腊人的精神留下的印记可以简要地归纳为神圣与崇高,而神秘教给希腊人的精神留下的印记则是神秘与解脱。

希腊哲学诞生以前的古代希腊,情况就是这样,希腊传统宗教作为一种无所不包的意识形态,把各种文化形式(包括萌芽时期的科学和哲学)置于自己的影响之下;而在希腊哲学诞生以后,宗教仍在延续,并与哲学结下不解之缘,各自以不同的形式反映着同一个希腊民族的精神世界。荷马、赫西奥德一类的希腊古代诗人和宗教家是希腊哲学家的先驱。他们已经思考了自然和物理世界本身的起源这样一类由后来伊奥尼亚学派做出合乎理性解释的问题。"他们作为哲学家的先驱,以及在他们之中存在一种离开神话、向理性思想发展的倾向,其重要性已经越来越清楚地被认识到了。"①

语言是哲学诞生的先决条件。在希腊民族形成的过程中,希腊人创造了自己的文字。②早在公元前2000年的克里特文明中,象形文字就已显身。从公元前1700年开始的中期弥诺斯阶段,在克里特发现有"线形文字A"(克里特岛人用来记录当地米诺斯语的文字),考古学家在那里发现了相当数量的泥板文书。线形文字A比象形文字进步,属音节字;可是它不属印欧语系,可能是前希腊人的文字。后来在民族迁徙的过程中,希腊人根据"线形文字A"设计了"线形文字B",共有九十多个符号,主要是克诺索斯、迈锡尼及底比斯等地出土陶瓶上的铭文。

多立斯人进入希腊后,线形文字B中断,以后几百年没有文字。直到公元前9—前8世纪,希腊人从腓尼基人那里学来了字母,加以改造,并很快在整个希腊世界用开。这就是后人所见的不同于

---

① Guthrie, W. K. C., *A History of Greek Philosophy*, Cambridge University Press, vol. 1, 1971, p. XI.
② 参阅汪子嵩等:《希腊哲学史》,第1卷,第21—24页。

"线形文字B"的希腊语。希腊语的字母系统有表元音的字母,因而是一种完善的表音位的字母。希腊字母是其他字母(特别是拉丁字母)直接或间接模仿的对象,现代西方世界大部分文字系统都以它为基础。

公元前4世纪以前,希腊文字在各地区的完善受到原有方言的影响。同希腊原有的三个方言区相应,希腊的书面语文逐步形成以伊奥尼亚、埃俄利亚和多立斯为主的三个语支。随着雅典的崛起,同伊奥尼亚语支比较接近的,并又具备这三个语支共同点和优点的阿提卡方言就获得了主导地位。我们现在所见到的古希腊哲学、文学和历史等著作,就是用这种文字写成的。

公元前4世纪,亚历山大帝国兴起,以阿提卡方言为基础,产生了与口语相当一致的希腊文变体,称作"希腊化时期的希腊语",或称为"共同语",逐渐取代各地方言。与古典时期的希腊语相比,它在文法上有某种程度上的简化,后来到了罗马帝国时期,东地中海地区的居民使用的就是这种语言。

拉丁语和希腊语有着直接的亲缘关系。拉丁语属于印欧语系意大利语族,是罗马共和国和罗马帝国的通用语言。进入中世纪以后,拉丁语继续以其标准形式出现,是宗教和学术用语,对西欧各种近现代语言都有很大影响。可以说,希腊语是西方哲学的第一母语,拉丁语是西方哲学的第二母语。我们今天研究希腊哲学典藉,所涉及的西方古典语言最重要的就是希腊语和拉丁语。

希腊哲学诞生于某些古希腊城邦,但它并没有止步于此,而是随着地中海世界的变迁,经历希腊化时期,进一步扩展到整个地中海世界,并一直延续到罗马帝国,直至西罗马帝国灭亡。公元前4世纪划时代的大事件是喀罗尼亚战役和亚历山大东征。它标志着希腊古典城邦文化的发展走到了尽头,也标志着一个新的历史阶段——希腊化时期的开始。"在亚里士多德时代,希腊文明走出了本土疆界,进入了伟大的总的潮流,住在地中海沿岸的古代各民族,通过他们的观念的相互交流、调整,融合成为统一的文明。这个过程是在亚历山大继承人的希腊城邦里通过东方和希腊的思想交融而开始的。希腊文明、罗马文明和基督教文明就是从古代发展到世界未来文明所经历的三个阶段。"①

"希腊化时期"(Hellenistic era)的时间边界很清晰。"所谓希腊化是指亚历山大大帝东征后的三个世纪里,古希腊文明和小亚细亚、叙利亚、犹太、美索不达米亚、埃及以及印度的古老文明相融合的一种进程。时间范围通常认为开始于公元前323年亚历山大去世到公元前30年罗马吞并最后一个希腊化国家托勒密王朝为止。"②希腊文化在这一时期传播至北非和亚洲,促进了这些地区的原有文化与希腊文化的融汇。它虽然仍属于希腊文化的范畴,使用希腊的语言,承袭希腊的传统,但与古典时期有明显的不同,具有了新的时代特征。希腊古典时代的文化是一种城邦文化,而希腊化时期的文化是一种走向帝国的、带有世界性的文化。希腊化时期的文化中心发生了转移,从雅典转到了埃及的亚历山大里亚。希腊化时期的文化特征是希腊一体化与地方多样性相结合,消极没落的个人主义和眼界开阔的世界主义并存。

公元前4世纪以后,古希腊城邦社会盛极而衰。城邦内部各种矛盾的发展促使了社会的分裂,城邦之间的争战造成了城邦国家实力的削弱。此时,处于希腊本土边缘的马其顿王国崛起了。公元前360年,雄才大略的马其顿国王腓力二世即位。他仿照底比斯的军事体制召募牧民和农民,建立了一支强大的军队,大量使用骑兵作战。从此,马其顿成为希腊半岛上武力最强的国家。公元前338年,腓力在喀罗尼亚地方彻底击溃雅典和底比斯的联军。从此结束了希腊半岛上城邦林立的局面。喀罗尼亚战役被史家视为马其顿

---

① 文德尔班:《哲学史教程》,上卷,第209页。
② 陈恒:《希腊化研究》,北京:商务印书馆,2006年,第1页。

统一希腊半岛的起点。希腊古典城邦文化的发展告终,希腊文明的发展进入了希腊化时期。

亚历山大用武力缔造的大帝国没能维持多久。随着亚历山大的突然辞世,帝国分裂成若干个王国。其中主要有埃及的托勒密王国、塞琉古王国、马其顿王国(包括希腊的大部分)、帕加马王国,以及短命的莱西马基王国。希腊化时期各民族文化长期碰撞和融合,形成了地中海世界范围内的政治、经济、科学、哲学和宗教。来自希腊化国家的特殊文化,最终成为一种世界性文化的重要支柱。以后,这种文化融合的传统又被罗马帝国继承下来。"潜在地作为一种世界宗教的早期基督教,就是从这些大的希腊化的城市形成和发展起来的。"①

拉丁文化发端于意大利半岛的拉丁姆平原。位于这个平原上的小城罗马则是拉丁文化的主要代表。按照罗马建城的神话传说,该城的创建者是罗慕路。罗马史学家瓦罗最先推定罗马城的建立是在公元前754或753年,以后罗马人即以此纪年。"见于历史的最古老的希腊城镇是贝奥蒂亚的底比斯,这座城市为奥古高斯王所建;罗马版图内最古老的城市是罗马,它是罗穆路斯王所建。"②

公元1世纪以前的罗马史,是一部军事征服和政治统一的三步曲:第一步是罗马城邦统一拉丁姆地区;第二步是逐渐征服整个意大利半岛;第三步是扩张到环绕地中海的广大地区。在这一历史过程中,罗马人的城邦文化先是成为拉丁文化的同义词,然后成为与希腊文化比肩而立的一种区域文化,最后在罗马帝国建立之际与希腊文化一道融入雄居整个西方古代文化之巅的罗马帝国文化中去,成为这种世界性文化的主干和核心部分。

罗马建国以后,在相当长的一个时期内,只是台伯河畔一个小

---

① Koester, H., *Introduction to the New Testament*, Vol. 1, Berlin, New York, 1982, p.29.
② 瓦罗:《论农业》,王家绶译,北京:商务印书馆,1982年,第149页。

国寡民的城邦。罗马的北面有强大的伊拙斯康人,南面有许多其他拉丁部落,亚平宁山区居住着剽悍的萨莫奈人,而意大利半岛的南端则是希腊人的殖民地。罗马人在武力扩张的过程中,必须消除这些敌对的势力。罗马在国王统治下的二百五十年中征服了二十多个民族,但它的统治范围扩张并没有超过二十哩。到了公元前338年,也就是马其顿征服希腊各邦以造成统一的同一年,罗马人发起"拉丁同盟"之战,以武力镇慑了其他拉丁各邦,宣布解散"拉丁同盟",统一了拉丁姆地区。从那以后,拉丁人与罗马人融合为一个民族,包括罗马城邦文化在内的拉丁文化开始成为一个整体。

从公元前343年起,罗马人与萨莫奈人进行了近50年的恶战。萨莫奈人与伊拙斯康人、高卢人结盟,组成联军,屡次打败罗马人。然而,罗马人锲而不舍,终于在公元前295年在亚平宁山区东北部的珊提伦最后击溃了萨莫奈人与伊拙斯康人、高卢人的联军,统一了意大利半岛的中部。珊提伦之役的胜利,决定了罗马人在意大利半岛上的优势。公元前275年,罗马人征服了意大利半岛南端的那些希腊城邦。此时,除了半岛北部的波河流域仍为高卢人盘踞以外,整个意大利半岛都已被罗马人统一。

当罗马人还在经营意大利半岛时,北非突尼斯海角上的迦太基已经发展成为一个强大的商业帝国,控有整个西部地中海。罗马统一意大利半岛后,两国关系急剧恶化。从公元前264年起,到公元前146年止,罗马先后和迦太基进行了三次猛烈的、事关生死存亡的大搏斗,最终消灭了迦太基。再往后,叙利亚、小亚细亚、埃及的那些希腊化王国被逐一征服。原先强权林立的意大利半岛、西西里岛、撒丁尼亚岛、科西加岛、西班牙半岛、马其顿、希腊半岛、小亚细亚、埃及和非洲北岸捋聚为一个庞大的帝国,整个地中海成为帝国的内湖。

罗马人成了地中海世界的主人,然而与希腊人相比,罗马人在文化上是落后的,精神上是不充实的。罗马人拥有武力却没有成熟的哲学。它征服了希腊却又为希腊人高雅的文学、艺术、戏剧所慑服。罗马民族有自己的民族语言拉丁语,在日常生活中,罗马人使用的是拉丁语。但是有许多领导人都是由希腊奴隶和家庭教师教育的。他们都认为希腊语更优美,表达力更强。罗马帝国早期的文化繁荣,主要是罗马人共和末期引进希腊的教育制度并积极吸收希腊文化的结果。从第一代恺撒到罗马皇帝马可·奥勒留,皇帝们接受的主要是希腊典籍的教育。元老院的遗老遗少大声疾呼抵制希腊哲学的影响,然而年轻人照样拜倒在能言善辩的希腊人面前。帝国建立以后,希腊人的建筑艺术、雕塑和绘画、圆形露天剧场在罗马迅速蔓延。

罗马帝国的真正历史始于屋大维。在他手中,罗马共和国完成了向帝国的转化。公元前43年,他与安东尼、雷必达结成"后三头同盟",并迫使公民大会予以承认,成为合法的权力机构,得以全权处理罗马政事。次年,屋大维和安东尼率兵进军希腊半岛,在腓力比城扫灭共和派的部队。共和派的领袖布鲁图战败自杀。腓力比一战把罗马贵族共和制送入了坟墓。三巨头剩下要做的事就是决定由谁来主宰这个实际上已经成形的大帝国了。

公元前31年的阿克兴之战是三巨头争夺帝国最高权力的最后一战,胜利者是屋大维。次年,屋大维进军亚历山大里亚,灭亡了统治埃及达三百年之久的托勒密王朝。"希腊化"时期告终,希腊和地中海东部的那些"希腊化"地区都被并入罗马帝国。屋大维成为帝国的最高统治者。公元前29年,屋大维凯旋回到罗马,像恺撒一样被尊为"国父"和"统帅"。他拒绝了"独裁者"的称号,自称为"元首"(Princeps),同时担任执政官、保民官、祭司长。公元前27年,他又被元老院尊为"奥古斯都"。这个称号的词义是"庄严"。[①]"奥古斯都是一个伟大的人物,他替罗马国家创立的那种政体遵循他所奠定

---

① 苏维托尼乌斯:《罗马十二帝王传》,张竹明等译,北京:商务印书馆,1996年,第49页。

的道路继续发展下去至少有二百年之久,这是毫无疑问的。古代世界的历史因他而开辟了一个新纪元,即我们通常所谓罗马帝国时代的纪元,这也是毫无疑问的。"①

罗马帝国建立以后,帝国文化的建构本质上是罗马化的推进和希腊化的萎缩。历史学家通常把罗马陷落(476年)以前的帝国历史分为两个时期:帝政时期和帝国晚期。两者以公元235年亚历山大·塞维鲁即帝位,或者以戴克里先于284年即帝位为分期的界限。从文化发展的角度看,帝政时期实际上是罗马式的文明全面推进和扩展的时期,是在已经占领的帝国领域内从城市到乡村全面普及的时期。而进入帝国晚期以后,这种罗马化的进程停滞了,前一时期取得的成就倒退了。

与希腊化时期的文化特征一样,罗马帝国时期的文化特征也是罗马一体化与地方多样性的结合。从屋大维公元前27年拥有"奥古斯都"称号算起,到公元476年西罗马帝国灭亡为止,帝国的历史长达5个世纪。再往后,则有东罗马帝国(拜占庭帝国)长达1000年的延续。帝国建立之初,罗马帝国文化实际上处于多民族文化共生的状态,而以希腊文化与拉丁文化为主干。经过两个多世纪的文化融合,帝国境内各民族文化的整合达到相当高的程度,统一的罗马帝国文化基本形成。再往后,罗马帝国文化由盛转衰,而基督教文化经过两个多世纪的发展上升为帝国文化的主流,完成帝国文化的转型,经过帝国晚期的动荡,向中世纪文化过渡。

二、希腊哲学的发展阶段

希腊哲学源起于公元前6世纪的古代希腊。第欧根尼·拉尔修说:"第一个使用哲学这个术语,并称自己是哲学家或智慧的爱好者

---

① 罗斯托采夫:《罗马帝国社会经济史》,马雍译,北京:商务印书馆,1985年,第63页。

的是毕达哥拉斯；因为，他说，除神之外，没有人是智慧的。""很快，人们就把研究称作智慧，称其专职者为贤者，以表明他达到了精神完美的境界；而从事研究的人就是哲学家或智慧的爱好者。"①希腊历史学家希罗多德(约公元前484—前425年)用过"哲学"这个词，但它在文中的意思是"智慧"或"教诲"。②历史学家修昔底德(公元前471—前400年)也用过这个词，意思也是"智慧"。③由此可见，哲学这个概念的最初涵义是不确定的，哲学的最初表现形态是"智慧"和"知识"，最初的"哲学家"是"贤者"。

　　希腊哲学的策源地是伊奥尼亚和南意大利，而不是希腊本土的阿提卡半岛。早期哲学家大都来自希腊人在伊奥尼亚地区和南意大利的殖民城邦，而非后来被政治家伯里克利称作"全希腊的学校"④的雅典。"哲学，即对智慧的追求，有着双重的源起：一方面它开始于阿那克西曼德，另一方面则开始于毕达哥拉斯。"⑤阿那克西曼德的家乡是伊奥尼亚地区的米利都。毕达哥拉斯出生于小亚细亚沿海的萨摩斯岛。⑥塞诺芬尼出生于科罗封。⑦赫拉克利特是爱菲索人。⑧巴门尼德是南意大利的爱利亚人。⑨

　　早期哲学家拥有的知识是零碎的、不系统的、五花八门的、缺乏理性论证的。阿那克西曼德"发明了日晷指时针，将它安装在拉栖代蒙的日晷上，用以测定冬至夏至和昼夜平分点；他还造了一个计时器。他又是第一个画出陆地和海洋轮廓的地图的，并且造了一个

---

① 第欧根尼·拉尔修：《名哲言行录》I.11。
② 希罗多德：《历史》，第13页。
③ 修昔底德：《伯罗奔尼撒战争史》，第132页。
④ 参阅修昔底德：《伯罗奔尼撒战争史》，第133页。
⑤ 第欧根尼·拉尔修：《名哲言行录》I.13。
⑥ 第欧根尼·拉尔修：《名哲言行录》VIII.1。
⑦ 第欧根尼·拉尔修：《名哲言行录》IX.17。
⑧ 第欧根尼·拉尔修：《名哲言行录》IX.1。
⑨ 第欧根尼·拉尔修：《名哲言行录》IX.21。

球体。"毕达哥拉斯去过埃及,通晓埃及文字,当过埃及僧侣,向他们学到了许多数学知识。①塞诺芬尼是个吟游诗人,主要在南意大利和西西里岛活动。②赫拉克利特"长大后宣称自己什么都懂"③。恩培多克勒对各类自然现象作了大量观察和解释,在天文、气象、生物、生理和医学等方面有过许多贡献。但他同时又将自己掌握的科学技艺夸大到近乎江湖奇术的地步,并公然以"不朽之神"自命。④总之,这些早期希腊哲学家的思想充满着地方性特征,他们的观点对当时的人来说是新颖的、无法理解的。"伊奥尼亚思想家有关宇宙和自然本身起源的思辨起源于一种以荷马、赫西俄德和'奥菲教的诗歌'等希腊思想为代表的、古老的宇宙论传统,一种与埃及的神话体系和近东文明有相当大亲和性的传统。"⑤这些思想家的思维成果更像智慧,而非理论,把它们放回广阔的智慧语境中加以理解更为妥当。

希腊哲学兴起在伊奥尼亚和南意大利,辉煌在雅典。公元前500年,伊奥尼亚诸城邦起义,反抗波斯对小亚沿岸希腊城邦的统治。从这时起直到公元前4世纪40年代马其顿统一希腊,这是希腊城邦制度从繁荣到衰落的时期,被史家称作古典时期。"希腊古典时代大约只有一个半世纪,但这阶段的哲学发展在历时千年的全部希腊哲学史上却占着最显著和最辉煌的地位。"⑥在这一时期,希腊的政治、经济、文化中心逐步从殖民地区转向希腊本土,雅典经历了希波战争的考验,成为希腊民族的文化代表。与此相应,希腊哲学的中心亦从海外殖民城邦向希腊本土转移,向雅典汇聚。

---

① 第欧根尼·拉尔修:《名哲言行录》Ⅷ.3。
② 第欧根尼·拉尔修:《名哲言行录》Ⅸ.18。
③ 第欧根尼·拉尔修:《名哲言行录》Ⅸ.6。
④ 第欧根尼·拉尔修:《名哲言行录》Ⅷ.68。
⑤ 泰勒主编:《从开端到柏拉图》,劳特利奇哲学史,第一卷,韩东晖等译,北京:中国人民大学出版社,2003年,第1页。
⑥ 杨适:《古希腊哲学探本》,北京:商务印书馆,2003年,第208页。

阿那克萨戈拉是把哲学引入雅典的关键性人物。他本是伊奥尼亚的克拉佐门尼人,①成年以后去了雅典,在那里待了30年。希波战争的胜利为雅典赢得了全希腊的尊敬,给她带来了空前的繁荣,但此时的雅典公民思想却仍旧很保守,无法理解阿那克萨戈拉带来的原产于伊奥尼亚地区的科学知识。比如,阿那克萨戈拉宣称太阳是一块红热的金属,雅典人对此大惑不解,有人控告他不敬神,连伯里克利也无法保护他,最后阿那克萨戈拉被逐出雅典。②

公元前5世纪下半叶,希腊出现了一批自称为"智者"的职业教师。普罗泰戈拉、高尔吉亚、普罗狄科、希庇亚、安提丰、塞拉西马柯、克里底亚是其中的知名者。他们以雅典为活动中心,收费授徒,传授修辞、演说、辩论、诉讼的技能,传播城邦治理和家政管理的知识,提高了雅典公民的文化素质。他们顺应时代潮流,提出许多新观念,对雅典的现实生活产生广泛影响。这在哲学史上被称作"智者运动"。从智者开始,哲学研究的中心议题"从宇宙转向人,从宇宙论和本体论的有吸引力的理性问题转向更迫切的人生事务和行为的问题"③。希腊哲学"走上了人学的道路,或者说走上了主体性的道路:研究人们的内心活动,研究人们的观念和意志力"④。

经历了这种启蒙和哲学转向以后,希腊哲学成型了,涌现出柏拉图、亚里士多德这样的理论化、体系化的大哲学家。柏拉图和亚里士多德的著作成为希腊文化经典,是希腊哲学的代表性成就,对后世、对全世界产生了强烈的文化影响。

追溯本质主义思维方式的起源,许多人将它归于亚里士多德,而实际上应当归于柏拉图。柏拉图看到普遍的定义不能归于可感的事物,因为它们是变化的;普遍的定义只能归于另一类存在者,这

---

① 第欧根尼·拉尔修:《名哲言行录》II.6。
② 第欧根尼·拉尔修:《名哲言行录》II.12。
③ Guthrie, W. K. C., *A History of Greek Philosophy*, vol. 1, p. 8.
④ 文德尔班:《哲学史教程》,上卷,第97页。

类存在者就叫做型相；可感事物的变动不居表明它们不真实，而事物的名称、共相才是真实的存在；型相是事物的共相和本质，型相并不存在于现实世界的彼岸，恰恰相反，型相就存在于这个现实世界。"柏拉图是第一位专心思考这些事情的西方哲学家，而且他的型相论就试图解释这些事情的存在。"①柏拉图的"型相实在论"是古希腊哲学最有代表性的成就之一。

在亚里士多德那里，古希腊的理论思维达到了一个高峰，"希腊哲学达到完善"。②如果说西方文化的根本特征在于崇尚理性、注重逻辑分析，那么这个特征在很大程度上是由亚里士多德铸就的。"亚里士多德的哲学几乎囊括了那个时代的一切知识领域，并且它掌握了各种知识的早期发展线索，同时对这些线索进行了深思熟虑的详细阐述。它对每个知识领域都有同样的兴趣并给予了同样的理智上的评价。亚里士多德比柏拉图更全面地满足了知识发展的需要。"③希腊古典时代科学知识的系统化为逻辑学的诞生准备了大量思维材料，而逻辑学的创建又为当时的科学知识系统化提供了必要的理论工具。"在亚里士多德那里，独立的学习精神得到了彻底的发展。由于他广泛的科学成就，他成为希腊科学的化身，并因此在两千年的时间中充当'哲学家'的代表。"④

亚里士多德在纯哲学理论中也有重要贡献。"本体问题可以说是亚里士多德哲学思想的核心。"⑤他最先把"本体"作为一个哲学范畴进行分析和论证，并提出有一门专门研究本体的学问，即"本体论"（ontology）。在亚里士多德的思想体系中，自然哲学是"第二哲学"，本体论和研究终极因的神学则是"第一哲学"。亚里士多德的

---

① 泰勒主编：《从开端到柏拉图》，第407页。
② 文德尔班：《古代哲学史》，第209页。
③ 文德尔班：《古代哲学史》，第213页。
④ 文德尔班：《古代哲学史》，第214页。
⑤ 汪子嵩：《亚里士多德关于本体的学说》，北京：三联书店，1982年，第2页。

本体论和神学就是他的"形而上学"(Metaphysica),尽管他本人没有用过"形而上学"这个词。

亚里士多德于公元前322年逝世。这个年份是整个希腊哲学两大部分的分界线,"亚里士多德之前"(含亚里士多德)是一个组成部分,包括早期与古典时代的希腊哲学,"亚里士多德之后"是一个组成部分,包括希腊化时期的哲学(Hellenistic Philosophy)和罗马帝国时期的哲学,统称"晚期希腊哲学"(Later Greek Philosophy)。

把握了地中海世界文化传播与交流的总体状况,描述希腊晚期哲学的发展就有了一个基本框架。首先,我们看到希腊古典时期的哲学对晚期哲学有重大影响,晚期哲学是古典时期哲学的延续,晚期各个哲学流派的表现形式受到古典时期哲学体系的制约;其次,晚期哲学受时代变迁的影响,哲学的社会功能突显,因此,各种哲学普遍具有伦理化、实用化倾向;再次,处在一个社会动荡和文化变迁的时代,晚期各种哲学必然要反映时代的变化,要对当时的宗教浪潮作出回应,因此在观念交流与精神融合的过程中,哲学与神学的界线消融。希腊哲学经过晚期的发展,多样化、非希腊化了。斯多亚学派对伦理学的重视及其世界主义、斐洛的犹太—希腊哲学、怀疑论对不可信与不可知的探索、新柏拉图主义中哲学与宗教的合流,所有这些有关晚期希腊哲学发展的具体问题都需要我们对哲学有比较宽泛的理解,不能把晚期希腊哲学问题仅限于所谓本体论或形而上学。

公元529年,东罗马帝国皇帝查士丁尼下令关闭雅典所有的哲学学校,希腊哲学的发展在外在形态上走向终结,但希腊哲学的理性精神和论证方法并没有死亡。它们被基督教思想家系统地吸取并加以运用,成为建构基督教神学教义体系的根本方法。奥古斯丁在融合希腊哲学与基督教思想方面做得最为成功。他用基督教的教义精神重整柏拉图和普罗提诺的理论,终于把基督教哲学扩展到自成家数的阶段。他是西罗马帝国最伟大的哲学家。中世纪的基督教哲学家大都继承这一路线,其融合古典思想与基督教精神的努力贯穿于整个西欧中世纪。基督教哲学家让理性服从信仰,但并没有驱逐理性。所以,整个中世纪虽然没有独立的希腊哲学研究,但希腊哲学的理性精神在经院哲学中得到一定程度的延续。

三、分期、流派与著述

古希腊哲学,或者说古希腊罗马哲学,前后延续的时间超过一千年。为了便于研究,我们需要对它作一些划分。哲学的发展与社会的变迁有密切关系,但哲学史的划分又不能完全对应历史。古希腊哲学的分期问题在学界仍旧是一个有争议的问题。

19世纪的德国哲学史家策勒尔在他的希腊哲学史巨著中将希腊哲学分为下列三个时期以及若干阶段:[①]

(一)苏格拉底以前的学派,分为三个阶段:(1)早期伊奥尼亚学派、毕达哥拉斯学派和爱利亚学派;(2)公元前5世纪的自然哲学家;(3)智者派。

(二)苏格拉底、柏拉图和亚里士多德,分为四个阶段:(1)苏格拉底;(2)小苏格拉底学派,包括色诺芬、麦加拉学派、居勒尼学派、犬儒学派;(3)柏拉图学派和老学园;(4)亚里士多德和逍遥学派。

(三)亚里士多德以后的哲学,分为三个阶段:(1)斯多亚学派、伊壁鸠鲁学派和怀疑主义;(2)折衷主义、后期怀疑主义、新柏拉图学派的先驱;(3)新柏拉图学派。

策勒尔的这种分法可以简称为"三分法",为以后大部分希腊哲学史家接受,并大体沿用下来,有一定的权威性。然而,策勒尔的哲学史巨著除了在讨论新柏拉图主义时稍稍涉及基督教的亚历山大

---

① 参阅汪子嵩等:《希腊哲学史》,第1卷,第126—128页。

里亚学派以外,基本上排除了古代基督教教父哲学的内容。这一排除的后果是使人们无法真正认清西方古代哲学衰亡的根本原因和西方文化从古代向中世纪的过渡。

在任何一部西方哲学史或希腊哲学史中,如何处理基督教哲学都是一个难题。从几部有代表性的哲学史著作来看,学者们的处理方式主要有以下几种:

黑格尔在其《哲学史讲演录》中以公元529年为界,将此前1000年的西方哲学统称为"希腊哲学"。此后的1000年为"中世纪哲学"。尽管有许多基督教的教父哲学家生活在罗马帝国时期,并且已经为建构基督教哲学做了大量的工作,但这些内容未被黑格尔纳入"中世纪哲学"。他说:"在这以前,哲学存在于希腊人的(异教徒的)宗教之内。从这时期(在这第二个时期中)哲学是在基督教世界中;至于阿拉伯人和犹太人,只值得当作一种外在的东西、当作历史事件提一提。"[①]

罗素的《西方哲学史》的处理方式与黑格尔相近。他将基督教思想与古代教父哲学的内容纳入"天主教哲学"部分,并以较多的篇幅研究了到教皇大格列高利为止的古代教父哲学家。但他也感到这样做可能会引起误解。因此他解释说:"天主教哲学,就我使用这一名词所含的意义而言,是指由奥古斯丁到文艺复兴进期为止支配着欧洲思想的哲学。在这十个世纪期间的前后,曾经有过属于这同一总的学派的哲学家。在奥古斯丁以前,有过早期的教父,其中突出的是欧利根(奥利金);文艺复兴以后则有许多哲学家,包括现在墨守某种中世纪体系、特别是托马斯·阿奎那体系的所有正统天主教的哲学教师。然而只有在奥古斯丁至文艺复兴期间的最伟大的哲学家,才与建立并完成天主教思想的综合体系有关。在奥古斯丁以前的基督教世纪里,斯多亚学派和新柏拉图主义者在哲学的才能

---

① 黑格尔:《哲学史讲演录》第3卷,第233页。

方面使教父们相形见绌;文艺复兴以后,甚至在正统天主教教徒当中,也没有一个卓越的哲学家来继承经院学派或奥古斯丁的传统。"①

对于黑格尔和罗素之类的处理方式,我们不想用时间上的错位来指责他们,因为哲学思想的发展自有其内在规律,哲学史的分期因此不必与政治史、社会史的历史分期在时间上完全保持一致。但要指出的是,在这种处理方式下,奥古斯丁以前的古代教父的哲学思想没有能够得到详细的研究,而基督教或天主教哲学的产生也在很大程度上成了政治变迁的附庸,并与希腊哲学失去了事实上存在着的联系。

文德尔班的分法有所不同。他的第一个时期"希腊哲学"仅包括到亚里士多德为止的哲学,而从亚里士多德之死直到公元500年是第二个时期,称作"希腊化—罗马哲学",与我们所说的希腊晚期哲学相当。第三个时期是"中世纪哲学",从公元5世纪到公元15世纪。到奥古斯丁为止的古代基督教教父的思想和哲学被他纳入"希腊化—罗马哲学"时期。奥古斯丁则为"中世纪哲学"的开端。②文德尔班的处理方式较好地安置了奥古斯丁以前的古代基督教教父的思想,从而使罗马帝国时期的希腊罗马哲学与早期基督教思想之间发生的冲突与融合,以及古代基督教哲学的显现与成形,可以较好地得到体现。

根据我本人对希腊哲学史的理解与把握,并借鉴20世纪下半叶国际学术界的一些新成果,我的《希腊哲学简史》采用下列分期:

第一时期,从开端至巴门尼德之前,或称"巴门尼德以前的时期"。

第二时期,从巴门尼德至苏格拉底(包括爱利亚学派、自然哲学

---

① 罗素:《西方哲学史》上卷,第376页。
② 参阅文德尔班:《哲学史教程》,罗达仁译,北京:商务印书馆,1987年,第34页。

家、智者)。

第三时期,柏拉图、亚里士多德及其学园。

第四时期,希腊化时期(亚里士多德之后主要有斯多亚学派、伊壁鸠鲁学派、怀疑主义、拉丁哲学、犹太—希腊哲学等)。

第五时期,罗马帝国前期(其他学派延续,基督教哲学成形,希腊教父出现)。

第六时期,罗马帝国后期(其他学派衰微,新柏拉图主义、拉丁教父)。

大家可以看出,我们平时说的"希腊早期哲学"包含前两个时期,我们平时说的"希腊古典时代的哲学"就是上面这第三个时期,而最后三个时期都属于"晚期希腊哲学"。

研究希腊哲学必须从史料出发。现存的希腊哲学史料有两类:一类是哲学家本人的言论和著作,第二类是古代编纂家和注释家们的有关记载和论述。一般说来,希腊哲学家人数众多,著述丰富,但形态各异,分布很不均衡。若干位大哲学家,比如柏拉图、亚里士多德、斐洛、卢克莱修、西塞罗、普罗提诺、奥利金、奥古斯丁,他们的著作基本完整地保留下来。这些哲学家本人的著作是我们把握他们思想的基本依据。然而有更多的哲学家,要么是著作已经佚失,保存下来的仅仅是后人的转述或辑录的一些残篇,要么是从来没有写过什么著作,他们的思想通过弟子的叙述或传播而广为人知。"了解这一点并非无关宏旨,因为我们现代人过于倾向于把希腊哲学想象成主要是一种文字著述现象,其实,对于希腊人来说,首要的事情却是教师和学生之间的交谈和个人接触。"①

为了清晰明了,我们在这里列举希腊哲学的基本史料。至于近现代学者研究古希腊哲学的著作,读者们可以参考其他已有的希腊哲学史著作,例如,由汪子嵩先生等合作撰写的多卷本《希腊哲学

---

① 策勒尔:《古希腊哲学史纲》,翁绍军译,济南:山东人民出版社,1996年,第5页。

史》。

苏格拉底以前的哲学家：苏格拉底以前的哲学家均无完整著作传世，他们的一些言论和著作残篇保存在后来的哲学家、编纂家和注释家的著作中。德国古典学者第尔斯汇集、整理苏格拉底以前哲学家的各种史料，于1903年发表了《苏格拉底以前哲学家残篇》(*Die Fragniente der Vorsokratiker*)。他去世以后，这部书又由克兰茨修订，成为我们研究苏格拉底以前哲学家的主要材料。这部书将每个哲学家的资料分为三部分：(A)后人撰写的有关哲学家的生平事迹和学说等言论汇编；(B)哲学家本人言论和著作的残篇；(C)后人的模拟之作或疑伪残篇。这本书中所辑的残篇中的B部分由弗里曼译为英文，书名为《苏格拉底以前哲学家辅助读物》(*Ancilla to the Presocratic Philosophers*)。学界现在引用苏格拉底以前的哲学家的残篇通常遵循第尔斯、克兰茨编定的次序，例如DK22B32，即指这本书的第22章(赫拉克利特)B部分的第32则残篇，亦即赫拉克利特残篇第32条。

苏格拉底：苏格拉底是一位伟大的哲学家，但却没有留下或者根本没有写过任何著作。研究苏格拉底的史料主要有四种：(1)阿里斯托芬的喜剧，主要是公元前423年上演的《云》；(2)柏拉图的对话，早期和一部分中期对话中记述的苏格拉底的思想大体上反映了苏格拉底的思想；(3)色诺芬的著述，主要是《回忆苏格拉底》；(4)亚里士多德著作中指名为苏格拉底思想的论述。

柏拉图：柏拉图留下的著作主要用对话体写成。其他古代著作中提到的有关柏拉图著作在现存柏拉图对话中都可看到。因此人们认为柏拉图生前写定并曾公开传播的著作，大部分或者全部保留下来了。柏拉图著作的编纂从古代就已开始。现在可知的最早版本是1483—1484年由斐奇诺(Marsilio Ficino, 1433—1499)于佛罗伦萨出版的拉丁文版。最早的希腊文原版是由马努修斯(A. Manutius)1513年在威尼斯出版的。1578年，斯特方(H. Stephanus)

在巴黎出版了希腊文版,他编定的分卷、页码和分栏(a, b, c, d, e)以后为各国学者广泛采用,成为标注柏拉图著作标准页的基准,大大方便了检索。例如《国家篇》429d,即指斯特方本第429页d栏。各种现代译本的柏拉图著作大部分亦将标准页的页码和分栏作为边码标出。柏拉图著作的总量译成中文约200万字。

亚里士多德:据古代记载,亚里士多德生前撰写并公开传播的也是一些对话,但后来佚失了,仅存一些残篇。现在流传的亚里士多德著作是他在吕克昂学院的讲稿、札记、提要,甚至还有学生的笔记,由学院的第11代继承人安德罗尼柯于公元前1世纪时整理编辑成书。从古代开始一直到中世纪,学者们对亚里士多德的著作做了大量注释。近代公认的标准版本是由德国柏林研究院于1830—1870年校印的希腊文《亚里士多德著作集》(Aristotle's Opera),称作贝刻尔(I. Bekker)本。学界引用亚里士多德著作时所用的页码就是贝刻尔本页码,例如《形而上学》1046a5—15,即指贝刻尔本第1046页a栏第5—15行。最有代表性的英译亚里士多德著作是罗斯主编的牛津版12卷本的《亚里士多德著作集》。中文版的《亚里士多德全集》由我国著名希腊哲学专家苗力田先生主持译出,共分10卷。

伊壁鸠鲁:现存《书信》3封,均由第欧根尼·拉尔修在其《名哲言行录》中全文引述而得以保存。《致赫罗多德的信》主要涉及原子论和认识论问题,《致皮索克勒斯的信》主要涉及气象学和天文学,《致美诺寇的信》,主要涉及伦理学。第欧根尼·拉尔修还引述了伊壁鸠鲁的《要义》,共有格言40条。1898年在梵蒂冈的一座教堂里发现了一批伊壁鸠鲁学派的警语,共81条,被学者们称作《梵蒂冈箴言》。其中有8条与《要义》的条文完全相同。除此之外,由卢克莱修、琉善、西塞罗、塞涅卡、普鲁塔克等人保存下来的残篇共87条。贝利《伊壁鸠鲁现存著作诠注》一书辑录了这些残篇,并编了号。

斐洛：作为犹太—希腊哲学的主要代表，斐洛的著作基本上完整地保留下来。他的著作用希腊文写成，主要英译本有以下两种：洛布古典丛书《斐洛文集》12卷，这个集子是学者们最常用的译本，前10卷收录了斐洛的全部现存希腊文著作，并有英译文对照，后2卷增补了斐洛的那些仅有亚兰文本的著作；荣格译《斐洛著作集》(*The Works of Philo*, Translated by C. D. Yonge, Hendrickson Publishers, Inc., Massachusetts, 1993)。斐洛的著作各篇长短不一，亦无统一公认的标准页，各种版本卷、章、节的划分也不一致。较长的分卷、章、节，较短的仅分节。

卢克莱修：罗马共和国晚期的伊壁鸠鲁主义者，留有哲学长诗《物性论》。全诗约7400行，有中译本。

西塞罗：西塞罗撰写过大量著作，基本完整保留至今。洛布古典丛书汇编的西塞罗著作集为"拉英对照本"，共29卷，分为修辞学（1—5卷）、演说词（6—15卷）、哲学（16—21卷）、书信（21—29卷）四大部分。译成中文总量约350万字。

塞涅卡：罗马帝国时期斯多亚学派的代表人物，洛布古典丛书收录了他的现存著作，共10卷，其中有论文（5卷）、书信（3卷）、剧作（2卷）。

爱比克泰德：罗马帝国时期斯多亚学派代表人物，其思想由学生阿利安记录，编成《爱比克泰德论说集》和《手册》。洛布古典丛书收录了他的现存著作，《爱比克泰德论说集》已有中译本。

马可·奥勒留：罗马帝国时期斯多亚学派代表人物，著有《沉思录》，洛布古典丛书收录，有中译本。

普罗提诺：罗马帝国新柏拉图主义的代表人物，著有哲学论文54篇。他的弟子波菲利将这些论文编成《九章集》，并撰写《普罗提诺生平及著作编定》一文作为前言。洛布古典丛书收录该书，分为7卷。

教父哲学家：基督教哲学家留有大量著作。从16世纪开始，西方学者开始系统整理出版。法国学者米恩编纂的《教父著作全集》（Patrologiae Cursus Completus）内容最为丰富,分为希腊文系列（Patrologia Graeca,简称 PG）和拉丁文系列（Patrologia Latina,简称 PL）。中国学者常用的教父著作集的主要版本有：罗伯特主编：《尼西亚会议前教父著作集》（Roberts, A., ed. *Ante-Nicene Fathers*, American Reprint of Edinburgh Edition, 1993, 10 vols., Michigan）；沙夫主编：《尼西亚会议前后教父著作集》（Schaff, P., *A Select Library of the Nicene and Post-Nicene Fathers of the Christian Church*, 1st and 2nd series, 28 vols., 1993, Michigan）。

扫一扫,观看讲座视频

第3讲
求是:理性精神的萌发

希腊人过着相对贫乏的物质生活(与同期埃及和东方大国相比),但却有丰富的精神生活。在他们的精神追求中,他们发现、探索、维护、传承了许多普遍价值。从本讲开始,我们分别从求是、求本、求知、求真、求实、求美、求善、求仁、求义、求礼、求福、求圣这十二个方面来了解和把握希腊人的精神探索过程及成果,由此掌握希腊哲学的基本精神和地中海世界各古代民族的基本价值。

一、"是"的基本内涵

理性思维是在人类认识发展到一定阶段以后产生的。那么我们判断一个人或一个民族是否具有理性思维有没有什么标志呢?前年我去参加我的本科哲学班里的同学聚会,我的一位老同学讲了一个故事,说现在社会上的保安员最能体现哲学的基本精神,因为他们每见到一个人都要问:你是谁?你从哪里来?要到哪儿去?

我们看到,古人的思维发展到一定阶段,也都会提出这样一个问题:这是什么?战国时期的诗人屈原在《天问》中对天地人世间一切事物发问,从天地离分、阴阳变化、日月星辰等自然现象,一直问到神话传说、圣贤凶硕、战乱兴衰。"上下未形,何由考之?"(天地尚未成形前,又从哪里得以产生?)"冥昭瞢暗,谁能极之?"(明暗不分混沌一片,谁能够探究其中原因?)

汉语"是"字的出现很早。"是"字的古体作"昰"。"这个'昰'能把我们带入汉语'是'字的原始意义。""'昰'的字形更能表示'日正'这一基本意义。"①王太庆先生在考察此字的古义时说:"看来'是'就是'正'。'正'写成当脚趾讲的'止'上加一横,该是'立正'的意思,也可以转训'方正'、'正当'、'正直'。'是'字在'正'上加一个日,即太阳;太阳下面的'正'该是最高的正,'正好如此','正是这个'。"②许慎对"是"的释义是,"是,承旨切直也。从是,正。凡是之属皆从是。"③许慎对"正"的释义则是,"正,是也,从止,一以止。"④

许慎的解释是一位古人用古汉语解释"是"字。现代人编的古汉语词典则是在用现代汉语解释"是"字。它的释义有:(1)正确,与"非"相对,"觉今是而昨非"(陶潜《归去来兮辞》);(2)指示代词,这,这个,这样,"若是则百吏莫不畏法而遵绳矣"(《荀子·王霸》);(3)系词,"余是所嫁妇人之父也"(王充《论衡·死伪》)。⑤这个释义不仅说出它的词汇意义,而且说出它的语法功能。依此解释,"是"字的含义是:正确/这个/是。

《现代汉语词典》在处理"是"字的时候,把它作为同形同音异义字来处理,分别标注为是¹、是²、是³。它们的中文释义如下:⑥

是¹,(1)对,正确(跟"非"相对),"一无是处","自以为是","实事求是";(2)认为正确,是古非今,深是其言;(3)表示答应的词,

---

① 萧诗美:《是的哲学研究》,武汉:武汉大学出版社,2003年,第29页。
② 参阅王太庆:《我们怎样认识西方人的"是"?》,宋继杰主编《Being与西方哲学传统》上卷,第57页。
③ 许慎:《说文解字》,北京:九洲出版社,2001年,第94页。
④ 许慎:《说文解字》,第94页。
⑤ 古汉语常用字字典编写组:《古汉语常用字字典》第3版,北京:商务印书馆,1999年,第261页。
⑥ 中国社会科学院语言研究所词典编辑室编:《现代汉语词典》(修订本),北京:商务印书馆,1996年,第1156页。

"是,我知道";(4)姓。

是²,这,这个,"如是","由是可知","是日天气晴朗"。

是³,(1)联系两种事物,表明两者同一或后者说明前者的种类、属性,"《阿Q正传》的作者是鲁迅";(2)与"的"字相应,有分类的作用,"这张桌子是石头的";(3)联系两种事物,表示陈述的对象属于"是"后面所说的情况,"他是一片好心";(4)表示存在,主语通常是表处所的语词,"是"后面表示存在的事物,"村子前现是一片水田";(5)"是"前后用相同的名词或动词,连用两个这样的格式,表示所说的几桩事物互不相干,不能混淆,"去年是去年,今年是今年,你当年年一个样哪!";(6)在上半句里"是"前后用相同的名词、形容词或动词,表示让步,含有"虽然"的意思,"诗是好诗,就是长了点";(7)用在句首,加重语气,"是谁告诉你的?"(8)用在名词前面,含有"凡是"的意思,"是有利于群众的事他都肯干";(9)用在名词前面,含有适合的意思,"这场雨下的是时候";(10)用在选择问句、是非问句或反问句里,"你是吃米饭是吃面?","他不是走了吗?","你是累了不是?"(11)表示坚决肯定,含有"的确、实在"的意思,"我打听清楚了,他那天是没去"。

明确了我们汉语中的"是"诸多含义之后,我们再来看希腊语中的"是"。希腊语中有一个词与我们的"是"相当。它就是εἰμί。这个词有多种变化形式,也是一个多义词。《希英词典》详尽地解释了εἰμί及其派生词的语法功能和词汇意义[①],以εἰμί及其派生词的语法功能为分类标准,将εἰμί的词汇意义归入以下七个类别:A. 实义动词(substantive verb);B. 系动词(copula);C. 与各格名词、副词、介词连用;D. 省略用法(ommited);E. 多余用法(redundant);F. 未完成时用法;G. 赘语用法(pleonastic)。在此类别之下,词典作者列举了εἰμί

---

① Liddell H. G., & Scott, R., *Greek-English Lexicon*, with a Revised Supplement, Clarendon Press, Oxford, 1996, p.487.

的各种词汇意义。

A. 实义动词：I. 人格的存在(exist of persons)；II. 真实世界、环境、事件等的存在(exist of the real world, of circumstances, events, etc.)；III. 是事实，是这种情况(be the fact or the case)；IV. 无人(后接关系词)，以某种方式，在某处，有时；V. 有(ἦν，εἰμί的未完成时，通常用于句首)；VI. 可能(ἐστί的非人称用法)，就算如此(用于论证中)。

B. 系动词：是(to be)；表示(signify)、表明、象征、意味、对……重要的(import)；等于(与数词连用)；。

C. 与各格名词、副词、介词连用：I. 不定式εἶναι+副词，表示"想要"；II. εἰμί+所有格名词，表示"后裔""属于""由……造就"；III. εἰμί+与格名词，表示"有"；IV. εἰμί+介词，表示"生长""涌出"。

D. 省略用法：εἰμί及其各种变化形式在述语前经常省略。

E. 多余用法：不定式εἶναι的使用经常显得多余。

F. 未完成时用法：εἰμί的未完成时ἦν有时用在其他语言用现在时的地方。

G. 赘语用法：在希腊语圣经七十子本中使用。

说起"是"，我们中国人头脑中最直接的联想可能会是"实事求是"这句成语。而在了解了希腊语中的"是"以后，我们就可以知道，"是"字有多种含义，要在具体语境中确定它的含义。而在我们对希腊哲学的研究中，我们看到对"是"字的使用标志着希腊理性思维的萌芽，标志着希腊民族的思维从非理性思维向理性思维的过渡。

二、向理性思维过渡

希腊哲学家是具备理性思维能力的人，但他们亦非生来就是如此，他们的理性思维能力也有一个发生、发展和提高的过程。在分析希腊早期思想家的思维水平之前，我们先介绍列维-布留尔对原始思维、让·皮亚杰对儿童思维、乔瓦尼·维柯对古代思维的研究成果。

列维-布留尔(Lévy-Bruhl, 1857—1939)是法国哲学家和人类学家。他的《原始思维》一书把"地中海文明"所属民族的思维与不属于"地中海文明"的民族的思维进行了比较研究。他指出,"原始人的智力过程,与我们惯于描述的我们自己的智力过程是不一致的",我们"能够发现它们之间的差别在何处,并能够确定出原始人的思维的最一般的规律"。"在人类中间,不存在为铜墙铁壁所隔开的两种思维形式——一种是原逻辑思维,另一种是逻辑思维。但是,在同一社会里,常常(也可能是始终)在同一意识中存在着不同的思维结构。"他指出,原始人的思维有以下特征:(1)服从互渗律;(2)与前概念、前知觉、前表象相联;(3)是综合的,而非分析的;(4)具有直接性、具体性;(5)集体表象起主要作用。

让·皮亚杰(Jean Piaget, 1896—1980),是瑞士哲学家、儿童心理学家。他对儿童心理进行了长期的研究,提出了发生认识论学说。他说过,"发生认识论已能证明,认识的原始形式与高级形式之间的差别比我们过去所认为的要大得多"。

他把儿童的认知发展分成以下四个阶段:

1. 感知运算阶段(感觉—动作期,0—2岁)。这个阶段的儿童的主要认知结构是感知运动图式,儿童借助这种图式可以协调感知输入和动作反应,从而依靠动作去适应环境。通过这一阶段,儿童从一个仅仅具有反射行为的个体逐渐发展成为对其日常生活环境有初步了解的问题解决者。

2. 前运算阶段(前运算思维期,2—7岁)。儿童将感知动作内化为表象,建立了符号功能,可凭借心理符号(主要是表象)进行思维,从而使思维有了质的飞跃。

3. 具体运算阶段(具体运算思维期,7—11岁)。在本阶段内,儿童的认知结构由前运算阶段的表象图式演化为运算图式。具体运算思维的特点:具有守恒性、脱自我中心性和可逆性。皮亚杰认为,该时期的心理操作着眼于抽象概念,属于运算性(逻辑性)的,但思维活动需要具体内容的支持。

4. 形式运算阶段(形式运算思维期,从11岁开始一直发展)。这个时期,儿童思维发展到抽象逻辑推理水平。其思维形式摆脱思维内容,形式运算阶段的儿童能够摆脱现实的影响,关注假设的命题,可以对假言命题作出逻辑的和富有创造性的反映。同时儿童可以进行假设-演绎推理。

他还指出儿童思维具有以下特点:(1)主—客体基本未分化;(2)具有直接性和具体性,虽有概括成分,但只属于低层次的;(3)知、情、意互相交融互相渗透,带有明显的情感和意志色彩。

乔瓦尼·巴蒂斯塔·维柯(Giovanni Battista Vico,1668—1744)是意大利语言学家、法学家、历史学家、美学家。他的毕生追求以最高智慧为旨归。在诸多古典学者中,他尤为钦佩柏拉图和塔西佗,认为前者代表了一种玄奥智慧,后者代表了一种普通智慧,并认为一个真正的哲人就必须兼备这两种智慧。他在研究中提出了所谓"诗性智慧"的思想,认为人类原始民族的创造者都是某种诗人,他们的思维是一种诗性思维,即以一种隐喻的原则创造事物,创造各门技法和粗糙原始的各门科学,从而在某种意义上创造了他们自己。

布留尔、皮亚杰和维柯的研究实际上告诉我们,人的思维在个体身上的发展过程与整个种族的发展过程具有相似性。古希腊民族虽然很早就迈入了理性的门槛,但这种迈入不是一蹴而就的,而是有一个过程。通过对希腊早期思想家的思维方式的分析,我们可以更加深刻地认识这一点。

三、对古代思想家思维方式的分析

我国哲学史界对古希腊哲学家赫拉克利特的评价比较一致。有的称赞他是辩证法的真正创始者;有的说他是杰出的朴素辩证论者,西方朴素辩证思维方式的代表;有的说连"古代的黑格尔"亚里士多德与之相比也大为逊色。然而,盛名之下,其实难副。持久而热烈的赞扬无助于研究的深入。如若我们坚持历史主义的原则,剖析一下赫拉克利行的思维形式和思维方法。就可以看清,赫拉克利特的基本思想主要是原始的非理性思维方式的产物,而非朴素辩证思维的成果。赫拉克利特之所以具有现今哲学史论著中的这般面目,这是两千多年来,人们按照理性思维的习惯不断地对之理解、阐发、添加、改塑的结果。

赫拉克利特没有完整的著作传世。现存残篇一百三十余条是由德国近代学者第尔斯从古代著作中辑录下来的。其中大部分出自公元2世纪的基督教父、亚里山大里亚的克莱门特和公元2世纪的罗马主教希波吕托。这些残篇究竟是否赫拉克利特的真实原话?它们在多大程度上反映了赫拉克利特的真实思想?古代作家作了哪些添加?他们的解释有无歪曲赫拉克利特的本义?这些问题自古以来就争论不休。近现代西方学者对残篇的归属和本义作了大量考证和阐释,至今亦无定论。可以说,由于史料的匮乏和人类思维方式的变化,上述问题只能是千古之谜,永远不会有什么定论。这就需要我们另辟蹊径,寻找研究赫拉克利特思想的新途径。

哲学是以理论思维形式表现的人们对世界总体的认识。这一认识内容本身决定了哲学必然采用理性思维(逻辑思维)的方法。在这个意义上,我们可以说,方法是一切哲学体系的灵魂,任何哲学离开了"概念的劳作"都是不可能的。因此,我们通过分析哲学家的思维形式和思维方法就可以判明其思维水平的高下,藉此为阐明人类认识的发展规律提供素材。

从赫拉克利特现存残篇中可以清楚地看出他的思维方式有以下四方面的特征:

第一,以形象思维为主,仅在少数命题中运用抽象思维。

意识是现实的反映。哲学以及其他意识形态在把握现实的过程中,都必须从现实事物具体可感的现象形态入手,首先获得现实事物的印象、表象以至形象观念。然而,在哲学把握现实过程中获得的形象观念,只是作为进一步获得理论概念的跳板和桥梁,一旦获得了理论概念,哲学家就过河拆桥,以理论概念为基本工具,去把握事物普遍、必然的本质。哲学著述虽也包含形象性的东西,但即使是具有典型性的形象也只有作为概念、范畴、理论体系的图解和例证才有意义。形象思维不是哲学思维的基本形式。然而赫拉克利特基本上是用形象观念来表现他的哲学思想的。以他有关运动变化的残篇为例:"走下同一条河的人经常遇到新的水流。"(DK22B12)"我们走下而又不走下同一条河流。"(DK22B49a)"人不能两次踏进同一条河流。"(DK22B91)

第二,运用日常概念为主,个别概念达到了对事物初级本质的认识。

抽象概念源于具体概念,哲学概念源于日常概念,用同一概念概括的思想有认识程度深浅之分,这是人们熟知的道理。赫拉克利特残篇中出现了一些人们至今仍在使用的哲学术语,由于他本人对这些术语的含义没有作过解释,这就需要我们仔细地辨析他的认识所达到的深度。

以人们常说的赫拉克利特的"对立统一"思想为例。与这一思想有关的残篇有二十多条,但绝大多数是由日常概念组成的俗语和格言,其中抽象程度最高的是残篇51:"他们不了解如何相反者相成;对立造成和谐,如弓与六弦琴。"

这段话是由生活在与赫拉克利特相距七百年的希波吕托辑录的,其真实程度至今仍有争议,我们暂且把它看成是赫拉克利特"对立统一"思想的基本命题,把其他残篇看作例证,分析一下赫拉克利特是怎样理解"对立"这个范畴的。

有关残篇中涉及的对立面大体上有四类:第一,事物或其性质的循环相继或变化。如生死、醒梦、老少、高低、日夜、冬夏、战和。第二,因经验主体的变化而引起的相对性。如"海水是最纯洁的,又是最不纯洁的;对于鱼,它是能喝的和有益的;对于人,它是不能喝的和有害的"。第三,价值的相对性。如正义与不正义,善与恶,公正与不公正等。第四,同一事物的不同方面。如上升的道路和下降的道路,压榨器里的纹路,圆周上的起点与终点等。

这些例证表明赫拉克利特观察到了现实世界中存在的大量的矛盾现象。他掌握的矛盾尽管还是外在的、表面的,但在此基础之上通过抽象思维的概括能够得出"对立面同一"的结论。然而,那些能说明他已经作了这样理性概括的材料的真实性都很成问题。

第三,以描述为主,缺少逻辑证明。

概念是通过抽象概括得来的,这是思维能动性的一种表现。然而思维能动性还有其他表现,这就是假设、推理和证明。能否在概括的基础上提出假设,进而运用逻辑推理去证明,这是我们判明早期思想家思维水平的一个重要标准。从赫拉克利特的残篇来看,除在个别地方显露出假设和逻辑证明的苗头外,他用经验性的描述来表达他的思想。以他一元论的物质观为例。他说:

> 这个世界对一切存在物都是同一的,它不是任何神所创造的,也不是任何人所创造的,它过去、现在和未来永远是一团永恒的活火,在一定的分寸上燃烧,在一定的分寸上熄灭。
> (DK22B30)

人们通常把这段话看作是赫拉克利特一元论的物质始基观的集中表述。但这段话本身还不是一元论的核心命题。它实际上蕴含着这样一个前提,即假定万物都是从某一种东西中产生出来的。

赫拉克利特对这个假定似乎有所意识,他说:"从一切产生一,从一产生一切。"(DK22B10)因而,"一切是一"(DK22B50)。从这一理论前提出发,赫拉克利特用"火"作为基本范畴描述了世界万物生成变化的图景。由于"一切是一"这个一元论的核心命题也可能通过别的途径产生,赫拉克利特是否以这一命题作为他的物质观的理论前提,我们没有绝对的把握,但赫拉克利特没有进行逻辑证明,这是肯定的。

第四,以类比为主,用猜测想象去建立普遍联系。

赫拉克利特残篇中有许多类比。例如他说:"一切事物都换成火;火也换成一切事物,正像货物换成黄金,黄金换成货物一样。"(DK22B90)

人们通常认为,这是赫拉克利特在举例说明他的物质观,但实际上这是他在进行类比。他看到不同类的事物有相似之处,就认为不同类的事物具有相同的关系,货物与黄金有交换关系,万物与火也有交换关系。这样,他就用丰富的想象,简单的类比建立起世界万物的普遍联系。这样的例子在残篇中还有一些。

上述四方面特征表明,赫拉克利特的理性思维能力还十分低下。他使用了一些哲学概念,但对这些概念含义的理解与日常概念并无多大差别。他具备了一定的抽象概括能力,但仍以形象思维为主。他还不具备逻辑推理的能力,没有作过假设和证明。他的思想是以经验的直观、类比、想象、猜测为特征的非逻辑思维的产物。他的思维方式还是非常原始的。

理性,作为人类文明现有的最高成就,它的发展过程和迄今为止的文明发展过程是同步的,换言之,人类的全部进步都体现于思维方式对其前逻辑阶段的逐渐摆脱。西方理性思维(逻辑思维)发展的历史是从古希腊开始的。古希腊早期思想家处在人类认识从前逻辑思维向逻辑思维发展的过渡阶段,所以在他们那里,非逻辑思维仍占主要地位,逻辑思维则处在萌芽状态。赫拉克利特的情况就是这样,他的思维方式是他那个时代人们思维方式的典型代表。

早期希腊思想家确实已经敲开了理性思维的大门,但是第一个真正迈入理性思维门槛的人是爱利亚学派的哲学家巴门尼德。第欧根尼·拉尔修记载说:"巴门尼德是爱利亚本地人,皮瑞斯的儿子,是塞诺芬尼的学生。可是巴门尼德自己认为,他虽然受塞诺芬尼的教导,却并不是他的追随者。""巴门尼德的鼎盛年在第69届奥林比亚赛会期间(公元前504—前501)。"①按此推算,他的生年约在公元前540年左右。

巴门尼德撰写过一首长诗,大约写于公元前480年,原诗没有标题,后人给它起了个很不确切的名字——《论自然》。这首诗流传了将近一千年,公元6世纪的辛普里丘可能还看到过全文,但是后来不久就失传了。现在,巴门尼德的这首诗存有残篇25则,其中19则被认为是可靠的,共154行诗,绝大部分由塞克斯都·恩披里柯和辛普里丘保留下来,此外还有别人的转述和记载54则。整首诗分为序诗、真理之路和意见之路三个部分。据学者们估计,序诗基本完整,真理之路大约留存十分之九,意见之路仅存约十分之一。

巴门尼德所处的时代,希腊人尚不知散文为何物,韵文、诗歌是巴门尼德表达思想的唯一形式,而以神灵或圣贤的名义向民众宣谕,亦是当时整个古代社会所熟悉或乐意接受的方式。序诗一开始就说:"牝马拉车载我奔向远方,心旷神怡行驰在著名的神道上;我在车上端坐,知道天下所有城邦的事。聪明的马儿使劲拉车,有少女们指引着路程。车轴飞转,轮毂嘶叫,红光闪烁;赫利俄斯②之女急于赶来陪我,她们离开黑暗的厅堂,用手撩开了头上的面纱,走进光明。"(DK28B1)诗中的女神对他说:"年轻人,不朽的驭者驾着车,让这些牝马送你到我的住所,欢迎你!送你走上这条道路的不

---

① 第欧根尼·拉尔修:《名哲言行录》IX. 21, 23。
② 赫利俄斯,是希腊神话中的老太阳神。

是噩运,而是公平和正义;因为,这决非一般人走的道路。走上这条路你就可以学到一切,既有不可动摇的、圆满的真理,又有不包含真实信念的凡人的意见。尽管如此,这些意见你肯定也要了解,要知道这些凡人相信的事情如何成为确定的,贯穿一切的。"(DK28B1)以这样一种方式,巴门尼德把那个时代存在的思想分歧引入他要叙说的论题。

残篇2是真理之路这部分的开头:"来吧,我来告诉你只有哪些探求的道路是可以考虑的,你听了以后必须把我的意思带走。一条是:被探求的东西存在,它不可能不存在,这是一条确信的途径,因为它通向真理女神;另一条是:被探求的东西不存在,由此必然得出不存在的东西存在,我告诉你这条途径是什么都学不到的;因为你既不能认识不存在的东西(这确实办不到),也不能把它说出来。"(DK28B2)在这里出现了巴门尼德长诗的核心句子与核心概念——"存在"。哲学概念大部分起源于日常生活语言,也有哲学家的创造。概念的含义是外延与内涵的统一,所指和能指的统一。为了弄清巴门尼德核心概念的含义,我们还要掌握巴门尼德本人对"存在"的解释。

概括起来说,巴门尼德在残篇八中阐述并论证了"存在"的五个特征或属性:

(1)"存在没有生成,也没有毁灭。"(第5行)存在或者有生成,或者没有生成。如果存在有生成,那么它是从哪里产生出来的呢?所以存在没有生成。如果存在没有生成,这也就意味着它没有毁灭。

(2)存在是一,是连续不可分的。"所有的存在者都在一起,是一,是连续的"(第22行)存在没有性质上的差异,也没有程度或数量上的不同,所以存在者完全一样,存在者和存在者之间完全没有区别,存在只能是连续的、不可分的"一"。

(3)"存在是不动的。""但是存在没有运动,它被禁锢在强大的锁

链之中,没有开端,没有停止。"(第26行)

(4) 存在像个球体。"但存在有一个界限,它在各个方面都是闭锁的,就像一个滚圆的球体,从中心到边界上的每一个点的距离都相等;因为它一定不可以在某个方向上大一点或小一点,既没有不存在的东西会妨碍它抵达同一点,也不可能有存在的东西在这里多一点,在那里又少一点,因为它是一个不受侵犯的整体。因为它在各个方向上都与自身相等,它统一地抵达它的界限。"(第42—49行)

(5) 只有存在可以被思想、被表述,只有存在才有真实的名称。这一特性的表述在整个长诗中共出现五次。"思想和想到的那个东西是一回事,因为离开了想到的那个东西你将找不到思想。因为在存在的东西之外,没有任何别的东西存在或将要存在,既然命运已经把它捆在一起,作为一个整体和没有运动的东西,因此凡人所确立的、信以为真的东西,都只不过是名称,比如生成与消灭、存在与不存在、位置的改变、鲜明色彩的变换。"(第34—49行)

巴门尼德的上述阐述和论证从今人的眼光看来并非合理或者严密的逻辑论证,但我们确实看到在他的长诗中已经在不自觉地运用逻辑推论,他对"存在"的阐述与论证缔造了西方哲学史上第一个"存在论"。黑格尔把巴门尼德的抽象论证也称作辩证法,说"这种辩证法我们可以叫做形而上学的抽象论证。同一律就是这种抽象论证的根据"[①]。

从巴门尼德残篇八的第50行开始,巴门尼德转入"意见之路"部分。他说:"现在结束我关于真理的可靠的言说和思想,从这里起研究凡人的意见,且听我的欺人虚构的话吧。人们习惯于命名两种形式,其中之一本来是不该命名的,正是在这里人们误入歧途了。他们将它们彼此区别,认为它们在表现上是对立的,并且赋予彼此

---

① 黑格尔:《哲学史讲演录》第1卷,第276页。

不同的标志：一种是以太的火焰，稀薄的、轻的、自身在各个方面都是相等的，却与别的东西不同；另一个正好相反，是黑夜，一个浓厚沉重的东西。我要告诉你所有这些看来如此的秩序，那么凡人的意见就没有能胜过你的了。"（DK28B8,50-61）

研究希腊哲学的学者喜欢把古希腊人的古代理性主义称作逻各斯主义或逻各斯中心主义，视之为西方近代理性主义的前身。历史地看，从巴门尼德开始，重视推理论证确实是希腊哲学和整个西方哲学的一个重要特征。这种逻各斯主义的核心涵义应当是巴门尼德意义上的理性思维方法，而不是赫拉克利特意义上的朴素的辩证思维。

其次，从思维方式来看，巴门尼德具有开创性的意义。我们研究哲学史，不仅要研究历史上的哲学家提出来的具体思想和观念，还要研究他们产生和阐述这些思想时使用的思维方式。希腊思想发展到巴门尼德这里，已经迈入了理性思维的门槛，其主要表现就是形式逻辑在思考中的不自觉的运用。

巴门尼德以前的早期希腊思想家都用韵文（格言、诗歌）来表达思想。借用维柯在《新科学》①中使用过的一个术语，这是一个"诗性玄学"的时代。这个阶段的特征是：表象思维占据主要地位、理性思维能力低下。哲学家们受到思维水平和语言工具两方面的限制，只能用口头的或成文的韵文来表达自己的思想。然而，哲学思维本质上是一种概念思维。随着古希腊人理性思维能力的增强，哲学文体必然要突破诗歌的束缚向散文发展。在巴门尼德这里，我们看到了这一临界点。他的《论自然》从形式上看是诗歌，但它的主要部分与其说是诗歌，不如说是散文。大量的抽象概念，连篇的假设、推理、证明。从假设存在的单一、不动的属性开始，推论出存在的各种标志，演绎出一系列的结论。这是逻辑思维的成果，是真正的"概念的

---

① 维柯：《新科学》，朱光潜译，北京：人民文学出版社，1987年。

劳作"。古希腊哲学从这里开始真正迈进了理性王国的大门。

  如果把希腊人的"是"理解为万事万物,理解为存在,那么可以说,在早期希腊思想家那里,"求是"的精神已有明显的表现。然而,由于"是"字是个多义词,它在希腊哲学的后来发展中还在不断丰富它的哲学内涵。这是我们在以后各讲中要说的事。

扫一扫,观看讲座视频

第4讲
求本：本体论、形上学

希腊哲学有一个发生、发展的过程。从早期自然哲学家到亚里士多德，我们可以看出一个基本的发展趋势，那就是早期哲学家寻求本原，而从苏格拉底到智者到柏拉图，哲学就进到了古典时期，哲学家们的思考进一步深入了，他们不仅考虑什么是万事万物的本原的问题，而且也在思考事物的本性问题。这就是说，他们的认识从现象深入到了事物的本质。而在对事物的本质进行思考的过程中，亚里士多德又进一步扬弃了柏拉图的思想，引导人们在考察和思考事物的本质的时候，进一步去区分最重要的东西和其次的东西，也就是去寻求本体，去寻求那个最根本的东西。本讲具体讲解这一过程，由此领略希腊人的求本精神。

一、相关语词释义

《说文解字注》[①]对"本"字的释义是："本，木下曰本。从木，一在其下。"《古汉语常用字字典》对这个字有如下解释：（1）草木的根或茎干，引申为根源，来源。"伐木不自其本，必复生。"（《国语·晋语一》）（2）根本，基础的东西。"君子务本。"（《论语·学而》）（3）本来的，

---

① 许慎撰，段玉裁注：《说文解字注》，上海：上海古籍出版社，1981年。

原来的。"变其本而加厉。"(萧统《文选序》)(4)根据,掌握。"本乎天者亲上,本乎地者亲下。"(《周易·乾卦》)(5)自己一边的,现今的。"观左右本朝之臣。"(《管子·八观》)(6)底本,版本。"一人持本,一人读书。"(《文选·魏都赋》)①

中国古代汉语发展为现代汉语以后,大量使用双字词,构词能力大增。我们在本讲中要提到的本原、本质和本体这三个哲学概念有着不同的哲学内涵,但它们都是双字词,都有着"本"的基本含义。

在希腊哲学研究中,我们用"本原"来翻译希腊文的 ἀρχή。这个词旧译"始基""基质""原",等等。ἀρχή这个词的含义有两类:一类的基本意思是开始和根源,荷马史诗中就有这种用法;另一类是政治上的权力、统治和执政官。②前一类含义具有哲学意味,后一类含义则属于日常用法。

在希腊哲学研究中,我们常用"本性"来翻译希腊文的 φύσις。φύσις这个词的含义主要有两个:一是"自然",二是"本性"。

在希腊哲学研究中,学者们常用"本体"来翻译希腊文的 ὄν。这个词是 εἰμί 的分词形式。我认为与中文"本体"对应的希腊词应该是 ουσία。ουσία是一个名词,而不是 εἰμί 的阴性分词形式。③

二、寻求本原

古代哲学家的思维带有时代的特征,古希腊哲学家思考的主要问题也从一个侧面反映出希腊人的精神探求。我们知道,古希腊早期哲学家最先思考和探索的核心问题不是"是"的问题,而是本原问

---

① 古汉语常用字字典编写组:《古汉语常用字字典》第3版,北京:商务印书馆,1999年,第11页。
② Cf. Liddell H. G., & Scott, R., *Greek-English Lexicon*, p. 252.
③ Ibid., p.1275.

题。"人类的思想并不是从抽象开始的,而是从具体开始的。因此,初期的哲学家最早探讨的问题还不是抽象的'存在',而是具体的、变化着的万物。"①杨适先生指出:"这个时期哲学的最重要的特征和标志是:探求的对象为'自然'和创生自然宇宙和万物的'本原',用对立统一解说生灭流变的自然,把感性物质原素当作自然的根本原因,并以感性经验和观察的事实解说、证实和推进这些探求。"②

学界以往对"本原"这个哲学概念作过许多研究,但在探讨时也经常混淆两个不同的问题:(1)什么是万物的本原;(2)什么是本原。依据现存史料,希腊早期哲学家大都回答过第一个问题,而亚里士多德这样的大哲学家则对第二个问题作了回答,即对本原这个概念进行解释和界定。

泰勒斯宣称,"水是万物的本原"。③阿那克西曼德说,"本原和元素是无定,将之规定为气或水,或其他什么东西"④。阿那克西美尼也说,"气是本原,并且是无定的"⑤。毕达哥拉斯学派认为,"万物的本原是单一的","有四种元素,即火、水、土、气"⑥。赫拉克利特说,"万物产生于火,又复归于火"。⑦恩培多克勒说,"有四种元素,即火、水、土、气"。⑧在希腊早期自然哲学的语境中,本原是第一个哲学术语。

亚里士多德说:"那些最初从事哲学思考的人,大多数只把物体性的东西当作万物唯一的本原。万物都由它构成,开始由它产生,随后又化为它(本体常存不变,只是变换它的属性),他们认为这就

---

① 汪子嵩等:《希腊哲学史》第1卷,第446页。
② 杨适:《古希腊哲学探本》,第116页。
③ 第欧根尼·拉尔修:《名哲言行录》I.27。
④ 第欧根尼·拉尔修:《名哲言行录》II.1。
⑤ 第欧根尼·拉尔修:《名哲言行录》II.2。
⑥ 第欧根尼·拉尔修:《名哲言行录》VIII.25。
⑦ 第欧根尼·拉尔修:《名哲言行录》IX.7。
⑧ 第欧根尼·拉尔修:《名哲言行录》VIII.76。

是万物的元素,也就是万物的本原。……至于本原的数目有多少,性质是什么,他们的意见并不一致。"①亚里士多德在稍后处又说,古代首先讲述诸神故事的人对于"本原也持同样的观点"。②他在这里敏锐地概括了早期希腊哲学家探索的主要问题——本原。

苏格拉底以前的哲学家回答了"什么是万物的本原",而亚里士多德回答了"什么是本原"。亚里士多德《形而上学》第五卷(Δ卷)解释了 άρχή 的含义:(一)事物开始的部分,比如一条线或一条路,无论在相反的哪一端,都有一个起点;(二)事物最好的出发点,比如学习时,我们有时并不是从头开始,而是从最容易学好的地方开始;(三)事物从它的某个内在的部分首先产生,比如船从龙骨开始,房屋从基础开始,至于动物,有人说是从心开始,有人说是从脑开始,还有人说是从别的具有这类性质的部分开始;(四)事物从它的某个非内在的部分开始产生,从它开始产生运动变化,比如小孩出于父母,打架由于吵嘴;(五)事物运动变化的缘故,由于这一缘故事物发生运动变化,比如城邦的统治,寡头政治、君主政治、僭主政治,也都被称作 άρχή,技术也是这样,特别是建筑术;(六)从它开始认识事物,比如假设是证明的开始。"③亚里士多德在这里分析了 άρχή 的六种含义,其共同点在于它们都有开始、起点、起源、根源的意思。人类在还没有开始理性思维之前,也会思考具体事物的开始、起点、起源和根源,理性思维产生以后,则要思考一类事物的开始、起点、起源和根源,乃至于思考一切事物的开始、起点、起源和根源。到了这个时候,这一抽象意义上的 άρχή 才成其为一个哲学概念。这就是亚里士多德所说的"万物都由它构成,开始由它产生,最后又化为它"。④这就是 άρχή 的哲学含义。

---

① 亚里士多德:《形而上学》933b6—21。
② 亚里士多德:《形而上学》983b30。
③ 亚里士多德:《形而上学》1013a1—15。
④ 亚里士多德:《形而上学》983b8。

希腊哲学的思考起始于"本原"。但早期思想家既分不清(或者不分)什么是物质,什么是精神,又分不清一般与个别,普遍与具体。在他们的思想上,万物有生命,生生不已,这就是自然。本原就是"自然万物的由来",这是一种宇宙生成论意义上的本原。自然与本原这两个语词具有这样一种天然的联系,甚至有部分意义重合。泰勒斯等早期思想家确实思考着自然现象,想要解释世界怎样起源,大地和日月星辰怎样产生,由此提出许多宇宙生成论的看法,但他们的思考范围又不仅限于此,而是把我们现今所说的自然界、人类社会、人类思维全都作为一个整体来思考,也就是说,这些事物在他们心目中全都是自然的。

三、柏拉图寻求本性

亚里士多德在《形而上学》第五卷(Δ卷)对 φύσις 这个哲学概念作过详细解释。他说 φύσις 有这么些个意思:(1)生长着的东西的成长[1];(2)生长着的东西的最初由之生长的内在部分[2];(3)每一自然物的体现其本质的最初运动的源泉[3];(4)构成或造就每一自然物的最初的质料[4];(5)自然物的本性[5],(6)每一本性均可称作自然,因为事物的自然就是某种本性。[6]

亚里士多德最后总结说:"综上所说,本性的基本和严格的意义是,在其自身中有这样一种其本身就是运动本原的事物的本质;质料由于能够接受这种本质而被称为自然、生成和生长,由于其运动

---

[1] 亚里士多德:《形而上学》1014b18。
[2] 亚里士多德:《形而上学》1014b20。
[3] 亚里士多德:《形而上学》1014b21。
[4] 亚里士多德:《形而上学》1014b27。
[5] 亚里士多德:《形而上学》1014b37。
[6] 亚里士多德:《形而上学》1015a12。

发韧于此而被称为自然。在此意义上，本性就是自然物运动的本原，它以某种方式，要么潜在地，要么完全实现了的，内在于事物。"

希腊早期思想家看到杂多的事物，寻找其开端与归宿，将某一类感性自然物视为万事万物的本原，而一旦找到了某种本原，又会开始思考万事万物之本性或性质。在这个节点上，爱利亚学派的巴门尼德起了关键作用。在希腊早期思想家中，巴门尼德思考的核心问题仍然是"什么是万物的本原"。对于这个问题，他的答案是："有火和土两种本原，前者担负工匠的职能，后者是它的质料。"①但他的想法没有止步于此，而是进一步认为，万事万物之本性就是"存在"，寻求真实事物之本性是巴门尼德撰写此诗的宗旨。

巴门尼德寻求万事万物之本性的思路对柏拉图产生了重要影响。第欧根尼·拉尔修记载说："当柏拉图说到'桌子性'和'杯子性'时，犬儒派的第欧根尼说道：我的确看见一张桌子，一个杯子，但是我没有看见'桌子性'和'杯子性'。柏拉图答道，你说得不错，因为你的确具有人们用来看桌子和杯子的眼睛，但人们用来看桌子的本质和杯子的本质的精神，你却没有。"②正是在对事物的一般与个别关系问题的思考中，柏拉图达到了对事物本性的认识。

哲学上所谓"一般"指的是一类事物或全体事物普遍具有的属性，即具体事物的共性；"个别"则指单一事物的个体性、独特性，此事物与他事物的差异。世上一切事物都作为个别的东西而存在，它们的存在和发展呈现出不同的形态，它们具有的个体性、独特性使事物彼此区别开来。然而，世界上的同类事物或一切事物中又贯穿着一般的东西，即共同的、普遍的属性，这种共同性、普遍性使各个特殊的事物相互联结、相互贯通，形成统一的有机整体，并具有共同的规律性。能否通过个别的东西达到对事物的一般性认识是人的

---

① 第欧根尼·拉尔修：《名哲言行录》IX.21。
② 第欧根尼·拉尔修：《名哲言行录》VI.53。

感性认识向理性认识飞跃的标志。

哲学思维要超越感性经验。对希腊人来说观看有两种:一种是用肉眼观看;一种是用心灵之眼观看。一般人用肉眼观看,哲学家用心灵之眼观看。有人问苏格拉底,"你心目中的真正的哲学家是哪些人",苏格拉底回答说:"那些喜爱观看真正的实在的人。"①这里的"观看"常被理解为"沉思",然而这样的理解容易忽略"观看"的原意。这里的关键是看的对象。看实在本身、本性的是哲学家,而看其他存在或存在的其他方面的是非哲学家。②

追求事物的本性在柏拉图思想上产生了丰硕的成果。他的哲学基本理论"型相实在论"就是他的理论思维成果。

在柏拉图心目中,"型相"是最真实的东西。"型相"的希腊文是εἶδος,复数是εἴδη。这个词的主要含义是:(1)看到的东西、形式、形状、人的形象、外貌、体格、体质;(2)一般的形状,如数的图形、装饰的图形、音阶、原子的形状、几何图形;(3)相似的形式、种类、性质、类型、文风;(4)类、种,特别是亚里士多德逻辑意义上的种类,引申为形式因、本质。③"型相"在希腊文中还写作ἰδέα。柏拉图本人在其著作中交替使用εἶδος和ἰδέα这两个词,早期和中期对话用ἰδέα多一些,晚期用εἶδος多一些,其意义没有严格区别。中国学者从20世纪20年代开始翻译柏拉图对话,先后尝试过的译名有理型、埃提、理念、观念、概念、形、相、形式、意式、通式、原型、理式、范型、模式、榜样、模型、式样,等等。多卷本《希腊哲学史》的作者基于对柏拉图本义的理解,将εἶδος译为"型",将ἰδέα译为"相",并强调要从柏拉图对话的上下文去确定它的意思。笔者采用这种译法,并将柏拉图的相关理论称作"型相论"或"型相实在论"。尽管迄今为止这种译法

---

① 柏拉图:《国家篇》475e。
② 柏拉图:《国家篇》476a—d。
③ Cf. Liddell H. G., & Scott, R., *Greek-English Lexicon*, p. 482.

仍未被中国学界普遍接受,但我认为这种译法最接近柏拉图的思想实际。

柏拉图从本体和认识的角度把世界的这两个部分或层面划分开来:一方面是真正的"型相"的世界,是知识的对象,是真理,是真相;另一方面是介乎存在和不存在之间的现象界,是意见的对象。"哲学家能够把握永恒不变的事物,而那些做不到这一点,在多种多样的众多事物中迷失方向的人不是哲学家。"①普通人通常以为"眼见为实",而在柏拉图那里恰恰是肉眼所见到的不为实,也不为真,心灵所见到的方为实,方为真。对话中的苏格拉底说:"如果有人认识许多美丽的事物,但他既不认识美本身,又不能追随他人的引导去认识美本身,那么你认为他的一生是在做梦还是清醒的呢?请你想想看,一个人无论是睡还是醒,只要他把相似的东西当成了事物本身,那不就等于是在梦中吗?"②柏拉图的意思是,可见世界的事物真实程度不高,但并非不存在。它们具有某种不完全意义上的存在,因而它们是某物,是介于存在与非存在之间的事物。接下去他讨论"真相",即超验的实在,认为这是最适合爱智者学习的东西。接下去,柏拉图用"线喻"和"穴喻"对存在做了进一步的划分,讲了各种存在者的真实程度,其标准就是存在的"真实度"。而各部分存在之间的关系不是对立的,而是从属的。世界的两个部分是柏拉图的重要思想。这个主题把我们直接带向柏拉图哲学的心脏。

型相实在论就是柏拉图的本体论学说。其之所以能发挥长远的影响不在于柏拉图提出了"型"和"相"这样的本体,而在于他确定了一个求真和求实的基本思维模式。任何有时空限制的在者都不是本质,驱除了时空的限制方能达到本质。"诚然,现在分析哲学家,因为他们是反形而上学派,——没有任何柏拉图式的本质王国。但

---

① 柏拉图:《国家篇》484b。
② 柏拉图:《国家篇》476c。

是柏拉图主义——作为这样的基本思维模式,总是不得不认为本质高于存在——可能大肆张扬地从前门被赶走,然后又被蹑手蹑脚地悄悄从后门溜了回来。"①很清楚,柏拉图的假设在下述意义上是批驳不倒的,即一个建构一旦实现了,那么仅仅因为这一点就总可以说它在可能性的王国内是已经永恒地预先确定了的;当然,可能性的王国是被看成为一个静止的和已完成的整体的。但是,由于这个建构是我们达到这样一个型相的宇宙的唯一途径,所以这种建构是自足的,无需把建构成的产物看成是实在的。"②只要像柏拉图的"型相论"一样设定一切"存在者"均有真实程度之别,并将最真实的"存在者"规定为追求的目标,那我们就是柏拉图的学生。在哲学高度分化与发展的今天,无论有多少现代哲学家拒斥形而上学,西方哲学研究的基础部分仍旧是本体论。柏拉图的"型相实在论"是西方反形而上学者无法绕过去的一道坎。现代西方分析哲学家的反形而上学没有从根本上驳倒柏拉图。

四、亚里士多德寻求本体

柏拉图对事物本性的探寻影响着亚里士多德。我们下面就来看看亚里士多德如何寻求本体。对一个哲学术语进行研究,语言学层面的探讨是初步的。本体在希腊文中写作ουσία。这个词的最初意义是日常意义上的,比如历史学家希罗多德用这个词的意思是"属于某人自己的东西""某人的财产""某人的地产"。③在柏拉图以前的哲学家的现存著述中我们看不到这个词的踪迹,而在柏拉图的对话中,这个词在多处使用。亚里士多德不仅大量使用这个词,而

---

① 巴雷特:《存在与分析哲学家》,载宋继杰编《Being与西方哲学传统》上卷,第421页。
② 皮亚杰:《发生认识论原理》,王宪钿等译,北京:商务印书馆,1985年,第102页。
③ Liddell H. G., & Scott, R., *Greek-English Lexicon*, p.1274.

且还对这个词的词义作了详细解释。

在被称为"哲学专门词汇"的《形而上学》第五卷(Δ卷)中,有一章专论本体。亚里士多德解释说:"被称作本体的是那些简单的物体,亦即土、火、水及诸如此类的东西,以及一般的物体,和由这些物体构成的动物、神圣的存在物及其部分。所有这些事物被称作本体,因为它们不表述一个主体,而是由其他一切事物来表述它们。呈现在这些事物中的'这个东西'[①]不是对某个主体的表述,而是它们存在的原因,就像灵魂是动物存在的原因。在这些事物中存在的这个东西把这些事物作为个体来限制和标定,它们毁灭了,整体也毁灭,就如有人说,面毁灭了,体也毁灭,线毁灭了,面也毁灭;还有人认为,一般的数也有这样的性质,他们说,数要是毁灭了,无物存在,数限定一切。还有,由定义构成的本质也被称作每一事物的本体。因此,本体可以说有两种意思:一是指事物的终极载体,它不再能被其他任何事物所表述;另一是指可以分离的'这个东西',每一事物的形状或型相便具有这种性质。"

亚里士多德这段话首先解释了本体这个词的所指,说明人们用这个词来指称什么,然后指出这个词所指称的这些事物的特征,最后指出本体这个词的两种含义。人们用本体这个词指称的是:(1)简单的物体,例如土、火、水;(2)存在于一般的物体和由简单物体构成的物体(复合物)中的东西;(3)这些物体(复合物)的组成部分。

古希腊哲学家,包括亚里士多德在内,不像我们今人那样对精神与物质有清晰的划分,他们所说的"事物"或"东西"既包括我们所说的物质性的东西,也包括精神性的东西,总之是"一切事物",都可以放到一个层面上来谈论,都是某"事物"。被称作本体的事物的最重要的特征是:(1)它不表述其他主体,其他一切事物都可表述它;(2)它是其他事物存在的原因,它要是毁灭了,事物也就毁灭了;

---

① 指ουσία。

(3)它就是事物的本性。最后这句话指出本体这个词的两种意思：(1)事物的终极载体；(2)可以与具体事物相分离的东西，比如形状或型相。

亚里士多德是本体这个哲学概念的打造者。同时，他也以本体为核心范畴，打造了他自己的有关本体的学说。亚里士多德首先在《范畴篇》第四节中提出十个范畴：本体、数量、性质、关系、地点、时间、姿态、状况、活动、遭受。本体在其中占有特别的位置，是其他范畴的中心。然后，他又进一步阐述了本体与其他范畴的关系。他认为，第一，本体是主体，其他范畴都是表述它的，而它却不是表述其他范畴的；第二，其他范畴存在于本体之中，也就是说，只能依附于本体而存在，不能和本体分离，独立存在，只有本体才不存在于其他范畴之中，它是可以和其他范畴分离，独立存在的；第三，在其他范畴变化时，本体作为本体是保持不变的，本体是变中的不变。

亚里士多德的哲学思想十分丰富，我们在以后各讲中还会屡屡提到。在这里我还想解释一下西方哲学研究中常用的两个术语——本体论(ontology)和形上学(metaphysics)。

自西方哲学传入中国以来，本体论和形上学这两个术语已为学界熟识和使用，但学者们使用这些术语的具体所指却大相径庭。学界一般认为，本体论是一个表述哲学理论的术语。"本体论这个术语是由十七世纪的经院学者创造的。""在西方哲学文献中，ontologia一词最早见于德意志哲学家郭克兰纽(1547—1628)用拉丁文编撰的《哲学辞典》(1613)中，把它作为'存在之哲学'的同义词使用。稍后，德意志哲学家卡洛维(1612—1686)在《神的形而上学》(1636)中把此词视为形而上学的同义词。"[①] 西方哲学传入中国以后，ontology在汉语中出现了诸多译名，如"物性学""万有学""万有论""凡有

---

① Edwards, P., ed., *The Encyclopedia of Philosophy*, vol., 5, Macmillan Publisheing Co., Inc., New York, 1967, p.542.

论""存有论""本体论""存在论",等等。最初把ontology译为"本体论"的是一些日本学者。从19世纪末到20世纪上半叶,日本哲学界普遍采用"本体论"这个译名。20世纪30年代以后,日本学者逐渐放弃"本体论"而采用"存在论"一词,大约从50年代至今几乎完全用"存在论"代之。

希腊哲学家没有使用过ontology这个词。这就意味着,在希腊哲学家那里,只有"自在"的本体论学说,而无"自觉"的本体论建构。以某种理论或学说的核心概念来指称该种理论,这在近现代学术研究中是一个通例。"亚里士多德并未提出'存在论'(ontology),就像他自己并未用'形而上学'这个词一样,但后人用这个词很好地概括了他对哲学的理解,哲学即'形而上学'或'存在论'——'元物理学'或关于'存在'的学科。"所以,在后人的哲学研究中,本体论是关于"本体"的理论或学说。我们常说的巴门尼德的存在论,德谟克利特的原子论,柏拉图的型相论,亚里士多德的四因论,等等,均为古希腊本体论学说的典型形态。

"形上学"指的是研究超感觉的、经验以外对象的哲学。这个术语的来源与亚里士多德也有密切的关系。我们知道,亚里士多德逝世以后,他的所有手稿都交给奈留斯保管。当时雅典的局势发生急剧变化,为防止意外,奈留斯把这些手稿带到外地,藏入地窖达60多年之久。后来大约于公元前100年的时候,这批手稿被运回雅典。吕克昂学园的第11代传人安得罗尼柯就利用这批手稿来编纂亚里士多德的著作。在这一过程中,安得罗尼柯发现大部分著作比较容易分类,可以归入各个学科。但到最后阶段,有一些著述没法归类。于是他就把它们编到一起,把它称作metaphysics。

我们看到,这个词由两部分组成。meta-是个介词,它的一个意思是"在……后面",另一个意思是"在……上面"。另一个部分physics的意思就是"自然学"或者"物理学"。合在一起,这个书名的意思是"物理学之后"。这个名词很符合这些手稿的内容,它里面讨论的绝大多数都是本体问题，都是物理学之后的问题，都是抽象的哲学问题。后来的学者都认可了安得罗尼柯所加的标题。

亚里士多德这本书传入中国以后，中国学者把它译成"形而上学"。这又是怎么回事呢？

我们知道，上个世纪初的时候，西方哲学思想往往假道日本传入中国。当时的学者利用《易经》里面的两句话"形而上者谓之道，形而下者谓之器"，把metaphysics译成"形而上学"。

在后来的西方哲学研究中，学者们又看到形而上学这个词实际上有两种含义：一种是有关本体的学说和理论，在这个意义上它是本体论一词的同义词；另一种是指被黑格尔批判过的那种非此即彼的思维方式。为避免混淆，我在使用前一种意义的形而上学时，就称它为"形上学"。

亚里士多德的思想博大精深。上述亚里士多德有关本体的论述只是他的本体论学说的很小一部分。有位学者评价说："对于所有对有关人类智慧之著作有兴趣的人而言，亚里士多德仍旧是一位思想上有力且有原创性的，最令人神往的且最值得研究的对象。"①亦如黑格尔所说："假使一个人真想从事哲学工作，那就没有什么比讲述亚里士多德这件事更值得去做。"②同学们对亚里士多德哲学感兴趣的，可以在课外去阅读他的《形而上学》。

扫一扫，观看讲座视频

---

① 罗伊德：《亚里士多德思想的成长与结构》，台湾：联经出版事业公司，1979年，第204页。

② 黑格尔：《哲学史讲演录》第2卷，第284页。

第5讲
求知:古代知识论

知识论是哲学的一个研究部门。从西方知识论的发展来看,哲学家们对知识的探究主要涉及四类问题:一、知识的本质(什么是知识?);二、知识的来源(知识来自哪里?);三、知识的特性(知识是真实的吗?);四、如何为知识"辩护"(知识何以可能?)。柏拉图、西塞罗、奥古斯丁对这些问题作过大量探讨,他们的解答代表着西方古代知识论的主流。本讲介绍柏拉图、西塞罗、奥古斯丁这三位大哲学家在知识论方面的主要探究及其思想之间的关联,总结西方古代知识论主流的若干理论特征,以此领略希腊人的求知精神。

一、相关语词释义

我们先来看看汉语中的"知"或"知识"是什么意思。《说文解字注》中说:"知,词也。"《古汉语常用字字典》[①]说"知"有以下几个意思:(1)知道。"知之为知之,不知为不知,是知也。"(《论语·为政》)(2)见解,知识。"有独知之虑者。"(《商君书·更法》)(3)了解。"知我者鲍子也。"(《史记·管仲传》)(4)主持。"子产其将知政矣。"(《左传·襄公二十六年》)(5)通"智"。"知者见于未萌。"(《商君书·更

---

① 《古汉语常用字字典》,第379页。

法》)

与现代汉语"知识"一词相对应的英文词是 knowledge(亦译为认识),而与 knowledge 相对应的希腊语词却有三个:ἐπίστήμη,νοήσις,γνῶσις,它们都可译为 knowledge,但其涵义有很大差别。

γνῶσις 的外延最广,包括感性知觉、记忆、经验和科学知识,亚里士多德就是这样用的。后来到了罗马帝国时代,这个词有了"灵智"的含义,哲学家们在讨论知识时反而不太用了。

νοήσις 从荷马时代用起,一直延续到晚期希腊哲学中。它的基本意思是心灵的运作,思考(与感觉相对而言)和直觉(与推论相对而言)。比如柏拉图《定义集》中把 νοήσις 定义为"知识的起点",亦即直觉。所以它的意思接近于我们所说的认知或认识过程,而不是认识的结果(知识)。

ἐπίστήμη 的基本意思是知识(与意见、信念相对而言)、有序的知识体(即科学)、理论性的知识(与实践性和创造性的知识相对而言)。今天我们所讲的"认识论"(epistemology)来源于此。

拉丁文中与"知识"相关的词有三个:

scientia(英文译成 knowledge),意思是知道,得悉;熟悉,了解,善长做某事;某一门学科的知识;

cognitionis(英文译成 cognition),意思是认识,了解,通晓,知道;概念,观念。

notitia(英文译成 notion),意思是人所共知,众所周知;名声,名望;认识,熟悉;知识,观念,概念,理解。

西塞罗说过:"论点有两种,一种和认知(cognitionis)有关,它的对象是知识(scientia)。"[①]可见,在西塞罗那里,cognitionis 是人的认知(认识)行为,scientia 是认知的对象。Notitia 这个词也有知识的意

---

① 西塞罗:《论演讲术的分类》18,王晓朝译,《西塞罗全集》第1卷,北京:人民出版社,2007年,第634页。

思,但更多地用来表示观念或概念。西塞罗说:"所谓概念(notitia,英文译成concept),我指的就是希腊人一会儿称作ennoia(思想),一会儿称作prolepsis(观念)的东西。这是一种关于任何事物的内在的知识,它先要被心灵理解,然后需要表示出来。"①

二、柏拉图论知识

柏拉图对知识的本质、来源、特性、辨护等等问题作过大量探讨,但他对这些问题的解答经常混杂在一起,需要我们仔细辨别。在早期对话中,柏拉图就已开始探讨知识的本质,努力回答什么是知识的问题,力图界定知识。《克拉底鲁篇》考察了知识的词源和含义。"知识这个词……表示灵魂擅长追随事物的运动,既不超前,也不落后……"②"它表示的意思似乎是灵魂在事物面前止步而不是灵魂围绕事物转。"③"知识观念的形成是苏格拉底哲学的一个中心。"④这个解释虽然反映了苏格拉底的知识观念,但对柏拉图的影响无疑重大而深远。

柏拉图在《国家篇》中提出,知识是对事物原型的把握,心灵上拥有这种原型,就能"把握永恒不变的事物",⑤就能"认识事物的理想实在"。⑥他在《巴门尼德篇》中则说:"知识本身,亦即知识的本质,也一样,知识本身就是对那个实在本身的认知,它在本质上是真实的。""任何特定的知识部门本身都是关于真实事物本身的某个部门的知识","我们这个世界上的知识是关于我们这个世界上的实在

---

① 西塞罗:《论题》7,王晓朝译,《西塞罗全集》第1卷,第287页。
② 柏拉图:《克拉底鲁篇》412a。
③ 柏拉图:《克拉底鲁篇》437a。
④ 汪子嵩等:《希腊哲学史》,第2卷,第415页。
⑤ 柏拉图:《国家篇》6.484b。
⑥ 柏拉图:《国家篇》6.484d。

的知识","我们这个世界上的每个知识部门必定是关于我们这个世界上存在着的事物的某个部门的知识。"①可以看出,思想成熟以后的柏拉图认为知识就是灵魂(认识的主体)对"型相"的一种理性的把握。这是柏拉图对知识作出的一个本质主义的界定。

关于知识的来源,柏拉图说:"诸天之外的境界是真正存在的居所,真正的存在没有颜色和形状,不可触摸,只有理智这个灵魂的舵手才能对它进行观照,而所有真正的知识就是关于它的知识。因此,甚至连神的心灵也要靠理智和知识来滋养,其他灵魂也一样,每个灵魂都要注意获得恰当的食物。"②"当理性围绕感性世界翱翔,而那运行着的'相异'的圈也把感觉的真实情况传达给整个灵魂时,意见和确定的信念也就产生了。但若涉及的是理性事物,那平稳运转的'相同'的圈也会做出宣告,此时获得的必然是理智与知识。"③"在天上运行时,灵魂看到了正义本身,还有节制和知识,这种知识不是与变化和杂多的物体为友的知识,我们一般把这些杂多的物体说成是存在,但是真正的知识是关于真正的存在的知识。"④由上可见,柏拉图认为只有"型相"才是知识的对象,知识来源于"型相"。柏拉图的这一解释排斥对知识来源的其他解释,例如智者的观点——知识来源于感觉。

关于知识的特性,柏拉图说:"知识生来就与存在相关,知识就是知道存在和知道存在者如何存在。"⑤"每一存在的事物都有三样东西,关于存在物的知识必定通过这三样东西而来;知识本身是第四样东西,我们还必须添上作为知识真实对象的那个真正的实在,当作第五样东西。所以,我们有:第一、名称;第二、描述;第三、形

---

① 柏拉图:《巴门尼德篇》134a。
② 柏拉图:《斐德罗篇》247c。
③ 柏拉图:《蒂迈欧篇》37c。
④ 柏拉图:《斐德罗篇》247d。
⑤ 柏拉图:《国家篇》5.477b。

像;第四、关于对象的知识。""在这四样东西中,理智就其亲缘性和相似性来说显然最接近第五样东西,即实在,而其他东西则离开实在较远。"①可见,柏拉图认为知识对象的实在性决定了知识的实在性,知识的对象是实在的,知识也是实在的。

人们常说知识能为正确的行为提供好的指导,但在知行关系上,真意见和真知识一样有用。那么知识和意见的区别在哪里呢?柏拉图认为:"知识和意见不是一回事"。②"它们各有各的力量,各自与不同的对象相关。"③《美诺篇》中的苏格拉底提出知识就是被捆绑在心灵中的真意见。他说:"我可以说,正确的意见也一样。正确的意见只要能够固定在原处不动,那么它是一样好东西,可以用它来做各种好事,可惜的是它们不会在一个地方呆很久。它们会从人的心灵中逃走,所以不用理性来把它们捆住,它们就没有什么价值。我亲爱的美诺,这个过程就是回忆,我们在前面已经对此表示同意了。它们一旦被捆绑住,也就变成知识,成了稳定的东西。这就是知识有时候比正确意见更有价值的原因。有无捆绑是二者的区别。"④

柏拉图首先区分了知识和意见,进而将知识和意见的两分发展成为理性、理智、信念、猜测四个部分。"我们假定灵魂相应于这四个部分有四种状态:最高一部分是理性,第二部分是理智,第三部分是信念,最后一部分是借助图形来思考或猜测。你可以考虑到它们的清晰程度和精确性,以及它们的对象分有真理和实在的程度,把它们按比例排列起来。""你仍旧可以满意地使用以前那些名称,把第一部分叫做知识,第二部分叫做理智,第三部分叫做信念,第四部分叫做猜测或想象。还可以把第三部分和第四部分合起来称作意见,

---

① 柏拉图:《书信》7.342a。
② 柏拉图:《国家篇》5.477b。
③ 柏拉图:《国家篇》5.478a。
④ 柏拉图:《美诺篇》97e—98a。

把第一部分和第二部分合起来称作理性。意见所处理的是生成,而理性所处理的是本质,二者的关系可以这样表达:理性与意见的关系就好像本质与生成的关系,知识与信念、理智与想象或猜测的关系就好像理性与意见的关系。"①由此可见,柏拉图认为知识是灵魂认识过程中的某种特定状态或部分,依据认识对象的真实性可以确定相关知识的真实性,而所谓知识必定具有实在性和真实性。

柏拉图在《吕西斯篇》中已经提出这样的问题:"一个人在他根本不懂的事情上是否可能拥有知识?"②换言之,知识何以可能?《美诺篇》中的"悖论"则进一步强化了这种为知识辩护的诉求:"一个人既不能试着去发现他知道的东西,也不能试着去发现他不知道的东西。他不会去寻找他知道的东西,因为他既然知道,就没有必要再去探索;他也不会去寻找他不知道的东西,因为在这种情况下,他甚至不知道自己该寻找什么。"③为了克服这个悖论,柏拉图采用灵魂回忆说,认为知识是灵魂回忆的结果。柏拉图认为,灵魂本来就有某种知识,但后来忘记了,处于不被察觉的状态,要再将它回想起来,察觉它,也就等于重新发现它,这就是回忆。柏拉图对话中提到"灵魂回忆"的有好几篇,但各篇中使用的方法不一样。《美诺篇》用的是数学逻辑推理式的回忆,《斐多篇》通过具体事物回忆有关型相的知识,《会饮篇》诉诸归纳,提出要从具体的杂多中综合出一个单一体,从而获得关于型相的知识。

综上所述,柏拉图的知识概念是理性主义的,他的知识论是一种本质主义的知识论。柏拉图的知识概念力图表明:理性总是比感性知觉更优越和更正确,感性知觉不能提供知识,只能提供意见。为了确保所获得的知识是确定可靠的,是真理而不是谬误,柏拉图

---

① 柏拉图:《国家篇》533e。
② 柏拉图:《吕西斯篇》210d。
③ 柏拉图:《美诺篇》80d—e。

研究并实施了辩驳、假设、集合与划分等辨证方法。辩证法就是认识真理的最理想、最优秀、最高尚的方法,而知识就是运用辨证法的结果。与西方后世的知识论相比,柏拉图的有关探究还较为初步,但他所做的工作确实已经提出了知识论的基本问题,框定了知识论的研究范围,他的基本主张后来成为西方知识论思想发展的主流。

三、西塞罗论知识

人们常说柏拉图是西方知识论的始祖,但对西塞罗和奥古斯丁在知识论方面的贡献研究不多,评价不高。

在知识的来源问题上,西塞罗完全接受柏拉图的回忆说。他说:"人在出生之前已经拥有许多知识,小孩子学东西很快,往往一学就会,就好像他们并不是第一次接触这些东西,而是在唤起对过去的记忆。这个论证,在本质上,是柏拉图的教导。"[①]"就在就要被处死的那天晚上,苏格拉底更加细致地阐述了这个主题,他说全然无知的人能回答这些问题,表明在这个时候他不是在学习,而是在通过回忆唤醒已有的知识;除非灵魂在进入肉体之前已经主动地获得了知识,否则我们确实不可能从小就拥有大量观念,而它们就好像刻在我们的灵魂上,被称作ennoiai(观念)。"[②]"灵魂拥有知识,因此我们对自己拥有那么多知识感到惊讶。灵魂在突然降临这个杂乱无序的居所时不能清晰地看见型相,只有依靠回忆才能形成或发现型相。因此,按照柏拉图的说法,知识无非就是回忆。"[③]

---

① Cicero, *De Senectute*, trans. by W. A. Falconer, Loeb Classical, Harvard University Press, 1968. I. 21.

② Cicero, *Tusculan Disputations*, trans. by J. E. King, Loeb Classical, Harvard University Press, 1968. I. 24.

③ Cicero, *De Finibus*, trans. by H. Rackham, Loeb Classical, Harvard University Press, 1968. I. 24.

西塞罗对知识的特性议论不多,但他在阐述知识类别的同时肯定了知识的真实性。西塞罗说:"知识,它分成三类:(1)事物存在或不存在;(2)它是什么?(3)它的性质是什么? 第一类涉及实在,例如,正义在本质上存在,抑或仅仅是一种习俗? 第二类涉及定义,例如,正义是多数人的利益吗? 第三类涉及性质,例如,正义的生活是有益的还是无益的?"①"在考虑认知问题时,首先要考察某事物现在是(过去是,将来是)或不是,有一种问题是:'某种结果是可能的吗?'例如问一个人是否有可能完全聪明;还有一种问题是:'某个具体结果是如何产生的?'例如,'美德以何种方式产生,它是天然的,还是通过理性或实践产生的?'围绕这类问题而展开有关事物的原因和理由的考察,就如在形而上学和自然科学中那样。"②"再回到推理上来,他们把推理分成四类:一类问什么东西真的存在,例如:正义真的天然地存在于人间,或者说它仅仅是一种意见? 一类问的是某事物的起源是什么,例如:法律的起源是什么? 统治的起源是什么? 一类问的是事物的原因和理由,例如:为什么那些非常博学的人对那些极为重要的事情的看法有很大差异? 一类与变化有关,例如争论美德会不会在人身上消失,美德会不会变成恶。""获得知识,有三种模式:推理(inference)、定义(definition),以及第三种,我也许可以称之为演绎(deduction)。我们用推理去发现事物的基本内容,例如问:智慧是人类的一个基本属性吗? 我们用定义来解释某个具体事物拥有的力量,例如问:什么是智慧? 而演绎是我们考察某个具体事物的后果的过程,例如问:好人有偶然撒谎的义务吗?"③

在西塞罗生活的年代,柏拉图学园已经进入新学园的发展阶段。"柏拉图之后的哲学家,和柏拉图不同,日益遗忘了苏格拉底的

---

① 西塞罗:《论演讲术的分类》18,王晓朝译,《西塞罗全集》第1卷,第634页。
② 西塞罗:《论演讲术的分类》18,王晓朝译,《西塞罗全集》第1卷,第635页。
③ 西塞罗:《论演说家》3:29,王晓朝译,《西塞罗全集》第1卷,第533页。

谨慎。他们开始构造越来越多的理论,放肆而诡诈,理论的基础是单纯的信念,而构造出来的是更多单纯的意见。"① 受当时怀疑主义思潮的影响,学园派也滋长出怀疑主义倾向。新学园的奠基人是卡涅阿得斯(Carneades,公元前214—前129年)。他强调对判断的悬疑和或然性,并以此为指导思想和行动指南。直接影响了西塞罗的新学园派哲学家有拉利撒的斐洛(Philo of Larisa,约公元前160—前80)和阿斯卡隆的安提奥库斯(Antiochus of Ascalon,生卒年代不详,公元前79年在雅典当过西塞罗的老师)。斐洛的思想有明显的怀疑主义特征,而安提奥库斯反对学园派的怀疑主义,坚持独断论,想要把学园派的认识论与斯多亚学派的认知学说结合起来。在这种情况下,西塞罗运用可能性来为知识进行辩护。

西塞罗说:"学园派的哲学家不想去把握任何确定的东西,对获得某种真理的知识表示绝望,但想用显而易见的可能性作为他们的向导。"② 西塞罗指出,哲学家拥有追求真理的欲望,但是由于感性知觉的不确定性,所以所有哲学家都在一定程度上都怀疑感性知觉。他对知觉的不确定性的揭示实际上从另一个角度为理性知识的确定性作了辩护。③

西塞罗说:"我们引入和建立了'可能性',这种可能性不会带来任何困难,不会受到任何限制,它是自由的。"④ "关于这个问题,人们说过大量的话,写过大量的文章,既有赞同的,也有反对的,但整个

---

① 大卫·福莱主编:《从亚里士多德到奥古斯丁》,冯俊等译,帕金森、杉克尔总主编:《劳特利奇哲学史》第二卷,北京:中国人民大学出版社,2004年,第311页。

② Cicero, *De Finibus*, trans. by H. Rackham, Loeb Classical, Harvard University Press, 1968. II. 14.

③ Cicero, *Academica*, trans. by H. Rackham, Loeb Classical, Harvard University Press, 1968. II. 24.

④ Cicero, *Academica*, trans. by H. Rackham, Loeb Classical, Harvard University Press, 1968. II. 33.

主题可以简要地处理。尽管我自己的观点是,行为的最高形式①反对感觉、抵抗意见、在崎岖的斜坡上约束表示赞同的行为……在许许多多的事情上你只能追随可能性。"②

西塞罗以"可能性"观点为基础,有效地维护了理性主义的知识论。与他的学园派前辈的观点相比较,他没有宣称获得哲学知识是不可能的,也不拒斥理性的原则,但主张用可能性和不可能性的划分取代确定性和不确定性的划分。在理论著述中,他主张在对立双方引用的所有论证或证据得到比较和评估以前,一切都是可疑的,通过比较和鉴别才能接受那些可能的观点,拒绝不可能的观点,以此避免强调确定性的教条主义和强调不确定性的怀疑主义。在实际行动领域,西塞罗认为聪明人追随的是可能性而不是确定性。事实上,人生绝大部分都以可能性原则为基础,如果只按确定性行事,那么可做的事情就非常少了。聪明人在行为的计划阶段就可以根据实际条件和以往的经验对能否达到目的做出可能或不可能的判断,然后可以做出是否采取行动的决定。

从上可见,西塞罗的知识论基调是柏拉图主义的,但在一些关键点上有新的发展。"在知识论方面,西塞罗追随中期学园派的学说,把它看作最稳健的、最典雅的和最重要的哲学研究方法。"③

四、奥古斯丁论知识

奥古斯丁的知识论始于对学园派怀疑主义倾向的否定。奥古斯丁说:"当时所称'学园派'哲学家的识见高于这些人,他们主张一

---

① 意即理性的行为。
② Cicero, *Academica*, trans. by H. Rackham, Loeb Classical, Harvard University Press, 1968. II. 34.
③ 文德尔班:《古代哲学史》,詹文杰译,上海:三联书店,2009年,第322页。

切事物均有疑问,我们不可能确定地知道任何事物。"①奥古斯丁通过阅读西塞罗的《学园派哲学》,知道了学园派的阿凯西劳和斯多亚学派的芝诺之间的争论。尽管奥古斯丁本人没有成为怀疑论者,但他一直感到需要对怀疑主义作出回应。奥古斯丁指出,"无物可知"的观点以芝诺严格的知识标准为基础。芝诺认为某些事物可知,只是因为它们不可能显得虚假。对此,奥古斯丁指出怀疑主义的一个两难处境:芝诺的标准要么是真的,要么不是真的。如果知道它是真的,那么怀疑主义是错的,因为某些事物是可知的。如果知道它不是真的,那么怀疑主义没有给我们提供判断事物真假的恰当标准。②

与柏拉图和西塞罗相比,奥古斯丁扩大了知识的范围。奥古斯丁说:"智慧(sapientia)是关于人的和神的事情的知识(scientia)。""关于神圣之事的知识可专称智慧,关于人的则可专称知识。"③希腊、罗马人的传统看法是将哲学视为与神和人有关的事物的一门学问。智慧是对永恒不变的真理的认识,而知识则以世俗事物为对象,二者之间需要建立起真正的联系。奥古斯丁汲取了这种传统说法,并作了进一步的区分。"信仰的确定至少能引发知识;知识的确定,若非今生之后我们与神面对面,便算不上完全。"④"相信是信念,承认是知识。"以这种说法,奥古斯丁试图建立信念(信仰)与知识的联系。

知识范围的扩大,必须导致知识来源的扩大。奥古斯丁说:"有两个世界,一个是理智的世界,真理本身居住在这个世界里,可感的

---

① 奥古斯丁:《忏悔录》,周士良译,北京:商务印书馆,1982年,第84页。
② Cicero, *Academica*, trans. by H. Rackham, Loeb Classical, Harvard University Press, 1968. III.9.
③ 奥古斯丁:《论三位一体》,周伟驰译,上海:上海人民出版社,2005年,第370页。
④ 同上书,第241页。

世界,我们通过视觉和触觉察觉到这个世界。"①我们所认识的事物可以分成两类,一类是心灵借助肉体感官所认识的事物,是"心灵通过身体的感觉可以得知的",一类是不借助肉体感官而由心灵直接认识的事物,是"心灵通过自身察觉的"。心灵本身也属于第二类认识的对象,心灵认识自身不需要借助任何感官,心灵对自我的认识是"自我知识"。"一个人可以在自己心里看到的东西,听他说的人只能相信而不能看到;而一个人在真理本身中看到的东西,也是别人能够在真理本身中得见的:这乃是两回事。其中前者是与时俱移的,后者则是与不变的永恒同在的。我们不是凭着肉眼看见许多心灵后,才得到了关于人心的一般或特殊的知识的,而是先得睹了不朽的真理,按着它来尽力规定心灵应该凭着永恒的相成为何种事物,而非规定个别人的心是何种事物的。"②在两类对象以及与它们相对应的两类知识之间划了这条界限以后,奥古斯丁沿着感性和理性这两个方向去证明获得可靠知识的可能性。

奥古斯丁指出获取知识有两条道路:一条是意识通过感官去感知,一类是意识通过自身去感知。奥古斯丁按照确定性的程度,对人类所能获得的知识作了一个划分。他谈到了感官之知与"我思"之知;前者是最不确定的,后者是最为确定的;前者可能出现幻觉、错觉,而后者是怀疑派都绝对无法怀疑的。人通过感官获得大量的知识,但是这些通过感官得来的知识是最不确定的。人们总认为亲眼所见的东西必定是真的,然而在很多情况下眼睛也会受蒙蔽,比如,水中的船桨看上去就像是折断了一样,从行驶中的船只上看,旁边的灯塔似正在移动。对于感性认识的不确定性,奥古斯丁有明确的意识。

---

① Augustine, *Contra Academicos*, trans. by M. P. Carvey, Wisconsin: Marquette University Press, 1957, III.17.
② 奥古斯丁:《论三位一体》,第249页。

然而奥古斯丁并没有从感性知觉的不确定性推导出感性知识的不可靠。他指出,感性知识依赖于肉体感官与这些感官所感觉到的对象之间的接触,但仅有这种接触还不能构成知识,感性知识的形成仍旧需要灵魂的认识。"我们在用感官感知这些事物时的方式是这样的,我们并不用这些感官来判断事物。因为我们拥有另一种只属于人的内心的比感官要高贵得多的感官,藉此我们察觉正义的事物和非正义的事物,用理智的观念察觉正义,用非理智的观念察觉非正义。这种感觉要起作用靠的既不是眼睛的瞳孔,也不是耳孔,更不是鼻孔、硬腭的滋味或身体的触摸。靠这种内在的感觉,我确认我存在,确认我知道自己存在,我热爱这两样确定的事情,并以同样的方式确认我爱它们。"[①]奥古斯丁希望能够反对怀疑主义对感官知识可靠性的否定,同时又想对当时广为流行的柏拉图主义的灵魂观作出一定修正,试图在灵魂与肉体相互关系理论的基础上建立一个对感官知识作圆满解答的理论,但他未能克服这一工作中所遇到的困难。最终他也只好同意同时代人的普遍观点:只有在不借助肉体感官媒介的情况下,灵魂所获得的知识,才有可能达到真理,而且也只有这种知识才可能达到完全的确实性。

奥古斯丁把那种更高类型经验的本质说成与肉体的视觉相似,他经常把它看成就是一种眼见:对精神来讲的理解就类似对肉体感官来讲的眼见,这两者是一回事。"理性是灵魂的视觉,因为在没有肉体参与的情况下,理性通过自身而认识真理。"[②]奥古斯丁认为,思维和推理只是发现而不是创造自己的对象。数学、逻辑定理与道德判断在确定性上没有什么根本的区别,它们是同等明晰与肯定的。在一个广阔的、可被理解的、实在的世界中,它们清楚明白,完全可

[①] 奥古斯丁:《上帝之城》,王晓朝译,北京:人民出版社,2006年,第481页。
[②] Augustine, *De immortalitate animae,* J. H. Burleigh ed., Augustine: Earlier Writings, Philadelphia: the Westminster Press, 1979, VI. 10.

以认识,它们具有完全的必然性和完全的真实性。

柏拉图用光的比喻来解释知识与意见的关系。普照可感世界的是太阳,阳光使可感事物能眼睛看见。理智之光从最高的"善"中放射出来的,既能照亮低级的型相使它们为我们所理解;又能照亮人们的理智。"善"就像太阳一样,自身就具有最高的可见性,又通过光照使其他事物可见。奥古斯丁沿袭了这种说法,他认为型相存在于神的心灵中,可被人理解的理智之光是人类灵魂中神性的光照。奥古斯丁对这种光照用若干种不同的方式加以描述。比如说它是圣经中的圣灵的参与,或是上帝在人心灵中内在地显现,或是基督生活在人的灵魂中并从内部来指导人的灵魂等等。用这些说法,奥古斯丁容纳了柏拉图所有的基本比喻。由此可见,眼见与理解之间的相似性深深扎根于奥古斯丁的思想,从而使他得出可知世界的知识是不依赖于经验而获得的这样的结论。

然而,人凭借自己的认识能力,是否能够获得源于上帝的真理呢?奥古斯丁认为,人的认识能力只是一种潜在的能力,离开了先天的规则和条件,它无法进行活动,更不可能认识真理。那么指导理性进行认识活动的规则是什么?那就是上帝的道,是照亮一切世人心智的真光,上帝的道以光的形式照耀出来,上帝向人呈现理性之光,无论根据什么尺度,他们都能接受它;在理性之光中,他们看到了永恒的真理。①他举例说,上帝是真理之光,人的心灵好比是眼睛,理性好像视觉,眼睛只有在光照之下,才能看见物体,形成视觉;同样,理性只有在上帝之光的照耀下才能认识真理。可见,"光照"是人们认识真理的终极原因和先决条件;反过来,确切的知识和永恒的真理是上帝对心灵的一种作用,是神对心灵光照的结果。这样一种光照论的观点带有鲜明的启示特征。

---

① 参阅奥古斯丁:《论三位一体》,第320页。

柏拉图、西塞罗、奥古斯丁是西方古代知识论主流的三位主要代表。从上面简要的论述中我们已经可以总结出西方古代知识论的几个特征。

首先，西方古代知识论的主流具有将知识客体化的倾向。知识来源于客观、独立、真实、自存的实在，是灵魂或心灵（认识主体）寻求这种实在的结果。这种实在在柏拉图和西塞罗那里是"型相"，在奥古斯丁那里则追溯到"真理"和"上帝"。难怪现代西方哲学家波普尔要说："我们都知道，柏拉图是发现第三世界的人。正如怀特海所评论的那样，整个西方哲学都是给柏拉图作脚注。"①

其次，西方古代知识论的主流是先验主义的。柏拉图和西塞罗把感官知觉和经验排斥在知识的范畴之外，称之为意见，尽管从功能角度分析，他们认为正确的意见也能起到与知识相同的作用。他们用来证明知识来源的灵魂回忆说具有鲜明的先验特征。奥古斯丁虽然在一定程度上肯定感官知觉的可靠性，并对灵魂回忆说作了修正，用光照论取代了回忆说，但他最终仍用理性认识来说明感性知觉的获得。

最后，西方古代知识论的主流是可知论的。柏拉图的知识论以智者的怀疑主义为对手，西塞罗和奥古斯丁的知识论以中期学园派的怀疑主义为对手。西塞罗虽然清楚地看到怀疑主义倾向天然地潜在于理性主义哲学中，但是通过把知识确定性问题转化为"可能性"，西塞罗最终还是站稳了可知论的立场。奥古斯丁诉诸于内感觉与自我知识，有效地驱逐了怀疑主义，维护了理性主义可知论。

扫一扫，观看讲座视频

---

① 波普尔：《客观知识》，舒炜光等译，上海：上海译文出版社，1987年，第131页。

第6讲
求真:方法论、逻辑学

我们在前面几讲提到的本原、本性、本体都与"是"有关,也都与"真"有关。希腊人富有求是、求本、求知的精神,也富有求真精神。有学者指出:"求是、求真乃是西方哲学,特别是形而上学最核心的本质,而且这一思想和精神在西方哲学中是一脉相承的。"①早期哲学家巴门尼德使用和探讨了"真"的问题,柏拉图较为系统地提出了辩证法,而亚里士多德创立了逻辑学。我们这一讲就来看看希腊哲学家的求真精神。

一、相关语词释义

我们先来看看汉语中间"真"这个词的意思。《说文解字注》的作者说:"真,仙人变形而登天也!"《古汉语常用字字典》②解释"真"有以下几个意思:(1)本性,本质。"无益损乎其真。"(《庄子·齐物论》)(2)真实,真诚。"使真伪毋相乱。"(《汉书·宣帝纪》)(3)原来的。"从民得善书,必为好写与之,留其真。"(《汉书·河间献德王传》)(4)的确,实在。"牙齿欲落真可惜。"(杜甫《莫相疑行》)在现代汉语中,真

---

① 王路:《"是"与"真"——形而上学的基石》,北京:人民出版社,2003年,第44页。
② 《古汉语常用字字典》,第375页。

字与其他字组合,形成真理、真相、真品、真知、真心、真性、真实、真谛等一系列词汇。

希腊文中表达"真"主要有两个词。第一,我们在第三讲中提到的εἰμί这个词的基本含义是"在"和"是",它的第三人称单数εἶναι表示"真"或"对"。另一个词是ἀλήθεια(阿莱赛亚)。前一个词在表达判断之真的时候是一个日常概念,与假、伪相对。而后一个词是希腊哲学家在表达真或真理观念时最典型的用词。为了区分这两种不同的真,我把前一种真称作断真(εἶναι),把后一种真称作本真(ἀλήθεια)。前一种真在逻辑真假判断中使用,后一种在哲学本体论探索中使用。

《希英大辞典》用英文解释ἀλήθεια的词义是:(1)truth(真相、真话),其反义词是appearance(外表、外貌、露面、出场)和lie(假话、谎言、谎话);(2)reality(真实、现实、实际);(3)real war(真战),其反义词是exercise(训练)或parade(游行、演示);(4)true event(真事),re-alization of dream or omen(梦想或预兆成真);(5)用于人的时候,truthfulness(率真),sincerity(诚实),frankness(坦率);(6)拟人化的用法,"真理女神";(7)象征用法,指埃及大祭司戴的珠宝。①

二、柏拉图的辩证法

按照柏拉图的理解,辩证法是探求真理的方法。辩证法这个词在希腊文中写作διαλεκτική。它的基本含义是:(1)交谈、讨论、争论;(2)推理;(3)使用语言或某种方言。②从公元前5世纪的希腊人的著作中可以找到这个词的踪迹。"西方历史之父"希罗多德和古希腊最著名的演说家德谟斯提尼都使用过这个词,但其含义与哲学家

---

① Cf. Liddell H. G., & Scott, R., *Greek-English Lexicon*, p. 63.
② Ibid., p. 401.

不同。

苏格拉底的学生色诺芬说:他那个时代已有许多人把辩证法看作一门高明的艺术。"苏格拉底观察到辩证法源于人们聚集在一起对事物进行辩论,按照种类区分它们。因此,他认为这是每个人的职责。于是他自己就献身于这种艺术,全力以赴地研究它。人只要依靠辩证法的帮助,就可以成为完善的、能指导别人的、讨论中最敏锐的人。"① 第欧根尼·拉尔修说:"柏拉图是第一个用问答的方法介绍论证的,也是第一个向塔索斯的莱奥达马斯解释怎样用分析的方法来处理问题的人,又是第一个在哲学讨论中使用相反的事物、元素、辩证法、质、长方形、界限、平面以及神意等术语的人。"②

根据这两段记载,可以说,第一个在哲学讨论中使用"辩证法"这一术语的是苏格拉底,而在哲学著作中第一个使用"辩证法"这个术语的则是柏拉图。在现存的古希腊哲学家的著作中,柏拉图的对话最早出现"辩证法"这个术语。在柏拉图留给我们的著作中,提及"辩证法""辩证的""辩证法家"等字眼的地方不下数十处。我们先来看柏拉图使用辩证法这个词是什么意思。

(1) 柏拉图辩证法的认识论含义

辩证法是问答的技艺。柏拉图在《克拉底鲁篇》中说:"懂得怎样提出问题和回答问题的人可以称作辩证法家。"③他指出立法家的工作是提供名词,而要正确地提提供名词则须以辩证法为指导。辩证法家就是运用这种问答的技艺来进行指导的。④

柏拉图的这个说法接近"辩证法"一词的希腊语原意"讨论""交谈",也和苏格拉底方法的一般含义相近,即用问答的方法,揭露谈话对方的矛盾,帮助对方产生新的正确的思想。柏拉图辩证法的这

---

① 色诺芬:《回忆苏格拉底》,吴永泉译,北京:商务印书馆,1984年,第173页。
② 第欧根尼·拉尔修:《名哲言行录》III.24。
③ 柏拉图:《克拉底鲁篇》390c。
④ 柏拉图:《克拉底鲁篇》390a—e。

一含义不仅存在于他的早期对话,而且保留在他的中期和晚期对话之中。这是柏拉图辩证法的最初含义。

辩证法是认识"型相"的思想进程。柏拉图在《国家篇》中写道:"这里,格老康,我们终于达到了辩证法所演奏的曲调了。这虽然只是属于心智世界的曲调,但是我们可以在我们前面所说的那个人的视觉进程中看到对于它的摹仿,如我们所描述的,那个人首先力图看到生物,然后看到星宿,而最后看到太阳。同样,当一个人根据辩证法企图只用推理而不要任何感觉以求达到每个事物本身(型相),并且这样坚持下去,一直到他通过纯粹的思想而认识到善本身的时候,他就达到了可知世界的极限,正像我们的寓言中的另一个人最后达到可见世界的极限一样。这个思想的进程叫做辩证法。"①

辩证法是纯洁心灵的一门艺术。柏拉图在《斐德罗篇》中提出:使用书本是不能进行教育的。真正的教育只有在下面这种情况下才会出现,"辩证法家严肃的研究是更加高尚的。他们寻找意义相投的心灵,在那里依靠知识来播种培育言语。这种言语既能帮助别人,又能帮助播种人自己。它们不是华而不实的。它们可以结果传种,在别的心灵上长出其他的言语,使占有这种言语的人都能享受凡人所能享受的最高幸福。"②柏拉图指出,辩证法不存在于书本中,而存在于活生生的对话中。采用对话的方式进行教育,使人们的心灵变得纯洁,因此辩证法是一种教育的方法。

辩证法是思考、学习和教育的方式,是一切艺术发现之父。《斐莱布篇》的谈话人之一,普罗塔库斯请求苏格拉底指点通往真理的道路。他问:"有没有能驱散这些混乱的符咒呢?有没有更好的达到真理的方法呢?"③苏格拉底向他推荐了辩证法。他说,辩证法"是

---

① 柏拉图:《国家篇》531。
② 柏拉图:《斐德罗篇》276e。
③ 柏拉图:《斐莱布篇》16。

神教给我们的思考、学习和相互教育的方式。""这是一种易说难行的方法,是一切技艺发现之父。"①在同一篇对话的另一个地方,苏格拉底还说:"辩证法是一门与我们正在谈论的所有知识都有关的学问。"在这篇晚期对话中,柏拉图对辩证法作了更加详尽的描述。他已把辩证法作为科学认识的工具。在这篇对话中,辩证法的作用提的最高,适用范围最广,既是思考的方式,学习的方式,教育的方式,也是科学发现的方法。辩证法已经成为渗透各个知识部门的最高的学问了。

(2) 柏拉图辩证法的方法论含义

辩证法的目标和作用范围既已确定,下一个问题便是如何实现认识理念、达到确定无疑的真理性认识这一目标。柏拉图在寻找哲学研究的理想方法的过程中运用了一些逻辑方法,并从理论上加以总结。他所讨论和推荐的这些"辩证的方法"就是柏拉图辩证法的方法论含义。

柏拉图辩证方法之一——辩驳。辩驳是柏拉图最先运用的方法。它在柏拉图早期对话中占有突出的地位,在中期和晚期对话中也继续发挥作用。在晚期对话《智者》篇中,柏拉图从理论上作了总结,肯定辩驳是哲学研究的方法。柏拉图把辩驳看作一种灵活的教育形式。但他本人没有给辩驳下过定义。人们对柏拉图"辩驳"的理解是通过分析柏拉图如何运用辩驳得来的。广义地说来,辩驳的意思就是检验某人的论断,对他的论断提出进一步的问题.期望这些问题能够决定他最初的论断的意义和价值。由于大部分论断往往是谬误,所以狭义的辩驳是一种盘问或驳斥的形式。在此意义上,它是柏拉图早期对话中,苏格拉底行为的最深刻方面。柏拉图运用辩驳已不再局限于道德领域,而是扩展到了各种知识部门。辩驳也不再是单纯的争论,而成了获得真理性的知识的一种方法。为

---

① 柏拉图:《斐莱布篇》16c。

了阐明辩驳的性质,柏拉图晚期还用了"精神助产术"这个形象的比喻。他把辩驳的主要功能说成是"精神助产"。他认为用辩驳的方法进行推论可以帮助人们摆脱思想上的困惑,进而去认识真理,成为优秀的人。

柏拉图辩证方法之二——假设法。假设法是柏拉图中期对话方法论上最突出的特点。他对假设法作的理论性总结主要集中在《美诺篇》《斐多篇》《国家篇》和《巴门尼德篇》中。

柏拉图在《斐多篇》中叙述了假设法的程序。首先,提出假设,存同去异。"我首先假定某种我认为最强有力的原则,然后我肯定,不论是关于原因或关于别的东西的,凡是显得与这原则相合的就是真的;而那和这原则不合的我就看作不是真的。"[1]然后,从前提推出结论,对假设进行检验。"由于我缺乏经验,如谚语所说,我打算从自己的影子开始。我不能放弃有确定基础的原则。如果有谁在那里攻击你,不要去理他,或者等你看到从原则中得出的结论是否互相一致,再去回答他。当你需要放弃对这个原则的解释时,你应继续假设一个较高的原则……"[2]最后,假设的前提不能自明时,则用回溯法,达到一个不证自明的假设。"当你需要放弃对这个原则的解释时,你应继续假设一个较高的原则;如果仍需放弃,则再假设一个更高阶原则,直至找到一个足以胜任的原则;但你不要混淆你的推理中的原则和结论。"[3]柏拉图看到了假设法的作用,把假设作为获得真理、认识事物本质的一种有效的方法。这是柏拉图对人类认识的一个重要贡献。

柏拉图辩证方法之三——集合与划分。柏拉图在晚期对话中推崇和运用的主要方法是集合与划分。柏拉图所谓的集合是把众

---

[1] 柏拉图:《斐多篇》100a3。
[2] 柏拉图:《斐多篇》101d。
[3] 柏拉图:《斐多篇》101d3—e3。

多散乱的"种"置于一个总的理念之下,作一个概要总括性的理解。"第一个原则是作一个概要的理解,把众多散乱的'种'置于一个理念之下,使得人们无论想说明什么都可以根据定义来弄清楚。"①柏拉图所谓的划分是根据理念的种属关系,区分理念的同异、确定理念的层次和相互关系。"第二个原则是按照自然的构成在关节点上划分为种类,但不要像一个笨拙的屠夫那样砍破任何部分。"②"明了所写或所说的一切的真理,并能够用定义来分离每一事物,然后在分离完后把它划分为种类为止。"③

辩证法家必须能"按照种类划分,不使种类互相混淆,这属于辩证法这门科学。能进行划分者在任何地方都能把'一理念'从贯穿在互相分离地联系着的多中区别出来,多的理念不是因为一而互相区别,而是由于一而被统括;一理念通过许多部分而联合,多理念以各种方式相区别而分离。这里的意思就是懂得怎样按照种类来区分种,种怎样能够结合,怎样不能结合。"④

柏拉图除了推崇和运用了以上几种方法以外,还运用过定义、归纳、想象、类比、比喻等具体方法。这些方法也都是为实现辩证法的目标而服务的。但他对这些方法的理论性认识不如前述三种辩证的方法那么清楚,推崇的程度也不如前者。在柏拉图那里,方法也完全为内容服务。某个时期推崇哪种方法完全依他的哲学研究的重点的变化而变化。哲学的冲动首先产生了把握真理的努力、进而就要研究如何去获得确定的真理性认识,要寻找获得真理的途径和方法。只有辩证法的道路才是通向真理的唯一道路,只有依靠辩证的方法才能认识存在本身,把握事物的本质。

---

① 柏拉图:《斐德罗篇》265e。
② 柏拉图:《斐德罗篇》265e。
③ 柏拉图:《斐德罗篇》277b—c。
④ 柏拉图:《智者》253d。

（3）柏拉图辩证法的本体论含义

柏拉图辩证法不仅有认识论和方法论的含义。而且还有本体论的含义。柏拉图认为,辩证法是哲学中最高尚但也是最困难的部分。辩证法研究的是真实的存在,辩证法家寻求的是事物的本质,只有辩证法才能认识存在本身。这样,柏拉图辩证法也就等于"研究存在本身的科学"。也就是柏拉图哲学的本体论部分。辩证法这门科学的地位在柏拉图的心目中是极其崇高的。他说:"我们把辩证法摆在一切科学之上,作为一切科学的盖石或顶峰……,没有别的科学能够比它更高。"辩证法也是一门科学,但它与其他具体科学有着根本的区别。数学家、音乐家进行的研究"在某种程度上认识到实在。但是我们也看到,就连这些科学对于事物的认识也只能像做梦一样,因为它们只是假定他们所使用的假设,而不能给这些假设以合理的说明。"①真正的科学是不能建立在不能真正知道的前提之上的。"只有辩证的方法才是唯一的这样一种进程,它拆除假设而上升到第一原理,使它自己获得一个确定的基础。"②只有辩证的方法才是唯一能达到对于事物的确定性知识的方法,也只有辩证法才是"关于绝对的实在的真理"的科学。辩证法是最理想的科学,而其他科学所获得的只是或然性的意见。

综上所述,柏拉图的辩证法是一种古代辩证法,是辩证法理论的初级形态。它之所以到现在还在不断地引起人们的注意,这是因为它与近代现代的各种辩证法理论有着千丝万缕的联系。在尽可能全面地把握柏拉图辩证法的本来含义的基础上,恰如其分地肯定柏拉图辩证法的历史地位,将使我们对辩证法理论的历史发展获得更加全面的认识。

柏拉图辩证法的含义尽管多样,但其最基本的,也最重要的是

---

① 柏拉图:《国家篇》533c.
② 柏拉图:《国家篇》533d.

方法论含义。辩证法是柏拉图研究哲学所运用的种种方法的统称。从这个角度看，可以把伯拉图自觉的辩证法称作"以方法为基本特征的辩证法。"它是西方哲学方法论研究的开端，它的产生是哲学自身发展的必然。方法论是哲学内部的一个重要的、相对独立的部分。它要解决的问题是人类应当用什么方法来完成认识任务。这就决定了方法论依附于认识论。从哲学的发展来看，专门的方法论研究是人类认识的一个重要矛盾——认识对象与认识能力、认识手段的矛盾——运动发展的产物。

柏拉图辩证法初步总结了人类认识的一些方法，提出了一些基本原则和步骤程序，在一定程度上揭示了这些方法间的联系。这是柏拉图的重要的理论贡献。它不仅直接导致了亚里士多德的方法论和逻辑学，而且对以后西方哲学产生重要影响。

三、亚里士多德的逻辑学

柏拉图的辩证法反映了希腊人对"本真"的追求。而亚里士多德的逻辑学反映了希腊人对"断真"的追求。

逻辑学是一门学问，这门学问是由亚里士多德创立的。"逻辑"一词在希腊语中写作λογιχή，这个词源于λόγος。亚里士多德创立了逻辑学，但他并没有用λογιχή来指称他所建立的这门关于推理的思维科学。[①]在现存希腊罗马典籍中，公元前1世纪的西塞罗最先使用λογιχή这个词表示逻辑。他在《论至善与至恶》(Fin. I.7.22)中用的是"ἡ λογική"，在《图斯库兰讨论集》(Tusc.4.14.33)中用的是τὰ λογιά。[②]第欧根尼·拉尔修记载说，德谟克利特的一本著作名称叫

[①] 汪子嵩等：《希腊哲学史》第3卷，第118页。
[②] Liddell H. G., & Scott, R., *Greek-English Lexicon*, p.1056.

"Περὶ λογικῶν",①斯多亚学派的芝诺(Zeno of Citium,约公元前336—前265)把τὸ λογικόν,τὸ φυσικόν,τὸ ἠθικόν这三个词组并列连用。②

　　逻辑和逻各斯(λόγος)这个词的关系非常密切,所以我们也要先了解一下这个词的含义。λόγος是个多义词。《希英大辞典》中这个词的释义有:计算、尺度、对应关系、比例、说明、解释、论证、公式、思想、理性、陈述、演说、言词、神谕、格言、命令、对象、主题、神的智慧、神的言词,等等。③格思里考察了该词在公元前5世纪以及以前的希腊典籍中的用法,归纳出十种基本含义:(1)所讲的和所写的东西;(2)与评价有关的东西,如名誉和声望;(3)与感觉相对立的思考或推理,从巴门尼德开始有这种用法;(4)原因、理性或论证;(5)事物的真相,与空话、借口相反;(6)尺度;(7)对应关系、比例;(8)一般的原则或规律;(9)理性的力量;(10)定义或公式。④由于λόγος的一词多义,西方学者在西语中也找不到一个可以与之对应的同义词,因此一般采用音译的方法,将它转写成拉丁化的logos。

　　中国古代和近代也有逻辑学思想,逻辑学曾被称作"形名之学""名学""辩学""名理学""理则学""论理学"。中国近代学者严复在译著《穆勒名学》中,首先使用了"逻辑"这个译词。"逻辑学"这一译名到了20世纪成为中国学界的通用词。我们从翻译的角度看,把λογική译为逻辑,把τὸ λογικόν译为逻辑学,用的是音译的方法。然而,我们知道,音译既是最直接、最简单的翻译,也是最忠实、最无奈、最偷懒、最让人不明白的翻译!音译等于不译!因为,音译的依据是外来语词的声音,而不是词义,音译让接受者知道了外来语中

---

① 第欧根尼·拉尔修:《名哲言行录》IX.47。
② 第欧根尼·拉尔修:《名哲言行录》VII.39。
③ Cf. Liddell, H. G., and Scott, R., *Greek-English Lexicon*, p. 1057-1059. 参阅汪子嵩等:《希腊哲学史》第1卷,第456页。
④ Guthrie, W. K. C., *A History of Greek Philosophy*, vol. 1, p. 420-424.

有这个一个词,知道了它大概怎么念,但这个词到底是什么意思,还得接受者去理解。"逻辑"就是这样一个音译过来的外来词。它在中国学术界虽然被普遍采纳,但也给我们的理解带来了困难,因为无论谁看到逻辑这个字眼都会再问:什么是逻辑?

逻辑学发展到今天,其定义五花八门,被有些学者视为是逻辑的东西,在另一些学者看来不是逻辑。"我们应该有一个正确的逻辑观,应该明确究竟什么是逻辑。"① "如今我们在'逻辑'的名义下进行的教学和研究的内容主要包括普通逻辑、数量逻辑、归纳逻辑、辩证逻辑、语言逻辑等等。在这些教学和研究中,除了数理逻辑一般不讲逻辑是研究什么的以外,其他种种'逻辑'都要给逻辑下定义,但是这些定义都是不同的。比如,普通逻辑说,逻辑是研究思维研究和规律的;归纳逻辑说,逻辑是研究或然性推理的;辩证逻辑说,逻辑是研究辩证思维形式及其规律的;语言逻辑说,逻辑是研究语言的;等等。在这样众多的俨然以'定义'的方式出现的说法下,谁也说不清楚逻辑究竟是研究什么的。"②

王路教授还指出:"逻辑首先是一门科学,有自己的研究对象、理论体系和发展规律,这一点是由它的内在机制决定的。这种内在机制就是'必然地得出'。亚里士多德发现并揭示了这种内在机制,因此创建了逻辑这门科学。自亚里士多德以后,把握它,遵循它,逻辑才会发展,背离它,曲解它,逻辑就不会发展。"③我们看到,亚里士多德留下的逻辑学著作总称《工具论》,包括《范畴篇》《解释篇》《前分析篇》《后分析篇》《论题篇》《辩谬篇》这六篇著作。

逻辑是研究思维形式及其规律的科学。在此意义上,它与哲学、心理学同属研究人类思维的科学。"亚里士多德逻辑学的建立,

---

① 王路:《亚里士多德的逻辑学说》,北京:中国社会科学出版社,修订版,2005年,第234页。
② 同上书,第233页。
③ 同上书,第250页。

是希腊古典时期哲学自觉反思人的理性思维而结出的硕果,标志希腊科学理性精神的升华,奠定了西方分析理性的传统。"①我们学习哲学的目的之一是提高我们理论思维的能力和水平,而学习逻辑学也有助于我们实现这一目的。因此,我希望同学们进一步注重逻辑学的学习!

扫一扫,观看讲座视频

---

① 汪子嵩等:《希腊哲学史》第3卷,第115页。

第7讲
求实:科学精神

科学精神作为人类文明的崇高精神,它表达的是一种敢于坚持真理的勇气和不断探求真理的意识,它具有丰富的内涵和多方面特征。具体表现为求实精神、创新精神、探索精神、独立精神、怀疑精神、实证精神。"希腊科学是近代科学的真正先驱,几乎在每一领域、每一问题上,希腊人都留下了思考,他们可谓是近代科学的老师。"[1]这一讲,我们通过描述希腊自然科学的发展,来领略希腊人的科学精神。

一、相关语词释义

在古汉语中,实的最初含义是美。"实,美,美与善同意。"(《说文解字注》)后来,实字又有了一些引申含义。《古汉语常用字字典》[2]解释说:(1)充实,充满。"仓、府两实,国强。"(《商君书·去强》)(2)果实,种子。"草木之实足食也。"(《韩非子·五蠹》)(3)实际,事实。"盛名之下,其实难副。"(《后汉书·黄琼传》)(4)真实,诚实。"世之儒生不能实道是非也。"(王充《论衡·问孔》)(5)确实,的确。"实无反心。"

---

[1] 吴国盛:《科学的历程》,第二版,北京:北京大学出版社,2002年,第56页。
[2] 《古汉语常用字字典》,第257页。

(《史记·李斯列传》)由此看来,古汉语中的"实"字与科学这个词没有直接的联系。

古汉语中间有"科"字,也有"学"。科的意思是分类、条理、项目;学的意思是知识、学问。古汉语中间也有"科学"这个词,但它的含义不是我们今日所言之科学,而是指"科举之学"。比如古人陈亮说:"自科学之兴,世之为士者往往困于一日之程文,甚至于老死而或不遇。"(《送叔祖主筠州高要簿序》)

现代汉语"科学"一词有多重含义:(1)指自然科学及相关的技术科学,而其他学科和行业都不是科学,这是一种狭义的科学,亦即科技。(2)科学是一种精神,只要有这种精神,各行各业,各种学科都可以称作科学,这是一种广义的科学,亦即科学精神。

古希腊是科学精神的策源地。希腊文中没有一个词与"科学"的含义完全相当,但有两个词与"科学"关系最为密切。这两个词我们在前面都已经接触过了。一个是επίστήμη(episteme),它的意思是(1)knowledge,真知,与意见(doxa)相对;(2)an organized body of Knowledge, a science,知识体、科学;(3)theoretical knowledge,理论科学,与实践科学(praktike)和制造科学(poietike)相对。另一个是φύσις(physis),它的意思是自然或本性。我们知道,从这个词中派生出来的Physike(Physics)的意思是自然学、自然哲学、物理学,而物理学正是后来自然科学的经典学科。

我们还可以了解一下科学在拉丁文中的写法。拉丁文scio(动词)的意思是知道、了解、懂;这个词名词化后就写为scientia,它的最初的意思是"知识"。它后来进入古法语后,拼写转变为science,指的是"自然知识"。它进入古英语后,由于英文中已有natural Philosophy一词,所以它只作为knowledge的同义词。

西方社会进入中世纪以后,这个词的主要意思是"学问"。语法、逻辑、修辞、算术、音乐、几何、天文被称作七门学问(the seven sciences)。17世纪英国工业革命之后,science有了"科学"之义。

1874年,日本留英学者西周在《明六杂志》上发文,首创用汉字"科学"翻译英文 science;1897年,康有为从日语中借用汉字"科学";1919年,五四运动以后,"德先生""赛先生"名扬九州。

在西方中世纪,科学是神学的婢女,没有自己独立的地位。文艺复兴后期提出了科学解放的口号,天文学、物理学、化学、生物学、地质学等学科相继建立,科学有了自己的独立地位。这一时期的科学就是基础自然科学以及与之直接相关的技术,两者结合在一起统称为自然科学。在自然科学中体现的精神也会对其他学问、学术产生影响。从18世纪开始就有人把研究自然科学的方法应用于研究人类社会,于是产生了社会科学这一名词。从19世纪开始,科学概念已不再是自然科学的专用名词,社会科学已被世界上许多学者所公认。

物理学、化学、天文学这样一些学科发展起来以后,被人们称作经典自然科学。它具有以下基本特征:(1)有明确的研究对象,已经建立起系统的知识体系。这两个条件是任何一门学科所必须具备的基本条件。也就是说,科学首先应该是一门学科,研究对象模糊不清,只有一些点滴的、互不相关的知识,不能称为科学。(2)具备可以证实或证伪的条件。科学结论必须可以用观察和实验方法检验其正确性,而不是无法与实验作比较。实践检验的结果应该具有确定性。证伪的结果则要求对原来的科学理论作出修正。(3)有公认的认识论原则。确认自然界的客观规律与人的主观意识无关。确认自然现象中因果律成立,各种定律、定理就是因果律的表现形式。确认自然界是可以认识的,真理是存在的。确认自然界具有统一性,各种不同的自然现象和自然规律最终是和谐统一的。

综上所述,狭义的科学指自然科学及其直接相关的技术科学而言,其他学科可否称为科学,取决于该学科是否将自然科学的思想方法和基本精神移植到自身的学科研究中去,使该学科也具备了自然科学的某些基本特征。

二、科学的起源与发展

我们前面讲过,希腊人在所谓的荷马时代(公元前8世纪前后)才踏进文明社会的门槛。而后来的大哲学家柏拉图在《蒂迈欧篇》的引言部分(17A—27B)讲过一个"大西岛"的故事。大西岛是一个美丽富饶的岛国,坐落在直布罗陀海峡以西的大西洋中。那里气候温和,树木茂盛,岛上居民在那里建立了富丽堂皇的宫殿和庙宇。雅典人曾经领导希腊人成功抵御大西岛人的侵略。后来大西岛人道德败坏,激怒了天神。在一次大地震和大洪水中,大西岛沉入海底。而雅典则在废墟中重建。柏拉图强调,大西岛的文明比雅典早九千年,这是历史,并非虚构。

20世纪后半叶,考古学家在大西洋的亚速尔群岛附近海底,发现那里在一万二千年前确实是一片陆地,而且水下摄影所得照片中隐约有古代建筑物的断垣残壁。史前文明海底遗址的发现激发了现代人考古的热情,而史前文明的发达程度亦成为现代科学家需要回答的一道难题。科学是人类社会踏进文明社会以后的产物。"科学,就其本质而言,是在技术所开辟的意义世界中突现的一种高级的文明形式。它从多种技术中吸取营养,但超越了它们。它的核心是,把理性作为自己基本的人文理想。"[①]古代世界所有民族,少有像希腊人那样对近代世界产生巨大的影响。要论物质财富的创造和技术的发达,那么雅典无法与周边各大古老文明相比。当时腓尼基人的航海术、埃及人的测地术(几何学)、巴比伦人的天文观察和代数,其成就都远在希腊人之上。希腊人既没有留下造福于后人的伟大工程,也没有做出什么杰出的技术发明。但是,希腊人崇尚理性和智慧,热爱真理,对求知有着一种异乎寻常的热忱。

---

① 吴国盛:《科学的历程》,第19页。

希腊人开启了哲学(理论),也开启了科学。亚里士多德曾说科学的诞生有三个先决条件:惊异、闲暇、自由。"求知是人类的本性。……人类除凭感觉和经验生活以外,还凭技术与理智生活。……与经验相比,技术才是真知识;技术家能教人,只凭经验者则不能。……迨技术发明日渐增多,有些丰富了生活必需品,有些则增加了人类的娱乐。后一类发明比前一类发明更智慧,因为这些知识不以实用为目的。后来又出现了既不为生活所必需,也不以人世快乐为目的的一些知识,这些知识最先出现于人们开始有闲暇的地方。"①亚里士多德说这些话的原意是强调哲学和科学的非功利性。哲学家和科学家自身要对世界保持惊奇,有好奇心,同时还要有闲暇和自由。而在当时的希腊社会,奴隶制为一小部分希腊人(奴隶主)提供了闲暇,城邦民主制为希腊人提供了思想自由。在这样的社会环境中,希腊哲学家轻视体力劳动,但却培育出了发达的理性思维。

我们看到,在传统宗教精神的束缚下,自然的秘密只有神知道。然而,从泰勒斯开始的一批自然哲学家用自然本身去说明自然,在对自然秘密的解释中引入了自然界的物理过程。天体和天象的神圣性和神秘性被否定了,神灵本身被降格为自然现象或自然物。后来,我们看到在希腊古典时代发生了对传统宗教的批判。希腊知识阶层经历了一场启蒙,打破了宗教神话在意识形态中的一统天下,使哲学和科学成为希腊古典时期精神文化发展的主要内容。

希腊的哲学家实际上也都是科学家。古籍中记载了这些人的哲学观点,也记载了这些人的科学活动。

泰勒斯是当时希腊世界的名人,被称为"七贤"之一。②根据古

---

① 亚里士多德:《形而上学》980a1—982a1。
② 关于希腊七贤是哪几位,各种说法不一。现今所知的希腊七贤的名单最早见于柏拉图。参阅柏拉图:《普罗泰戈拉篇》343a。

代各种记载,泰勒斯积极从事科学活动。第欧根尼·拉尔修记载说,在泰勒斯的塑像下有这样一段铭文:"这里长眠的泰勒斯是最聪明的天文学家,米利都和伊奥尼亚的骄傲。"① 被古代作家归于泰勒斯名下的科学发现有:第一个研究天体并且预言日食;第一个测定太阳从冬至点到夏至点的运行历程;已经知道把一年分成365天,把一个月分成30天;发现了小熊星座;最先从埃及把几何学研究引进希腊。

泰勒斯大约经常从事天文现象的观察。柏拉图记载过一件轶事:"相传泰勒斯在仰望星辰时不慎落入井中,被一位机智伶俐的色雷斯女仆嘲笑,说他渴望知道天上的事,但却看不到脚下的东西。"② 世人经常视科学家们的类似举动为迂腐,而柏拉图则解释说,"如果哲学家离群索居,那么不是为了获得名声,而是因为他们实际上只是身体在城市里,而他们的思想已将世上的这些事情都视为毫无价值。他们的思想好像插上了翅膀,上抵苍穹,下达黄泉,观察天象,测量大地,到处寻求作为一个整体的事物的真正本质,而从来不屈尊思考身边的俗事。"③

阿那克西曼德从事过大量原始的科技活动,并以此闻名。第欧根尼·拉尔修记载说:"他第一个发明了日晷指时针,将它安装在拉栖代蒙的日晷上,用以测定冬至夏至和昼夜平分点;他还造了一个计时器。他又是第一个画出陆地和海洋轮廓的地图的,并且造了一个球体。"④

阿那克西美尼提出一些宇宙生成论的思想。"阿那克西美尼、阿那克萨戈拉和德谟克利特认为大地是扁平的,这是它保持静止不动的原因。他们说,大地并不劈开气,而是像盖子一样遮在上面,气在

---

① 第欧根尼·拉尔修:《名哲言行录》I.34。
② 柏拉图:《泰阿泰德篇》174b。
③ 柏拉图:《泰阿泰德篇》174c。
④ 第欧根尼·拉尔修:《名哲言行录》II.1。

它下面。扁平的物体看来都是这样的,由于它们具有抵抗力,即使风也不能吹动它们。"①"大地是扁平的,并且浮在气上。"(DK13A7)"阿那克西美尼肯定太阳是有火的。"(DK13A15)阿那克西美尼还有气象学方面的贡献。"阿那克西美尼说,当大地湿透或干竭的时候,它就裂开来了,大块土地落下来就发生地震。所以地震总是出现在干旱或暴雨季节,因为,正像刚才解释的,在干旱时节,大地干燥而裂开;当大雨渗透大地时,也使它破裂了。"(DK13A17)"阿那克西美尼说,当气更加浓厚起来的时候,便产生云;再进一步凝聚时,便下雨了;雨在下降时冻结起来,便是冰雹;水里结合了部分气时,便下雪了。"(DK13A17)这些解释都诉诸自然界本身的原因来解释各种自然现象,在从宗教神话向哲学思维的转变中有重要作用。

  毕达哥拉斯是他创立的学派的祖师爷。他的父亲是一名指环雕刻匠。②他在青少年时代就热衷于各种活动,到过希腊各地和外国。③他曾问学于泰勒斯,但是泰勒斯感到自己年事已高,把他介绍给自己的学生阿那克西曼德,并劝他像自己一样到埃及去游历。毕达哥拉斯在埃及住了相当长的时间,向埃及人学习各方面的知识。后来,毕达哥拉斯来到克罗顿,很快就吸引了一大批门徒,组成了毕达哥拉斯盟会。这个盟会既是一个宗教信仰团体,又是一个政治组织,还是一个研究科学的团体。有古代作家记记载说:毕达哥拉斯有一次走过铁匠铺,从铁匠打铁时发出的谐音中得到启发;他比较了不同重量的铁锤打铁时发出不同的谐音,从而测定了不同音调的数的关系。以后他又在琴弦上作进一步的试验,找出了不同音程之间存在的比率关系。这一发现在科学发展史上有重要意义。伯奈

---

① 亚里士多德:《论天》294b13—23,苗力田主编,《亚里士多德全集》第2卷,北京:中国人民大学出版社,1997年,第342页。
② 第欧根尼·拉尔修:《名哲言行录》VIII.1。
③ 第欧根尼·拉尔修:《名哲言行录》VIII.3。

特说:"有充分理由假定,毕达哥拉斯是这样推论的:要是音乐能归结为数,那么其他任何东西为什么不能归结为数呢?"①从音乐和数的关系出发进而推论出数是万物的本原,这一解释是可能的,只是依据现有史料,我们已经无法断定毕达哥拉斯本人有无做出这一推论。比较谨慎的说法应是毕达哥拉斯发现世上万物都具有某种数量关系。

毕达哥拉斯学派在数学上的贡献卓著。在古代希腊,数学包含有算术、几何,甚至天文与音乐。在毕达哥拉斯学派看来,算术研究绝对的不连续量;音乐研究相对的不连续量;几何研究静止的连续量;天文研究运动的连续量。直观上人们都以为天圆地方、天盖地承、天高地低、天上地下,这对我们中国人而言是更为熟悉的一种理论。但是,毕达哥拉斯学派却首次提出了作为一个圆球的地球概念,并进一步提出整个宇宙也是一个球体,由一系列同心球所组成。毕达哥拉斯学派哲学家菲罗劳斯后来给出了宇宙天体结构,并且以十大天球来命名和称谓如下这些星球:中心火、对地、地球、月亮、太阳、金星、水星、火星、土星、恒星天。这些发现和成就可谓实在是神奇。

希腊早期思想家已经提出了万物的本原是什么这一中心问题。经过爱利亚学派的深化,该问题转化为万物本原是一还是多,是变还是不变,是连续的还是间断的等相互关联的问题。如何沟通自然本原和生灭变易的现象世界,求得自然界多样性的统一,是摆在这批自然学家面前的首要任务。最先朝着这方面尝试的是恩培多克勒、阿那克萨戈拉、德谟克利特。由于他们都试图用若干种终极原则来解释变易,有学者把他们放在一起,称作"多元论者"。②

---

① Burnet, J., *Early Greek Philosophy*, London, 1930, p.107.
② Cf. Forrest Baird & Walter Kaufmann ed., *Philosophic Classics*, vol. 1, Ancient Philosophy, Second edition, Prentice Hall, New Jersey, 1997, p. 32.

恩培多克勒对各类自然现象作了大量观察和解释,在天文、气象、生物、生理和医学等方面有过许多贡献。但他同时又将自己掌握的科学技艺夸大到近乎江湖奇术的地步,并公然以"不朽之神"自命。在这一点上,他很像传说中的毕达哥拉斯,把科学思想与宗教混合在一起,乃至于给人留下行巫术的印象。据说他最后纵身跳进埃特纳火山口而死。罗素说他的人格是"哲学家、预言家、科学家和江湖术士的混合体。"①

恩培多克勒提出了"四根说"。四个根不是单一的物体本原,而是物体内部构造的四个基本要素。它们通过结合与分离的构造活动,使事物生成和毁灭。这样一来,原来哲学家所探讨的本原到了恩培多克勒这里开始有了物体结构元素的崭新意义。"恩培多克勒哲学的主要倾向,不是对巴门尼德的存在概念作形而上学的逻辑探讨,而是对自然界的生灭变易现象作物质结构方面的研究,从而成为对自然界作机械说明的开创人。"②

恩培多克勒认为四种基本元素自身是既不变动也没有生灭的,只是由于它们的相互结合和分离从而产生万物。那么这些物质性元素怎么会运动?它们相互结合和分离的源泉究竟何在呢?恩培多克勒提出一对原因:爱和恨(或者译为争、憎、斗)。在他看来,爱是一种结合的力量,恨则是分离的力量。万事万物都是爱和恨这两种力量在四种元素间发生作用的结果。由于爱和恨这两种对立的力量此起彼伏,轮流消长,使四种基本元素不断结合又不断分离,由此产生的万物就处于经常的生灭变易之中。四种元素加上爱与恨这两种动力因,就是恩培多克勒的自然哲学中的基本范畴和原则。他的自然哲学的基本倾向是带有机械性的朴素唯物论。本着这样的原则,他进一步探索宇宙演化,阐释自然现象,取得了不少成果。

---

① 罗素:《西方哲学史》上卷,第83页。
② 参阅策勒尔:《苏格拉底以前的学派》第2卷,第204—205页。

德谟克利特积极从事各种科学活动,通晓当时人类知识的每一分支,提出了原子论的基本思想。他认为,原子本身非常微小,内部绝对充实而无空隙,是坚不可入、不可分割的粒子;它们又是看不见的、不可感知的,在数量上无限多的构造物体的基本单元。原子都是同质的,它们之间没有性质的不同,只在形状、大小和排列上有差异。"这些原子在无限的虚空中运动,彼此分离,在形状、大小、位置和排列上不同;它们冲撞时互相捕捉,有些在某个偶然的方向上碰开了,另一些则由于形状、大小、位置和排列的一致性,彼此连接起来,聚集在一起,这样就产生了复合的物体。""他们说这些原子在虚空中任意移动着,由于它们那种急剧凌乱的运动,就彼此碰撞了;当它们碰在一起时,因为有各种各样的形状,就彼此勾联结合起来。这样就形成了世界及其中的事物,或者毋宁说形成了无数的世界。"(DK68A43)

德谟克利特的原子论是一种缺乏实验科学验证的假设。但它已不像早先自然哲学家那样,只满足于对自然的直观,以某种具体的物体作为万物的本原,而是运用科学的抽象,立足于当时的经验知识,提出一种在当时比较合理的物质结构假说。原子就是当时所能达到的较为科学的"物质"概念。德谟克利特利用原子运动的必然性,阐述了自然界的生成和宇宙演化的总貌。德谟克利特认为必然性就是指原子的运动、抵抗力和撞击力。他认为世界是这样产生的:各种形状的无限数目的原子在无限的虚空中运动,它们在那里聚集,互相作用,就形成一种旋涡运动。原子在旋涡中彼此冲撞,向各个方向转动,彼此分开,同类相聚。由于原子数量之多,由于它们的形状大小造成轻重有别,以及不同的运动方向,就不能在旋涡运动中保持平衡。轻的物体像筛扬似地被抛向外层虚空,其余较重的物体就集结着陷向旋涡中心,因为运动的合力,紧密地结合成最初的一团球形,它像一层壳,逐渐凝固,形成大地。抛向外层的物体也不断有自由原子和新的物体附着上去,分别形成一团团紧密的物体，形成日月星辰。它们各自运动的轨道同处于旋涡中心的大地的距离不等，因而速度也不等。我们人类所处的这个自然体系，就是这种原子运动的必然结果。他进而认为：宇宙在时间空间上都是无限的，像人类所处的原子旋涡运动所生成的世界，在宇宙中有无数个。无数个世界产生了，又分解还原为无限多的原子。

在希腊古典时期，雅典成为希腊哲学的摇篮，成为希腊文化的中心和希腊科学的中心。

公元前387年，柏拉图在朋友的资助下在雅典城外西北角的阿卡德摩（Academus）建立学园。此地原为阿提卡英雄阿卡德摩的墓地，设有花园和运动场。这是欧洲历史上第一所传授知识、进行学术研究、提供政治咨询、培养学者和政治人才的综合性学校。

柏拉图的生卒年约为公元前427年—前347年。我们今天常常会看到有关柏拉图的图片，那大都来源于在公元1世纪所复制的柏拉图的雕像，柏拉图常常与学生交谈，他的学园的课程包括几何学、天文学、音乐、算术等。柏拉图非常重视数学，他让人在学园的门口立牌：不懂数学者不得入内！柏拉图在《国家篇》中谈到，人们应当重视对立体几何的研究，当时他已经知道正多面体最多只有五种：正四面体、立方体、正八面体、正十二面体、正二十面体。

柏拉图的科学思想主要是在《蒂迈欧篇》中体现出来。柏拉图的思想中已经有了造物主与被造物的理念，他特别重视事物的起源与发展。在13世纪晚期，法国流传一幅有关圣经的画，那幅画就是受柏拉图《蒂迈欧篇》的思想影响，它描绘上帝使用圆规，按照几何学的方法来设计宇宙。柏拉图相信天体是神圣的、高贵的，匀速圆周运动是一切运动中最完美的，所以天体运动应当是匀速圆周运动。但是，天文观察表明并非所有天体都是这样，行星有时向东，有时向西，时而快，时而慢，于是柏拉图向学生提出任务——要找出行星运动的规律。在他看来，行星运动的现象既然如此无规则，很不体面，只有找出其遵循的规则，才能洗刷这种不体面。

柏拉图的学生欧多克斯在天文学上做出了重要贡献,他提出了同心球叠加的方案:每个天体都由一个天球带动,沿球的赤道运动,而这个天球的轴两端固定在第二个球上,第二个球又可以这样固定在第三个球上,从而组合出复杂的运动。用三个球可以复制出日月的运动,用四个球可以复制行星的运动,五大行星加上日月和恒星天,一共需要27个球。

欧多克斯通过适当选取天球的旋转轴、旋转速度、球半径,从而可以比较准确地再现所观测到的天体运动情况,这是希腊数理天文学的基本模式,也是举世闻名的同心球模型,同心球模型还可以模拟行星逆行。后人又对此作诸多改进,但他的基本方法得到继承。

公元前86年,罗马统帅苏拉围攻雅典,学园被迫迁入城内,直到公元529年被东罗马皇帝查士丁尼下令关闭为止,前后共连续存在达900年之久。以后西方各国的主要学术研究院都沿袭它的名称叫Academy,其学术模式和理念可谓影响深远。

亚里士多德一生从事科学活动,他出生于医生世家,接受过严格的医学训练,具备行医能力。在游历世界期间,他作了大量动物学研究,收集标本,撰写了不少的动物志。因为他曾经做过亚历山大大帝的老师,因此,亚历山大大帝在东征期间,曾派遣千余名奴隶专门为亚里士多德收集科学研究的材料。亚里士多德现存的主要科学著作:《物理学》《论灵魂》《论天》《论生灭》《气象学》《动物志》《论动物的部分》《论动物的行进》《论动物的繁殖》《自然小著作》等。他酷爱收集动物标本,亲自解剖动物,观察动物的习性,对各种动物作详尽的描述。他甚至对人类的遗传现象作过细致观察,注意到白人女子嫁给黑人,其子女肤色是白色,但到孙子一代,肤色则有黑有白。

三、科学的实用化与技术化

公元前4世纪以后,处于希腊本土边徼之地的马其顿王国崛起。公元前360年,雄才大略的马其顿国王腓力二世即位,建立了一支强大的军队,大量使用骑兵作战。从此,马其顿成为希腊半岛上武力最强的国家。公元前338年,腓力在喀罗尼亚地方彻底击溃雅典和底比斯的联军。从此结束了希腊半岛上城邦林立的局面。希腊古典城邦文化的发展告终,希腊文明的发展进入了希腊化时期。

亚历山大大帝重视学术事业的发展,在征战途中始终有一批学者跟随。每到一地,地理学家们绘制地图,博物学家们收集标本。另外,在工程师们的帮助下,亚历山大的军队在攻城战方面的技术水平,已经达到了近代战争所运用的工程技术的高度。

亚历山大里亚位于尼罗河出海口,是北非埃及的一个港口城市,为亚历山大大帝所建。希腊大帝国在分裂之后,亚历山大里亚成为托勒密王朝首都。托勒密一世是希腊人,曾在亚里士多德门下学习。他后来以政府的力量扶助学术事业,造就了辉煌的科学文化。托勒密王朝在亚历山大里亚城里大量建造希腊式建筑,王宫占整个城市的四分之一。亚历山大港口的灯塔被誉为古代世界七大奇观之一。

托勒密王朝建立了当时世界上最大的学园"缪塞昂",这是一所综合性的教育和研究机构,以传播和发展学术为目的。缪塞昂设有博物馆、动物园、植物园、天文台、实验室、图书馆。缪塞昂的原义是祭祀希腊文艺女神缪斯的神庙。这个词后来演化成英语的 museum(博物馆)。古代没有印刷术,书都是手抄本。托勒密王朝出重金让缪塞昂雇用一批抄写员。政府下令,所有到亚历山大港的船只都要把携带的书籍交出检验,如果发现亚历山大里亚图书馆没有的书,则马上抄录,留下原件,将复制件奉还原主。

亚历山大里亚经济发达,人文鼎盛,学术繁荣,英才倍出,是当时世界上最大的学术中心。各地的学者都来此地进修学习,当时最著名的科学家几乎都在这里待过。

希腊数学家欧几里得于公元前300年应托勒密王的邀请来到缪塞昂讲学和研究,撰写了《几何原本》。该书可谓是集希腊古典数学之大成,构造了世界数学史上第一个宏伟的演绎系统,对后世数学的发展起了不可估量的作用。据说,托勒密国王曾请欧几里得为他讲授几何学,欧几里得煞费苦心讲了半天,可是托勒密国王没有听懂,于是,他问欧几里得有没有更便利的学习方法,欧几里得回答说:"在几何学中,没有专门为国王设置的捷径。"欧几里得的《几何原本》把科学性与普及性结合起来,原封不动地被后人使用了两千多年。当印刷术传入欧洲之后,《几何原本》被重印了上千次,分别被译成各国文字。我国明朝杰出的科学家徐光启与天主教耶稣会传教士利玛窦合作翻译了《几何原本》前六卷,"几何"与"几何原本"这些译名都是徐光启的中国式语言创造。

阿里斯塔克约于公元前310年生于萨摩斯,青年时代在吕克昂学园学习,后来抵达亚历山大里亚,从事天文观测,发表天文理论。阿里斯塔克发表了颇具里程碑意义的"日心地动"说:不是日月星辰围绕地球转动,而是地球与星辰一起围绕太阳转动。他还曾经测量出太阳、月亮、地球的距离以及相对大小,甚至得出来一个惊世骇俗的结论,即他大略估计日地距离是月地距离的20倍。他的方法是正确的,但限于当时的科研条件,很遗憾结果实际误差很大。但是,无论怎么说,能够有这样的智慧和胆略,在当时实在是了不起的。

阿基米德约于公元前287年生于叙拉古,青年时代来到亚历山大里亚,他对希腊人的理论科学与工程技术作了卓有成效的融合。阿基米德最为人所熟知的名言可谓传颂千古:"给我一个支点,我可以撬动地球!"阿基米德在物理学方面解决了物理上的平衡问题,他提出了杠杆原理,包括支点、力臂、重心等概念,推进了物理学的进程。据说有一次,托勒密国王不信阿基米德的名言,阿基米德就请他去港口看演示,阿基米德在那里安装了一组滑轮,叫人把绳子的一端拴在港口的大船上,自己坐在椅子上用一只手将大船拖到岸边,国王由此而为之折服。

阿基米德一生中有很多富有天才的创造和发明,螺旋式提水机就是由他所发明的。不仅于此,他在物理上还有许多理论建树,浮力定律就是由阿基米德所发现的。有一次,国王命令工匠打造纯金王冠,请阿基米德鉴定王冠有无掺假。于是,他潜心思考如何解决这个问题的方法,但是百思不得其解。这时,仆人把浴盆放满了水,请他去洗澡。但他跨进澡盆之中时,突然之间,他灵光闪现,从溢出的水中得到了启发,他意识到了问题的关键,澡盆里溢出的水的质量就等于他自己身体的质量。阿基米德由此类推,他想,如果把金冠放入水中,根据水面上升的情况就可判断金冠的质量,再拿与王冠同等重量的金子放入水中,判断它的质量是否与王冠质量相等,如果王冠质量与水的质量不一样,则说明王冠之中掺了假。最让人意外和惊奇的是,想通了这个原理之后,阿基米德十分激动,从浴盆里跳起来,一边光着身子跑了出去,一边手舞足蹈地大喊"尤里卡"(希腊语:发现了)。为了纪念这一事件,现代世界最著名的发明博览会都会以"尤里卡"来命名。

此外,阿基米德这位科学能人还运用杠杆原理造出了投石机,有效阻止了罗马人的攻城。阿基米德还制造了大吊车,将罗马人的舰船从水里提了起来。在跟罗马人的战斗中,阿基米德还召集全城妇女老幼手持镜子,将阳光聚到罗马舰船上,烧毁了敌船。

可惜的是,天妒英才,罗马军队最终还是攻克了叙拉古。当罗马士兵冲进阿基米德的居室之后,这位科学的痴人此时还在沙堆上研究一个几何问题。这时,杀红了眼的士兵高声问阿基米德在做什么,此情此景真可谓秀才遇见兵,在没有得到肯定的答复之后,罗马士兵便拔刀相向,沉思中的阿基米德只喊了一声"不要踩坏了我的圆"就倒下了,一代英才便就此惨死在屠刀之下。著名哲学家怀特海在评论阿基米德被罗马士兵杀害一事时曾经说:"从来没有一个罗马人是因为全神贯注于对数学图形的冥想而丧生的。"

埃拉托色尼测定地球大小,他测出的地球周长与实际只差100多公里。此外,希帕克斯还创立球面三角。天文学家托勒密综合前人成就,写成了《天文学大成》。托勒密的天文体系具有很强的扩展能力,能够较好地容纳望远镜发明之前的天文观测结果,所以一直被视为最好的天文学体系,该体系统治了西方天文学界一千多年。

罗马共和时期科学上少有建树。当罗马帝国建立之后,罗马就进入了和平与稳定发展时期,从而科学文化有了一定发展。但是,与希腊人骄人的成就相比较而言,罗马人大多花费精力专注于政治、法律和军事,对纯粹的理论和自然科学基本上缺乏兴趣和热情。

现行公历直接来源于儒略历,这是以罗马统帅尤里乌斯·恺撒之名而命名的历法,我国前辈天文学家将尤里乌斯译为儒略,故称此立法翻译为儒略历。罗马人原本用阴历,当恺撒征服埃及后,他带回了埃及的阳历,并将之在罗马推广。此历规定:每四年的前三年为平年,每年为365天,第四年为闰年,则一年为366天,由此,一年12个月,单数的月份31天,双数的月份30天。多出来的天数怎么办呢?从习惯上讲,处死犯人一般都在2月,2月则是不吉利,那么多出来的天数则从2月上减去,而当出生在8月的屋大维当皇帝以后,他就把8月也加至31天,于是2月只有28天。逢闰年在2月份上再加一天,就变成了29天。

罗马诗人、自然哲学家卢克莱修在此时期撰写了《物性论》,普林尼撰写了《自然史》,瓦罗撰写了《论农业》,塞尔苏斯撰写出了罗马医学百科全书。在罗马共和国的晚期,哲学家西塞罗曾经总结罗马在哲学上的成就说:希腊人在纯粹数学上遥遥领先,而我们只能做点计算和测量工作。

在实践上,罗马人的城市建设取得了巨大的技术成就,建于公元80年的罗马圆形大剧场是其显著代表,此外,我们从罗马广场遗址和罗马凯旋门,可以一窥当时的成就和风貌。不止于此,庞培古城的遗址、罗马人在西班牙修建的高架引水渠、罗马人在迦太基修建的大路,即所谓条条道路通罗马,都可以让我们领略当时罗马人在科学实践上的成就。

中国社会自改革开放以来,科学精神深入人心。中国在科学技术的进步方面取得了令世人瞩目的伟大成就。在对科学技术进行反思的过程中,中国学术界也对所谓"李约瑟难题"对行了广泛的讨论。

英国著名学者李约瑟(Joseph Needham,1900—1995)研究中国科技史,在这方面做出了杰出的贡献。他在其编著的15卷本《中国科学技术史》中提出:"尽管中国古代对人类科技发展做出了很多重要贡献,但为什么科学和工业革命没有在近代的中国发生?"1976年,美国经济学家肯尼思·博尔丁把这个问题称作"李约瑟难题"。很多人把这个问题进一步推广,出现"中国近代科学为什么落后""中国为什么在近代落后了"等问题。中国著名科学家钱学森亦提出"钱学森之问",与"李约瑟难题"同为对中国科学技术发展的关怀。

对李约瑟难题的解答首先涉及对科学的本质的理解。吴国盛教授认为:"知、情、意这三种人性指向中,理性扩展着知的方面,使之成为最基本的人性构成要素。因此,科学就其严格意义来说,并不是一种普遍的人文现象,而更多的是西方文明的特征;就其不严格的意义来讲,各种文明中都有科学的成分。"①了解了科学在西方的起源与发展,我相信同学们对这个问题的理解能够深化。

扫一扫,观看讲座视频

---

① 吴国盛:《科学的历程》,第19页。

第8讲
求美：爱的礼赞

爱美之心，人皆有之。中国人有爱美之心，希腊人亦有爱美之心。今人有爱美之心，古人亦有爱美之心。古希腊哲学家有求美、爱美的活动，也对人的求美活动作出了理性的反思。在现今学科体系中，有美学这一分支。尽管希腊哲学家没有像在许多学科中那样，把美学这个学科创建起来，但他们有着丰富的美学思想。本讲通过解读柏拉图重要对话《会饮篇》的基本思想，讲解柏拉图的爱情哲学，以此领略希腊人的求美精神。

一、相关语词释义

我们先来看一下古汉语中"美"是什么意思。《说文解字注》中说："美，甘也。从羊从大。"《古汉语常用字字典》[①]说美有两个意思：(1)味美，引申善，好。"夫香美脆味，厚酒肥肉，甘口而病形。"(《韩非子·扬权》)"好蔽美而称恶。"(屈原《离骚》)(2)赞美。"今有美尧、舜、鲧、禹、汤、武之道于当今之世者，必为新圣笑矣。"(《韩非子·五蠹》)

我们再来看一下汉语中的"爱"字是什么意思。《说文解字注》中

[①] 《古汉语常用字字典》，第197页。

没有对"爱"字做出解释。《古汉语常用字字典》①说爱有两个意思：(1)怜惜,同情。"爱其二毛。"(《左传·僖公二十二年》)(2)吝惜,舍不得。"甚爱必大费。"(《老子》)《现代汉语词典》给出了"爱"字的核心意思,"对人或事物有很深的感情"。②

在希腊文中,美写作 κάλλος,英文译为 beatiful,名词形式为 beauty。美的事物是爱的对象,求美就是求爱。希腊文中表示"爱"的词有两个：(1)έρος,中文音译为厄洛斯,这个词亦为爱神的名称。它指的是"情爱"、"欲爱"。(2)αγάπε,这个词所表达的"爱"更多是以神圣的对象为指向的"圣爱"。"在爱的哲学中,我深信每一争论都起始于柏拉图。优雅式的爱,浪漫式的爱,以及宗教之爱中强调的重点在柏拉图那里都曾奠定了坚实的基础。"③

德国哲学家鲍姆加通于1750年首次提出要建构"美学"这门学科。美学(Αεσθήτικα, Aesthetics)是研究人与世界审美关系的一门学科。美学研究的对象是审美活动。

可以说,审美活动是人的一种以意象世界为对象的人生体验活动,是人类的一种精神文化活动。马克思把这种活动视为人类把握世界的四种方式之一,即美学的方式。学界一般把美学归属为哲学门下的二级学科,如果我们要学好美学,则必须要有扎实的哲学功底与艺术涵养。美学在人文学科中跟文艺学、心理学、语言学、人类学、神话学等都有着紧密的不可分割的联系。

二、柏拉图论爱情

追本溯源,西方美学的历史是从柏拉图开始的,尽管在柏拉图

---

① 《古汉语常用字字典》,第2页。
② 《现代汉语词典》,第4页。
③ 欧文·辛格：《爱的本性》,高光杰等译,昆明：云南人民出版社,1992年,第49页。

之前，毕达哥拉斯等人已经开始讨论有关美学的一些问题，但不成其为气候和体系，而柏拉图却是第一个从哲学思辨的高度讨论美学问题的哲学家，"美"在他那里初现体系化和系统化的端倪。

美的事物是爱的对象，求美就是求爱。柏拉图是个大哲学家，也有自己的爱情生活。尽管这方面的史料非常缺乏，但我们仍可从柏拉图年轻时撰写的诗歌中窥得一斑。

根史料记载，年轻时的柏拉图深受诗歌的诱惑，如果没有遇到苏格拉底并且被苏格拉底的言论吸引，他很有可能会成为一位有造诣的诗人。在献身哲学之前，柏拉图写过酒神颂、抒情诗和悲剧，但没有保存下来。他的对话中有一些非常富有诗意的散文段落，或许可以佐证柏拉图是一名诗人。归于柏拉图名下的这些诗句主要是一些对句（两行诗），适宜用作墓志铭或其他铭文。其来源主要是公元3世纪的罗马传记作家第欧根尼·拉尔修。我们选几首来看看！[①]

你[②]凝视着星星，我的星；如果我是苍穹，我会用许多双眼睛注视你。

命运女神注定赫卡柏和特洛伊的女人出生伊始就要流泪；但对你而言，狄翁，在你的高尚行动取得成功以后，诸神在此基础上赋予你更大的希望。现在你躺在祖国辽阔的土地上，你的同胞公民荣耀你，啊，狄翁，你让我的爱心疯狂。

我只轻轻地说了一声阿莱克斯很美，所有人就都在注意他。啊，我心爱的人，你为什么要把骨头拿给狗看？你以后会后悔的，我们失去斐德罗不就是由于这个原因吗？

[①] Plato, *Plato Complete Works*, ed. John M. Cooper, Hackett Publishing Company, Cambridge, 1997, pp.1743-1745.

[②] 写给一位名叫阿斯特尔（Aster）的年轻人，这位青年与柏拉图作伴研究天文学。参阅第欧根尼·拉尔修：《名哲言行录》III.1。

我的情人是科罗封的阿凯娜莎,她的皱纹是她热恋的标志。首次航行就遇上这样的美人,你们该有多么不幸,你们心中一定会燃起难以抑制的欲火!

吻阿伽松的时候,我灵魂出壳,飘飘欲死。

我把这个苹果扔给你,如果你愿意爱我,就请收下它,让我品尝你少女的妩媚;但若你认为我的请求不当,也请你收下这个苹果,并想想美有多么短暂。

我是一个苹果,一个爱你的人把我扔给你。答应我吧,克珊西帕,因为你我会憔悴。

我,拉伊丝,曾有大批年轻恋人上门,现在却在希腊受到鄙视和嘲笑,我把这面铜镜献给帕斐娅①——因为我不希望看到我的现在,我也不能看到我的过去。

居里丝②在尼都斯看到自己的雕像,她说,"哎呀,普拉克西特勒在什么地方看到我赤身裸体?

美惠三女神为自己寻找不会倒塌的神庙,结果找到了阿里斯托芬的灵魂。

我们可以看到,柏拉图在这些诗歌中描述了异性恋,也描述了同性恋,描述了情爱,也描述了圣爱。爱的对象也是多样的,妩媚的少女、俊美的男子、乃至于女神都是爱的对象。

向苏格拉底学习了哲学以后的柏拉图探求同类事物的本质。他给美下定义,也给爱下定义。他说:"当追求美的享受的欲望控制了推动正确行为的判断力以后,当这种欲望从其他相关的欲望中获得竭力追求肉体之美的新力量时,这种力量就给这种最强烈的欲望

---

① 帕斐娅(Paphia),亦即阿佛洛狄忒,这首诗刻在一面镜子上,由拉伊丝献给女神。
② 居里丝(Cypris)就是阿佛洛狄忒,著名雕刻家普拉克西特勒(Praxiteles)在小亚细亚卡里亚地区的尼都斯(Nnidus)建有著名的裸体雕像。

提供了一个名称,叫做爱情。"①这里讲的爱就是人在一种最强烈的欲望下追求肉体之美。这种爱可以称为欲爱。爱是欲望。

柏拉图认为,当心灵摒绝肉体而向往真理的时候,这才是最好的。而当灵魂被肉体的罪恶所感染时,人们追求真理的愿望就不会得到满足。肉欲是人性中兽性的表现,人之所以是高等动物,乃是因为在人的本性中,人性强于兽性。所以,精神交流才是美好的、道德的。为此,柏拉图认为,人们的求美和求爱活动有两种原则在指导。"这样的原则有两种:一种是旨在追求快乐的天生的欲望;另一种是旨在追求至善的后天获得的理性。有时候这个原则占据上风,有时候那个原则占据上风。"②

十分有趣的是柏拉图还大量探讨了爱情心理学问题。他说:"你的情人在受到过度的赞扬之后会变得傲慢和狂妄自大。在爱情问题上,所有的行家在没有赢得心上人之前都十分谨慎,不对心上人滥加赞扬,因为他们担心事情的最后结果。有爱情的人一旦追求的对象到手,就会反悔以前付出的恩惠。没有爱情的人在施予恩惠时不受爱情的约束,他们是自由的,他们会量力而行,同时也会顾及自身的利益。"③"有爱情的人会算计他们的爱情能得到多少好处,付出的代价又有多大,他们要花费额外的精力去算计花费多久才能收支平衡;而没有爱情的人不会为了爱情而忽略自己的事业,不用算计,也不会发生争执。"④"适当的做法不是把恩惠赐予那些要求最强烈的人,而是赐予那些最能对我们感恩图报的人;不是那些只贪图你的青春美色的人,而是那些在你老的时候仍旧能够与你共享安乐的人;不是那些达到目的就向外界夸耀的人,而是那些顾全体面,守口如瓶的人;不是那些贪图一时欢乐的人,而是那些愿意与你

---

① 柏拉图:《斐德罗篇》238b。
② 柏拉图:《斐德罗篇》237d。
③ 柏拉图:《吕西斯篇》206a。
④ 柏拉图:《斐德罗篇》231a。

终身为友的人;不是那些情欲满足就恩将仇报的人,而是那些在你年老色衰时仍旧对你忠心耿耿的人。"①

公元 15 世纪的马西里奥·费奇诺指出,柏拉图讨论的这种爱是一种"精神恋爱",是一种人与人之间的精神爱慕,它追求心灵沟通而排斥肉欲,推崇精神性的纯洁爱情。这种爱也被称作"柏拉图式的爱"(Platonic Love)。这种爱或爱情植根于古希腊的同性恋风尚和理性主义传统。在柏拉图对话中,爱情主要是指一个成年男子和美少年之间的爱情。当时的希腊人认为男人之间的爱情才是真正高尚的爱情,而男女之间的爱情以生育为目的,因而是低劣的。

三、爱的本性

柏拉图有关爱的思想大部分存在于他的中期对话《会饮篇》中。当时的雅典社会流行"会饮"的习俗,遇有喜事就举行宴会进行庆祝。在这样的宴会中,吃喝是形式,精神交流是重点。我们下面就对柏拉图的《会饮篇》作一个解读。

举行这场宴会的主人阿伽松写的剧本获了奖,前来赴宴的有六名客人轮流礼赞爱神(厄罗斯)。这六篇对爱神的颂辞构成了这篇对话的主体。在柏拉图所有对话中,本篇的艺术性最强,形式最美。最后,青年政治家阿基巴德赶来赴宴,他没有应邀礼赞爱神,而是对苏格拉底进行了一番赞美。

第一个致颂辞的是斐德罗。他歌颂爱神是所有神明中最古老的,爱和欲望是万物的本原,爱神是我们最高的善,是幸福的源泉。(178a—180b)为此,他进行了下述证明:

第一,爱是一位伟大的神,对诸神和人类都同样神奇。爱的古

---

① 柏拉图:《斐德罗篇》233e。

老是普世公认的。爱是人类一切幸福的源泉。人们对这位神的崇拜是最古老的,因为爱神没有父母,任何散文或诗歌都没有提到过他的父母。

第二,没有什么幸福能比得上做一个温柔的有爱情的人。要想过上良好的生活,出身、地位、财富都靠不住,只有爱情像一座灯塔,指明人生的航程。爱就是对邪恶的轻视,爱就是对善的尽力仿效,假如没有爱,无论谁都不可能从事任何伟大或高尚的工作。

第三,爱情使人勇敢。一个城邦或一支军队如果不是全部由相爱的人组成,就不能很好的统治。有爱的人会并肩作战,他们人数虽少,却能征服全世界。在这样的军队里,有爱情的人不会眼见自己的情人陷入危险而不去营救,纵然是胆小鬼也会在爱情的激励下变成一名勇士。

第四,只有爱能使人为了挽救他人的性命而牺牲自己,无论男女。比如,阿尔刻提斯因丈夫患不治之症,自愿向女神请求代替丈夫去死,后被赫拉克勒斯从死神处救出。又比如,色雷斯诗人和歌手奥菲斯的妻子欧律狄刻死后,他追到阴间。冥神被他的琴声感动,答应他把妻子带回人间,条件是路上不得回头。当他快要返回阳间时,想回头看看妻子是否跟在后面,结果欧律狄刻的灵魂又回到冥府。

第二个致颂辞的是鲍萨尼亚。他认为爱神不止一位,斐德罗的颂辞没有说明他颂扬的是哪一位。他认为爱有两种:卑下的人间之爱只爱肉体、金钱、官职,高尚的天上之爱追求智慧和其他美德,它所爱的对象是永恒不变的。(180c—185c)

他说,没有爱,就不会有阿佛洛狄忒这样的爱情女神。事实上有两位这样的女神,因此爱也一定有两种。我想,没有人会否认叫这个名字的女神有两位——年长的那一位不是从母亲的子宫里产出来的,而来自苍天本身,我们称之为天上的阿佛洛狄忒;年轻的那一位是宙斯和狄俄涅生的,我们称之为地下的阿佛洛狄忒。爱在这两位女神的陪伴下才起作用,因此爱也应当分为天上的爱和地下的爱。

属地的爱确实是一种非常世俗的爱,这种爱起作用的方式是随意的。这种爱统治着下等人的情欲。这些人既受女人的吸引,也受男童的吸引。不管他们爱的是什么人,他们关注的是肉体而非灵魂。他们向那些最愚蠢的人求爱,因为他们追求肉体享受。属天的爱源于较为年长的阿佛洛狄忒。她的爱激励人们把爱情放到男性身上,在这种爱的激励下,人们会更喜欢强壮和聪明的人,不会利用少年的年幼无知来欺骗他,继而又喜新厌旧。属天之爱对城邦和个人都弥足珍贵,要他们最热诚地注重道德方面的进步。

鲍萨尼亚学对东西方爱情观作了比较。他指出,东方人确实不仅把爱情视为丑事,而且还把热爱哲学和体育当作坏事,这是由于专制主义的统治。东方的统治者不希望臣民醉心于高尚的思想、缔结坚实的友谊和发展亲密的交往,而爱情是最能引发这些事情的。雅典的法律要优秀得多。雅典人公认暗爱不如明爱,尤其是在被爱对象有着高尚的美德,但相貌却不出众时更是如此。雅典人全都在鼓励人们的爱情,而丝毫也不认为他们在做丑事,把他们爱情的胜利看作光荣,把爱情的失败看作羞耻。

第三个致颂辞的是医生厄律克西马库。他的观点代表了当时自然哲学家对爱的看法,强调爱神是将对立的因素结合在一起的强大的力量。(185d—188e)

厄律克西马库说,医学告诉我,除了把人的灵魂吸引到人的美上去以外,爱的影响既可以追溯到动物的生殖,也可以追溯到植物的生长。存在于神圣或世俗的各种活动中的爱适用于一切类型的存在物,爱的力量是伟大的,神奇的,无所不包的。医学是一门研究身体爱什么的学问,医学研究欲望,能够区分什么欲望有害和什么欲望有益的人可以称作医生。如果他能用一种欲望取代另一种欲望,而需要时能使欲望产生,或者加以消除,那么我们会把他看作一名医术高明的专家。医生必须能够调和身体中不和谐的元素,迫使这些元素相亲相爱。我们知道最敌对的元素就是那些对立的元素:冷与热、甜与酸、湿与干,等等,阿斯克勒庇俄斯之所以能创建医学,就在于他能把爱与和谐注入这些对立的元素。

第四个致颂辞的是诗人阿里斯托芬。喜剧诗人阿里斯托芬的颂辞讲了一段神话故事,指出爱神是使人恢复自我完善的力量。(189a—193e)

他说最初的人是球形的,有着圆圆的背和两侧,有四条胳膊和四条腿,有两张一模一样的脸孔,圆圆的脖子上顶着一个圆圆的头,两张脸分别朝着前后不同的方向,还有四个耳朵,一对生殖器,其他身体各组成部分的数目也都加倍。直立行走,可以任意向前或向后,快跑时像车轮一样向前翻滚。他们是双性人或阴阳人,既是男性又是女性,不男不女,或半男半女。

最初的人造反,宙斯和众神商量对付人的办法。他们茫然不知所措,因为他们不想用从前对付巨人的办法,用霹雳把他们全都打死,如果这样的话就没有人会对诸神进行献祭和崇拜了,但他们又不能容忍人类的蛮横无礼。宙斯绞尽脑汁,最后终于想出了一个解决办法。

宙斯说,我有一个办法可以削弱人类,既能消除动乱而又不至于把人全都毁灭。我提议把他们全都劈成两半,一方面他们每个人就只有原来一半那么强大,另一方面他们的数目加倍,伺奉我们的人也就加倍了。宙斯说,让他们以后就用两条腿直着走路,如果以后再发现他们捣乱,我就把他们再劈成两半,让他们用一条腿跳着走路。

宙斯说到做到,把人全都劈成了两半,就像切青果做果脯和用头发切鸡蛋一样。切完以后,他吩咐阿波罗把人的脸孔转过来,让他能用切开一半的脖子低下头来看到切开的这面身子,使他们感到恐惧,不再捣乱,然后再让阿波罗把他们的伤口都治好。阿波罗遵命把人的脸孔转了过来,又把切开的皮肤从两边拉到中间,就好像用绳子扎上口袋,最后打了个结,我们现在把留下的这个小口子叫作肚脐。至于留下来的那些皱纹,阿波罗像鞋匠把皮子放在鞋模上打平一样全把它们给抹平了,只在肚脐周围留下一些皱纹。这些事都做完以后,那些被劈成两半的人都非常想念自己的另一半,他们来到一起,搂着对方的脖子,不肯分开。他们什么都不想吃,什么都不想做,因为不愿离开自己的另一半。时间一长,他们死于饥饿和虚脱。人类就这样逐渐灭亡了。宙斯起了怜悯心。他想了一个新办法,把人的生殖器移到前面,使人可以通过男女交媾来繁殖,而从前人的生殖器都在后面,生殖不是靠男女交媾,而是像蚱蜢一样把卵下到土里。他的主意是,如果抱着结合的是一男一女,那么就会怀孕生子,延续人类;如果抱着结合的是两个男人,也可以使他的情欲得到满足,好让他把精力转向人生的日常工作。

阿里斯托芬感叹说,先生们,人与人彼此相爱的历史可以追溯得多么远啊,这种爱不断地使我们的情欲复苏,寻求与他人合为一体,由此成为沟通人与人之间鸿沟的桥梁。我们每个人都只是半个人,就像儿童们留作信物的半个硬币,也像一分为二的比目鱼。我们每个人都一直在寻求与自己相合的那一半。男人作为切开的阴阳人的一半当然就会受到女人的吸引;而作为切开的阴阳人的一半的女人也一样,也会追求男人。

由原始女人切开而来的女人对男人没有多大兴趣,只眷恋和自己同性的女人,这就是女同性恋者。凡是由原始男人切开而来的男人是男人的追随者,从少年时代起就爱和男人交朋友,他们喜欢睡在一起,乃至于互相拥抱。这种人是国家最有希望的少年,他们最富有男子气质。有些人称他们为无耻之徒,其实这是错误的。引导他们追求这种快乐的并不是纵欲,而是勇敢、坚强、男子气概,他们欢迎并在情人身上看到了这些美德。以后的事情可以证明这一点,只有这样的少年长大以后才能在公共生活中成为男子汉大丈夫。

他们自己到了壮年以后,他们所爱的也是少年男子,对娶妻生子则没有什么兴趣。他们肯结婚的确只是因为习俗的要求,而他们内心则宁可不结婚,只愿和自己所爱的男子长相厮守。

这些事实际上都是人类原初状态的残余,人本来是完整的,而现在正在企盼和追随这种原初的完整性,这就是所谓的爱情。人类有理由感到恐惧,如果放弃对诸神的崇拜,那么他们会再次把人类辟成两半,到那个时候身子要从鼻子正中剖成两半,用半个身子走路,就好像墓碑上的侧面浮雕。因此人类重要的责任是告诫朋友敬畏神明,只有这样才可以确保平安,成为爱神军队中的一员,幸福地与爱人结合,在爱神的旗帜指引下前进。

宴会的主人阿伽松第五个发表颂词。他认为颂扬爱神首先要说明他是什么,然后再说明他赐给我们什么。他说爱神年轻、娇嫩、柔韧、美貌,是诸神中最美的,爱神又是正义、自制、勇敢、智慧,是诸神中最善的。(194a—198a)

阿伽松指出,诸神都是有福的,而受到所有人敬畏的爱神是最有福的,因为他是最可爱的,最优秀的。之所以说他最可爱,那主要因为他在诸神中最年轻。要证明这一点,最好的证明就是他拼命逃避时间的复仇,而时间本身就已经跑得够快了。爱神生来就是年纪的敌人,他从来不看老年人一眼,总爱和青年厮混,因为他自己就是一个青年。

爱神永远年轻,是诸神中最年轻的。至于我们从赫西奥德和巴门尼德那里读到的那些关于诸神的老故事,如果这些故事是可信的,那么挑起争端的不是爱神,而是命运之神。如果当时诸神中有爱神,那么他们根本不会互相残杀和囚禁,不会使用暴力,而会像今天这样和谐地生活在一起,之所以如此,乃是因为爱神已经成为他们在天上的主人。因此,爱神显然是年轻的。他不仅年轻而且娇嫩,只有荷马这样的诗人才有本事描述他的娇嫩。他从来不在地上行走,甚至也不在我们的头上行走——因为我们的头毕竟也不那么柔软——而是在世上最柔软的东西上行走。他把诸神和凡人的心灵当作住处,但并非任何心灵都包括在内,毫无选择,而是遇到心硬的就远走高飞,碰上心软的就住下。既然爱神不但用脚踩在世上最柔软的东西上,而且就住在那里,因此他本身必然也是极为娇嫩的。我们还发现他是最柔韧的。如果他没有一点柔韧性,怎么能够使我们卷入无限的爱情风波,又怎么能够不知不觉地随意进出人心?他的相貌秀美是世所公认的,这也是他的柔韧与随和的一个明证,因为爱神与丑陋是水火不相容的。还有,爱神生活在花丛中,这本身就证明了爱神的美,无论是身体、灵魂,或是其他地方,要是没有鲜花,或是花朵已经凋谢,他都不肯栖身。在那鲜花盛开、香气扑鼻的地方,一定会有爱神的踪迹。

我们现在必须考虑爱神的道德品性,他从来不会受到诸神和凡人的伤害,也不会伤害诸神和凡人。爱神所能承受的任何东西都不需要借助暴力,暴力根本无法触及爱神。爱神也不需要用暴力去激发爱情,因为世人无法强求爱神,只能自愿伺奉爱神。我们知道,双方的情投意合才能激起爱情的冲击,这样的爱情才是正义的,是受国家法律保护的。爱神不仅有正义,而且有完全的节制。节制确实被定义为控制我们的快乐和情欲的力量,而世上没有一种快乐和欲望能比爱情更强大。因此,如果说这些快乐和欲望是比较弱小的,那么它们都会被爱情征服,爱神是它们的主人,在此意义上,如我所说,控制我们情欲和快乐的爱神就可以视为节制本身。

苏格拉底最后发言,他声称要对颂扬的对象讲真话,然后转述了他自己与女先知狄奥提玛的一次讨论。(198a—212c)

他说,我想说说我自己得到的一些教训,是我以前从一位曼提尼亚妇女狄奥提玛那里听来的,她对爱情和其他许多问题都有真知灼见。我想像阿伽松一样,先说明爱神是谁和爱是什么,然后继续描写爱的功能。

爱有父母。爱是贫乏神与资源神的儿子,所以他命中注定要一直贫困,他也不像我们所相信的那样文雅和俊美,而是相貌丑陋,赤着脚,无家可归,经常睡在露天里、道路旁,没有床褥,总是分有他母亲的贫困。但另一方面,爱也分有他父亲的禀赋,追求美和善,因为他勇敢豪爽、精力充沛、干劲十足,是一名能干的猎人,也擅长使用各种计谋。他生来就充满欲望,也非常聪明,终生追求智慧,是玩弄巫术骗人的能手。智慧是事物中最美的,而爱以美的东西为他爱的对象。所以,他必定是智慧的热爱者,这与他的出身也有关系,他的父亲充满智慧和资源。

爱的行为就是孕育美,既在身体中,又在灵魂中。男女结合会怀孕,人的生育是神圣的,可朽的人具有不朽的性质,靠的就是生育,但它不能在不和谐的事物中实现。丑与神圣不能和谐,而美与神圣完全相配。所以在生育过程中,美是主宰男女结合和分娩的女神。就是因为这个道理,凡有生育力的人一旦遇上美丽的爱人,马上就感到欢欣鼓舞、精神焕发,很容易怀孕。但要是遇到丑陋的爱人,她就兴味索然,转身躲避,不肯上床,但仍要承受生育的痛苦。甚至在分娩的时候,美也在起着神奇的作用,可以使分娩顺利结束。爱不是对美本身的企盼,而是在爱的影响下企盼生育。

一切可朽者都在尽力追求不朽。生育是达到这一目的的惟一途径,除此之外别无他途,这才会有新一代不断地接替老一代。这就是每个人延续自身生命的方式。人不能像神灵那样保持同一和永恒,只能留下新生命来填补自己死亡以后留下的空缺。身体和其他暂时的东西都以这种方式分有永恒,别无他途。一切生物都有珍视自己后代的本能,因为整个创世都受到这种爱、这种追求不朽的欲望的激励。

爱有一个过程。首先,人不能过早地献身于肉体之美。人可以爱上某个具体的美的身体,但要使他的欲望转向高尚的谈话。其次,他必须思考身体之美如何与其他方面的美相联系,他会明白,如果过分沉醉于形体之美,就会荒谬地否认一切形体的美都是同一种美,就会设定自己应当爱一切美的形体,从而把自己对某个对象的爱限制在恰当的分寸上,视为渺小的,不重要的。再进一步,他应该学会把心灵美看得比形体美更为珍贵,如果遇见一个美的心灵,纵然这个人在形体上不美,也会爱上这个人,并且珍视这种爱情。他会期待着与这样的心灵对话,加速养成自己高尚的品质。经过心灵之美,他会被进一步导向思考法律和体制之美。等他发现了各种美之间的联系与贯通,那么他就会得出结论,形体之美并不是最重要的。

再进一步,他的注意力应当从体制被导向各种知识,使他能看到各种知识之美。凭借对美的广大领域的了解,他不会再像一个卑微的奴隶,把爱情专注于某一个别的美的对象,爱一个少年,爱一个男人,爱一种体制。这时候他会用双眼注视美的汪洋大海,凝神观照,他会发现在这样的沉思中能产生最富有成果的心灵的对话,能产生最崇高的思想,能获得哲学上的丰收,到了这种时候他就全然把握了这一类型的知识,我指的是关于美的知识。

一个人加入了这种爱的秘仪,按既定的次序看到了所有这些美的方面,也就最后接近了终极启示。到了这个时候,他那长期辛劳的美的灵魂会突然涌现出神奇的美景。这种美是永恒的,无始无终,不生不灭,不增不减,因为这种美不会因人而异,因地而异,因时而异,它对一切美的崇拜者都相同。就这样,当原先那种对美少年的爱引导着我们的候选人通过内心的观照到达那种普世之爱时,他就已经接近终极启示了。这是他被引导或接近和进入爱的圣地的惟一道路。从个别的美开始探求一般的美,他一定能找到登天之梯,一步步上升——也就是说,从一个美的形体到两个美的形体,从两个美的形体到所有美的形体,从形体之美到体制之美,从体制之美到知识之美,最后再从知识之美进到仅以美本身为对象的那种学问,最终明白什么是美。

如果说人的生活值得过,那么全在于他的灵魂在这种时候能够观照到美本身。一旦你看到美本身,那么你就决不会再受黄金、衣服、俊男、美童的迷惑。如果一个人有运气看到那如其本然、精纯不杂的美本身,这个美不是可朽的血肉身躯之美,而是神圣的天然一体之美,当人们通过使美本身成为可见的而看到美本身的时候,人们才会加速拥有真正的美德。当他在心中哺育了这种完善的美德,他将被称作神的朋友,如果说有凡人能够得到不朽,那么只有像他这样的人才可以获得。

以上我们简要介绍了柏拉图的爱情哲学思想。我认为在柏拉图的相关论述中,有以下几点是最值得我们关注的:(1)美和爱的关系;(2)美和善的关系;(3)爱和人的自我完善;(4)爱的历程。柏拉图的相关思想十分深奥,十分复杂。要对它展开详细的分析,同样需要我们自己拥有较高的理论思维能力,请同学们课后继续思考。

扫一扫,观看讲座视频

第9讲
求善:伦理思想

伦理学是哲学的一个基本组成部分,善的问题是伦理学研究的重大问题。一说起善,人们就会联想到"伦理"或"道德"。我们说,伦理指的是一定社会的基本人际关系规范及与其相应的道德原则,而道德是以善恶评价为形式,依靠社会舆论、传统习俗和内心信念用以调节人际关系的心理意识、原则规划、行为活动的总和。伦理与道德在一定语境下可以通用,比如说伦理关系就是道德关系,但这两个词还是有差别的,因为伦理侧重于社会或集体,强调客观方面;道德侧重个人,强调主观方面。本讲通过了解古希腊罗马伦理思想发展的概况,掌握哲学家们对善的思考,领略希腊民族的求善精神。

一、相关语词释义

我们先来看看汉语中间"善"这个词的意思。在《说文解字注》中,善有很多同义词。"良,善也。""吉,善也。""佳,善也。""价,善也。""俶,善也。""美与善同意。"《古汉语常用字字典》[①]解释善有以下几个意思:(1)好,好的,善良的;(2)友好,亲善;(3)善于,擅长;

---

① 《古汉语常用字字典》,第250页。

(4)爱惜;(5)应当,表示同意;(6)副词,好好地。

希腊文中"善"写作ἀγαθόν(形容词),其基本含义就是好。这个形容词加上冠词,使词组名词化,写作τὸ ἀγαθόν。"好"的意思是怎样转为善的呢?"好"适用于一切事物,任何事物只要起到了它应该具有的作用,发挥了它的功能,就是好的,而在道德判断领域,我们把这个"好"译成"善"。与此相应,τὸ ἀγαθόν可译为善或善者(goodness, the good),其复数形式τὰ ἀγαθά可译为善事或善物(the goods)。作名词用的善有两重含义:一为善物(好东西),二为善德(好品德)。

拉丁文的情况与希腊文相似。拉丁文的善是"bonus"(形容词)或"bonum"(名词)。它们除了表示善与好,还有福利、利益、财产的意思。比如,"bonum publicum"的意思是社会福利或社会公益。"bonus"的形容词最高级是"optimus"(最善)。[1]

在这里我还要解释一下"至善"这个词的来源。这个词是一个地道的汉语词汇。所谓"至善"乃极至之善,至善由至字和善字合成。"至,鸟飞从高下至地也。而至,下来也。到,至也。""极"的意思是尽头、极点,或者表示最、非常。"至善"的字面含义是最好或极好。"至善,犹今人言极好。"[2]作为伦理学的一个概念,至善指的是道德的最高境界。《大学》开篇有言:"大学之道,在明明德,在亲民,在止于至善。""追求至善是中国儒学的人生目标和最高理想。"[3]

在西文构词中,"善"(good)是一个原生性的概念,从"善"出发可以派生出至善(final good, ultimate good)、共善(common good)、主善(chief good)、普善(universal good)、全善(perfect good)、内善(intrisic good)、外善(extrinsic good)等派生性的概念。"至善"是

---

[1] 谢大任主编:《拉丁语汉语词典》,北京:商务印书馆,1988年,第70页。
[2] (宋)黎靖德编:《朱子语类》,卷14,北京:中华书局,1986年,第267页。
[3] 傅元吉:《人性缺陷与文化控制:现代危机根源探究》,北京:知识产权出版社,2011年,第243页。

"善"的最高级。而在希腊文中,ἀγαθόν的最高级变化形式不规则,写作ἄριστος, βέλτιστος, κράτιστος。

希腊文中表示"共同"和"公共"的语词是κοινός,它与ἀγαθόν合为一个词组,即为共善。"共善"常被中国学者视为英文词组"common good"的中译。从现代汉语新词的生成来看,"共善"也是一个地道的中国词。我们知道,在古汉语中,"共"与"公""同"意思相同。在与"私"相对的意思上,"共"即"公","共"即"同"。所以,"共善"即"公善""同善","共同善",无论这些汉字如何组合,其意相通,侧重点有所变化。现代汉语中的"共同"与"公共"是近义词。按现代汉语词典释义,"共同"的意思是"属于大家的,彼此都具有的,大家一起做的"。"公共"的意思是"属于社会的,公有公用的"。"共同"与"公共"的区别在于"公共"突出其共有性,而"共同"突出其同一性(一道,一起)。所以,与"善"组合,"公善"突出"善"的共有性,"共善"突出"善"的同一性。

与中文"公共"或"共同"的含义相符合的拉丁词有两个:(1)communis(e),释义为共同的,公共的,比如,"loca communia"(公共场所),"vita communis"(共同生活)。(2)publicus(a),释义为社会的、公共的、国家的,比如"sumptu publico"(公费),"publicus verba"(大众语言)。拉丁文表示"善"(好)的词是bonus(形容词),bonum(名词),它的意思有善、好、福利、利益、财产。"bonum publicum"译为"社会福利"或"社会公益"。

与中文"共同"含义相符合的英文是common(共同的,共通的,共有的,公共的,公众的),比如common market(共同市场,经济共同体),common welfare(公共福利)。与中文"公共"含义相符合的英文是public(公共的,公众的,公用的,人民的,社会的,国家的,政府的,公营的,公立的,公开的),比如,public affairs(公众事务),public debt(公债),public utility(公用事业)。英文表示"善"(好)的词是good,它的意思是善、好,但它的复数形式还有商品、货物的意思。common good 亦可译为"公益",或"公共利益"。

伦理这个词在希腊文中写作ἔθος,它的本义是风俗、习惯、个性、品性。这个希腊词转写形式为英文 ethic,它的复数形式 ethics。后来的伦理学也就是这个词。"道德"的拉丁语形式为 moralis,英文转写为 morale, morality。伦理学亦称"道德哲学"。伦理学是哲学的一个部门或分支。

希腊文中还有一个词与我们讨论伦理道德关系密切,这个词就是"美德"。"美德"这个词的希腊原文是ἀρετή,中文译成美德或德性。这个词在希腊文中的含义比中文要广,它不仅指人的优秀品质,而且也指任何事物的优点、长处和美好的本性。①

伦理学或道德哲学要研究许多问题:它要研究伦理本身,要讨论伦理道德的起源、本质、结构、层次、原则;它要研究道德规范,讨论人与人之间的关系、冲突、失范、评价、自由、权威、品质;它要研究道德实践,要讨论道德主体的意识、观念、情感、选择、觉悟、实践、价值。

二、希腊伦理思想的发生与发展

远古希腊人的道德生活与宗教密切相关。在一个人神共存的世界里,伦理的言说与宗教的言说几乎是一回事。"诗性教化者如荷马和赫西俄德都自觉自己在传达神的声音,叙述神的事(以及在众神目光下的人的生活)。神的言说在古代伦理中至关重要。在哲学家出场用各种理性方式解释和论证道德之前,伦理原则基本上呈现为宗教义务论型的(是神的命令,而不需要一大套理性论证来说服

---

① Cf. Liddell, H. G., and Scott, R., *Greek-English Lexicon*, p. 238.

人们接受)。"①敬畏宙斯,不要使他发怒,这是虔敬,是整个古希腊伦理的基本准则。宙斯的愤怒之所以可怕,在于这种愤怒实际上反映着全社会的道德义愤。

在赫西俄德的诗中,宙斯的形象是公正的神圣护卫者。宙斯的任务就在于镇压任何侵犯分配公正的狂傲之人,维护人间的公正。恶待求援者、乱伦、欺负孤儿、侮辱老父,等等,都会招致宙斯的愤怒与沉重的责罚。这些内容道出了他那个时代的普遍道德心态,也渗入到后来希腊自然学家的信念中,成为这一代思想家继承下来的文化遗产。比如阿那克西曼德说:"万物由之产生的东西,万物又消灭而复归于它,这是命运规定了的。因为万物在时间的秩序中不公正,所以受到惩罚,并且彼此互相补足。"(DK12A30)

希腊城邦社会形成之后涌现出来的早期希腊思想家对希腊伦理思想多有贡献,他们的现存残篇中有许多道德箴言和警句,涉及大量道德问题。根据这些材料,学者们以梭伦或毕达哥拉斯为希腊伦理学(道德哲学、伦理哲学)的开端。但他们同时也承认这些残篇零散、突兀而无论证。赫拉克利特、恩培多克勒,乃至于德谟克利特的道德箴言大体上也属于这种类型。智者普罗泰戈拉的残篇中没有道德箴言,但若以柏拉图《普罗泰戈拉篇》中的描述为准,那么我们可以看到希腊伦理神话型的言说转向逻辑型的言说。②智者虽然对传统的习俗和伦理有过尖锐的批判,但尚未完成这一转型。亚里士多德说:"苏格拉底忙于研究伦理问题而忽视了作为整体的自然界,只在伦理方面寻求普遍的东西,开始专心致志寻求定义。"③第欧根尼·拉尔修说:"阿凯劳斯是苏格拉底的老师。人们称他为自然哲学家,因为苏格拉底一引入伦理学,自然哲学就在他那里终结了。

---

① 包利民:《生命与逻各斯——希腊伦理思想史论》,北京:东方出版社,1996年,第45页。
② 参阅包利民:《生命与逻各斯》,第129页。
③ 亚里士多德:《形而上学》987b1。

看来阿凯劳斯本人也论及了伦理学,因为他讨论过法律、善和正义;苏格拉底从他那里接受了这一主题,将之发挥到了极致,因而被视作是它的创始人。"①黑格尔曾将希腊七贤的伦理思想作为一种道德哲学,同自然哲学一样,视为古希腊哲学史"开始期的纪念碑",②但也像他从谈论伊奥尼亚自然哲学开始谈论希腊哲学一样,一方面他认为他们有哲学思想,另一方面他认为,"起初的时候,实在还带着直接性的形式,只是潜在的思想"③。依据上述理由,我们把苏格拉底认定为希腊伦理学(或道德哲学)的真正开端,或希腊伦理反思型学说的显现。

苏格拉底对希腊伦理学的发展起着一种枢纽作用。"美德即知识"是苏格拉底伦理思想的基本命题。它表明美德的本性是知识,人的理智本性和道德本性是同一的。苏格拉底以前的哲学家使用过美德这个词,但没有一位对它作过伦理意义上的关注。苏格拉底将人在生活行为中表现的所有优秀善良的品质,如正义、自制、勇敢、智慧、友爱、虔诚等等都称为人的美德。"苏格拉底说,正义和其他一切美德都是智慧。因为正义的事和一切道德的行为都是美好的;凡认识这些的人决不会愿意选择别的事情;凡不认识这些的人也决不可能将它们付诸实践。所以智慧的人总是做美好的事情,愚昧的人则不可能做美好的事,即使他们试着去做也是要失败的。既然正义和其他美好的事都是美德,很显然正义和其他一切美德便都是智慧。"④亚里士多德解释说:"老苏格拉底认为,德性的知识乃是目的。他也探讨什么是公正、勇敢以及德性的每个部分。他的行为也很合理;因为他认为,一切美德都是知识,所以,认识公正与是公

---

① 第欧根尼·拉尔修:《名哲言行录》II.16。
② 黑格尔:《哲学史讲演录》第1卷,第163页。
③ 黑格尔:《哲学史讲演录》第2卷,第162页。
④ 色诺芬:《回忆苏格拉底》,第117页。

正的乃是同时出现的……"①苏格拉底同人讨论种种具体美德的定义,经过往复辩驳,最终都归结到这个基本命题。苏格拉底提出美德即知识,明确肯定了理性知识在人的道德行为中的决定性作用。从而赋予道德价值以客观性、确定性和规范性,这就在古希腊哲学中首次建立起一种理性主义的道德哲学。

苏格拉底认为,既然美德的共同本性是知识,人的理智本性贯穿在道德本性之中,美德就具有整体性和可教性。正义、自制、勇敢、友爱、虔敬等美德都是同质的,都是由人的理智本性体现为道德本性,它们是相互贯通、内在联系的整体。人可以通过学习获得美德,也可以通过教育改造社会状况。智慧和知识能力是人人皆有的天赋,有些人缺乏美德只是由于感觉的迷误和欲望膨胀,以至于扭曲了人的理智本性,所以通过知识教育和道德陶冶可以恢复他们的理智本性,培植美德。推广到社会,可以通过道德教育改善人的灵魂,匡正祛邪,使城邦生活确立在有严整规范的理性道德价值的基础上。

苏格拉底生前追随者甚多,难以计数。尽管他本人并没有建立学派的企图,但他的教诲影响了一批希腊哲学家。在他身后,他的弟子柏拉图和再传弟子亚里士多德构筑了博大精深的理性主义哲学体系,使希腊哲学达到光辉灿烂的全盛状态。苏格拉底的哲学变革具有开创性和探索性,内容丰富却尚未形成严密和确定的哲学体系。善是苏格拉底伦理思想的基本范畴,但只是一些比较抽象的规定,没有进一步具体阐发。苏格拉底的思想主要通过柏拉图发扬光大,但也有其他一些学生吸取和发挥苏格拉底思想的某些内容,或糅和其他哲学思想而自成学派,且有代代传人,产生持久影响。这些学派被称作"小苏格拉底学派",主要有麦加拉学派、昔尼克学派、

---

① 亚里士多德:《优台谟伦理学》1216b4—8,苗力田主编:《亚里士多德全集》第8卷,北京:中国人民大学出版社,1997年,第347页。

居勒尼学派。

西塞罗在《学园派哲学》中提到:"欧几里得,苏格拉底的学生,是麦加拉人(由于这个原因,这个学派被称为麦加拉学派);他们的学说是:至善只有一个,它永远是一,是相似,也是相同。这些思想家也从柏拉图那里拿来了很多东西。"①

昔尼克学派(the Cynic School)亦译为犬儒学派。它的创始人是苏格拉底的学生安提司泰尼(Antisthenes)。由于"他常常在白猎犬运动场的距离大门不远处与人交谈,因此有人认为犬儒学派就得名于白猎犬运动场。安提司泰尼本人也有个绰号叫纯种猎犬"②。安提司泰尼同苏格拉底一样崇尚理智。"他证明美德可教,高尚只属于有美德的人。他认为美德是自足的,足以保证幸福,因为除了苏格拉底的品格力量外,其他什么都不需要。他主张美德是一种行为,不需要许多词藻和学识;智慧的人是自足的,因为他拥有一切其他的善的东西;缺乏名誉同痛苦一样是善的;智慧的人在公众活动中不受人为的法律指导,只受美德指导。"③可以看出,安提司泰尼将智慧、善和美德视为一体,认为美德就是满足于节制、俭约和自律自足的生活。他认为,一个人只要有美德就够了,而物质生活越简单越好。为此他反复说:"我宁可成为疯子也不愿追求感官的愉悦。"④

安提司泰尼在伦理学上的建树虽然不多,但却开创了一种潮流。安提司泰尼主张善即顺应自然,因此要满足于最简单的生活需要,节制物质欲望。然而他自己并不能将此主张贯彻到底,因为他毕竟还有一个家。而第欧根尼则通过观察老鼠的生活方式体悟到了自己适应环境的方式。他披着一件斗篷,背着一个装食物的口袋,无论走到何处,想吃就吃,想睡就睡。他说自己夏天钻进大桶里

---

① Cicero, *Academica*, 2.129.
② 第欧根尼·拉尔修:《名哲言行录》VI. 12。
③ 第欧根尼·拉尔修:《名哲言行录》VI. 10。
④ 第欧根尼·拉尔修:《名哲言行录》VI. 3。

在滚烫的沙子上打滚,冬天则常常抱着盖满雪花的雕像,用各种方式使自己习惯艰苦生活。他有一天看到一个小孩用手捧水喝,便把水杯从口袋里拿出来扔了,还说:"一个小孩在生活俭朴方面打败了我。"①

第欧根尼是一个彻底的、极端的、纯粹的犬儒,是后世犬儒的典范。在他的影响下,犬儒学派的信徒奉行苦行主义,长发、赤足、身穿破烂不堪的短外套,肩背破皮袋,手里拿着一根象征权杖的木棍或拐杖。他们以乞食为生,随遇而安,渴了就喝点清水。白天在大街上、市场里、体育场等公共场合游荡,与人交谈或辩论,不时地把严厉的斥责、不失幽默的嘲笑、尖刻的讽刺,无情地抛向路人。晚上则睡在神庙、大街上,以天为被,以地为床。这个以反文明、反社会为其行为特征的昔尼克学派一直延续到罗马帝国。

居勒尼学派(the Cyrenaic School)的创始人是阿里斯提波(Aristippus),他在血统上属于北非希腊城邦居勒尼(Cyrene),该学派因此而得名。阿里斯提波大约生活于公元前435至前350年间。苏格拉底的名声吸引他去了雅典。他看来相当有钱,在苏格拉底的追随者中他第一个给老师送学费,但被退了回来。苏格拉底本人和苏格拉底的一些学生都不喜欢他,但他仍旧坚持己见,并与他们争辩,有自己的独立思想。在行为方式上,阿里斯提波奉行的原则与昔尼克学派的苦行正好相反。昔尼克学派主抛弃快乐和享受,以简朴顺应自然,而阿里斯提波则认为有理性的人应当在现实的人世中千方百计地追求个人的快乐和享受。在第欧根尼·拉尔修的相关记载中,奢侈、浪费、争辩、酗酒、嫖娼,构成了阿里斯提波的生活基调。

阿里斯提波的伦理原则是:快乐是善。在西方伦理学中,居勒尼学派最先论述了快乐论的基本原则,具有深远影响。第欧根尼·拉尔修没有单独讲述阿里斯提波的伦理思想,但提到了整个居勒尼

---

① 第欧根尼·拉尔修:《名哲言行录》VI.37。

学派所坚持的学说:"有两种状态,即快乐和痛苦,前者是一种和谐平畅的状态;后者是一种粗糙难受的状态。""快乐状态令人惬意,痛苦状态令所有的人反感。""快乐是一种内心体验,不能只归结为视听感觉,如我们愉快地听到摹仿呻吟的声音,而现实的呻吟是会引起痛苦的。""目的和幸福不是一回事。目的是特殊的快乐,幸福则是所有特殊快乐的总和。""即使快乐来自最不体面的行为,它也是善。因为即使行为是反常的,无论如何,其作为结果的快乐仍旧因其本身是可欲的,因而就是善的。"①阿里斯提波本人的生活方式确实也体现了他贪图享受、追求安逸的所谓快乐精神。但是在理解居勒尼学派的快乐主义时我们不能在一般的意义上把它理解为倡导肉体快乐的享乐主义。因为居勒尼学派的快乐主义有两个环节,一个是确定以快乐为基本原则,另一个是要求人们凭借精神的教养去获得快乐。快乐是原则,但这一原则只对有精神教养的人有效。这两个环节后来在伊壁鸠鲁主义中间有了更加清晰的表现。②

柏拉图有着相当系统的伦理思想。他对道德的起源和重要性作了深入的探讨。他对希腊社会的传统道德价值观作了系统总结。他指出,每个人都拥有一份正义感和一份公民美德。因为一个人不可能不拥有一份正义,否则他就不是人。美德是一切公民必须共享的东西,无论他选择学习和实践其他什么职业,美德必须进入每个人的行为;如果一个人缺乏美德,无论他是男人还是女人,或是儿童,都必须接受训导和矫正,直到通过惩罚改过自新,无论谁拒绝接受惩罚和训导,都必须被驱逐出城邦,或者被当作不可救药者处死。美德并非天生的或自然而然拥有的,而是通过学习和接受教育获得的,灌输或传授美德是可能的。可以说,柏拉图是当时主流伦理思想的集大成者。

---

① 第欧根尼·拉尔修:《名哲言行录》II. 87。
② 参阅黑格尔:《哲学史讲演录》第2卷,第132页。

希腊伦理学是由亚里士多德创立的。他提出了一种幸福论的伦理学。在亚里士多德看来,一切人事均有其目的,形成目的链,每件事的价值都要从它追求的目的中求得,整个目的链要有意义,必须要有尽头,这个终极目的就是幸福,幸福就是人事的终极目的。因为,首先人为了幸福本身而选择幸福;其次,幸福是自足的、完满的,不同幸福观的分歧的实质是人们对不同的生活形式的选择。"一切技艺与一切研究,一切活动与一切计划,总以某种好为目的;所以说'好'是一切事物所追求者,此言不虚。"(《尼各马可伦理学》1094)"每一个能按照自己的选择而生活的人,都应当确立其美好生活的目标——或是荣华,或是名望,或是财富,或是教养,他的一切作为,都应朝向这个目标。"

亚氏伦理思想的主要代表作为《尼各马可伦理学》,亚里士多德的伦理学与政治学关系十分密切。伦理学与政治学,二者都属于关于人的幸福的实践科学,研究什么是幸福,幸福由何种作为组成,如何才能幸福。伦理学告诉我们何种生活形式对幸福是必要的,政治学告诉我们何种政体能产生并保护这种生活形式。我们在以后各讲中还会不断地涉及亚里士多德的相关思想。

三、求善的历程

在希腊人的思想中,善有不同的种类,也有不同的等级。希腊人对善的追求,最后趋向于至善,也扩展于共善。

荷马时代的希腊人虽未具备理性思维能力,但显然已有"好"和"善"的观念,懂得要追求最好的东西。"荷马史诗"中大量使用好(善)这个词汇的最高级来形容各种各样的事物,《伊利亚特》中使用了75次,《奥德修记》中使用了82次,分别用来修饰人、儿子、男子、女子、英雄、战士、行家、把式、同伴、战将、战马、办法、选择、名声、结局、壮牛、肉猪、海船等等事物。

德谟克利特已经有了共善的观念。他说:"国家的利益应该放在超乎一切之上的地位上,以使国家能治理得很好。不应该让争吵过度以致失去公道,也不应该让暴力损害公共的善。因为一个治理得很好的国家是最可靠的庇护所,其中有着一切。如果它安全,就一切都安全;而如果它被毁坏,就一切都被毁坏了。"[1]"明智的用钱可以是很大方而对人民有利的,至于不明智的用钱则是一种对公共的善毫无利益的阔绰。"[2]由于善的多义性,这两段残篇中的"公共的善"可解为公共财产或公共利益。

柏拉图说:"一切认识善的生灵都会寻求善,渴望成为善的。"[3]"美德就是一种对好事物的向往和获得它们的能力。在这个定义中,这种向往对每个人来说都是共同的,在这方面没有人比他的邻居更好。"[4]柏拉图在这里把人人向往的善确定为共同的善,真可谓"恻隐之心,人皆有之"。"柏拉图伦理学的特质,以及它超越希腊现实生活方式的倾向性,就在于个人生活对于政治共同体之目标的彻底服从。"[5]

强调共善亦是柏拉图政治、社会思想的特色。柏拉图说:"我们的立法不涉及这个国家中某个阶层的具体幸福,而是想要为整个城邦造就一个环境,通过说服和强制的手段使全体公民彼此协调合作,要求他们把各自能为集体提供的利益与他人分享。这种环境本身在城邦里造就这样的人,不是让他们随心所欲,各行其是,而是用他们来团结这个共同体。"[6]他实际上指出,个人总是生活在某个共同体中,共同体的每一个成员必须维护共同体的利益。共同体成员

---

[1] 北京大学哲学系外国哲学史教研室编译:《古希腊罗马哲学》,北京:商务印书馆,1962年,第120页。
[2] 同上书,第123页。
[3] 柏拉图:《斐莱布篇》20d。
[4] 柏拉图:《美诺篇》78b。
[5] 文德尔班:《古代哲学史》,第191页。
[6] 柏拉图:《国家篇》520a。

固然有其自身利益,但若他只想从其他人和共同体那里得到利益,共同体就无法存在下去,其成员也就无法从共同体获得利益。公共利益是善的,公共利益就是共善;维护公共利益是善的,这种善行是共同体成员必须奉行不悖的;共善就是共同体成员必须奉行的道德评判的标准。

亚里士多德对共善的讨论也很深入。他说:"我们看到,所有城邦都是某种共同体,所有共同体都是为着某种善而建立的,很显然,由于所有的共同体旨在追求某种善,因而,所有共同体中最崇高、最有权威、并且包含了一切其他共同体的共同体,所追求的一定是至善。这种共同体就是所谓的城邦或政治共同体。"① 在他看来,一切人的行为都是为了自己所认为的善,当所有成员都在追求某种共同的善的时候,这种群体就可以称为共同体。因此,共善是共同体的目的,而共同体是实现共善的手段。

西塞罗也是共善的拥护者和倡导者。他认为国家就是共同体,共善(共同的利益)是共同体的目标,也是共同体形成的原则。"把个人利益与整个国家的利益融为一体,应当是所有人的主要目标。如果个人把本应用于公共福利的东西用于各种自私的目的,那么人与人之间的伙伴关系就会全部被摧毁。"②"我们天生拥有一种与我们的同胞过社会生活的倾向,由此整个人类结成团体和共同体。""我们应当热爱共同体的利益超过热爱我们自己的利益。""打算担任政府公职的人不应忘记柏拉图所说的两条戒律:第一,一切行动都要符合人民的利益,不计较个人的得失;第二,考虑整个政治共同体的利益,不要为了某个派别的利益而扣害其他人的利益。"③

我们看到,至善与共善均从善中派生而来。至善具有形上学的

---

① 亚里士多德:《政治学》1252a1—6,苗力田主编:《亚里士多德全集》第9卷,第3页。
② Cicero, *De Officiis* (On Duties), 3.6.
③ Cicero, *De Officiis* (On Duties), 1.25.

内涵,指向人生,指向来世,指向未来;共善则具有政治学的内涵,指向社会,指向现世,指向当下。

至善与共善又是密切关联的。中外许多思想家在特定语境下把共善当作至善的同义词。奥古斯丁指出:上帝就是"万物之共善",其他一切被造物不可能以自我为善,"从而脱离对他们和一切事物来说共有的善,拥抱他们自己个别的善"①。托玛斯·阿奎那说:"每一个个体自然是为了整个宇宙公共的善,而以自然欲望或追求或爱它自己的善;而宇宙的公共的善即是天主。"②康德解释了至善这个概念的含义,至善就是最高的、完满的善。③"人的本性的使命就是追求至善。"④现世的至善是德性和幸福的统一。"那至上的善(作为至善的第一个条件)构成德性,反之幸福则……构成至善的第二个要素……"⑤为了给现世的至善提供本体性的根据,康德将其本源归于上帝,而将其表现解释为人类共同的善(伦理共同体)。在此语境中,共善就是至善。至善必臻于共善。我们或可说,至善的真意在于共善。

至善这个概念在文化学研究中有广泛的应用,乃至于成为某类文化的标识。"所谓至善主义,是这样一种哲学或文化,它的真正目的是为了实现人类的幸福,但是它却对此有意隐藏起来并不倡导和宣扬,而是明确坚定地宣扬——生命的意义在于追求人格的至善和社会的正义(社会的至善)。这种文化把追求善和正义作为人生和社会的最高目标。"⑥社会的至善实际上就是共善。

近年来,随着共同体问题的探讨,学界对共善概念的使用愈显

---

① 奥古斯丁:《上帝之城》,第492页。
② Aquinas T., *Summa Theologica,* Dominicans, English Province., tr. Westminster, Md.: Christian Classics, 1981:I.II.
③ 康德:《实践理性批判》,邓晓芒译,北京:人民出版社,2003年,第151页。
④ 同上书,第200页。
⑤ 同上书,第163页。
⑥ 傅元吉:《人性缺陷与文化控制——现代危机根源探究》,第50页。

频繁。在研讨"共同体"的语境下,共善指的是各种共同体内普遍存在的善。通过对中外词源和词义的探究我们可以看到,共善概念的基本内涵恰恰就是共同利益和最高德性。共同利益是共同体存在的基础,最高德性是共同体追求的最高目标(至善)。伦理学研究历来将善视为核心概念,将善恶问题视为伦理学的基本问题。但细究下来,善的问题从一开始就与共同体密不可分,处于伦理学核心地位的实际上不是一般的善,而是共善或共同利益。通过对共善概念的剖析,我们可以更好地推进有关共同体的研究。

共善概念包含多个层面的伦理意义:首先,共善是共同体及其成员的目标,个人必须在共同体中生活,并在此过程中形成心理上的共生共存感,共同体的成员应当以共善为自身的终极目标与价值;其次,共善是个体利益与群体利益的有机结合,共同体要倡导一种由相互信任、合作和利他主义为标志的价值观;第三,共善是一种社会伦理规范,可以用来引导共同体成员偏好,规定共同体的生活方式。止于至善,成于共善!

扫一扫,观看讲座视频

第10讲
求仁：人文主义

人文主义（humanism）一词兼具人道主义、人本主义、人文精神、人文关怀等多重含义。

我们说，人文精神是一种普遍的人类自我关怀，表现为对人的尊严、价值、命运的维护、追求和关切，对人类遗留下来的各种精神文化现象的高度珍视，对一种全面发展的理想人格的肯定和塑造；它关注的是人类价值和精神表现。人之所以是万物之灵，就在于它有人文，有自己独特的精神文化。在这一讲中，我们通过了解古代希腊的人文主义思想，来领略希腊人的求仁精神。

一、相关语词释义

我们先来看看汉语中间"仁"这个词的意思。《说文解字注》的作者说："仁，亲也。从人从二。"《古汉语常用字字典》解释说，仁有以下几个意思：（1）对人亲善、仁爱。"爱人利物之谓仁。"（2）果核中可别吃的部分。"杏仁。"仁是人的最根本的道德品质。所以，仁者为人。"仁者爱人。孝悌也者，其为人之本也。"（《论语》）"仁眇天下，故天下莫不亲也。"（《荀子·王制》）"仁者无敌。"（《孟子·梁惠王上》）[①]

[①] 《古汉语常用字字典》，第243页。

正是在仁者为人的意义上,我们这一讲主要讲述古希腊的人文主义思想,考察古希腊民族的人文主义精神。人在希腊文中写成ἄνθρωπος,复数形式ἄνθρωποι。

那么人文又是什么意思呢?人文一词源于《易经》"观乎人文以化成天下"。这句话的意思是说,统治者必须把握现实社会中的人伦秩序,使人们的行为合乎文明礼仪,并由此而推及天下。通过学习文化把自然人变成理想人。人文一词,在汉语里与天文相对,是指区别于自然现象及其规律的人与社会的事务,其核心是贯穿在人们的思维与言行中的信仰、理想、价值取向、人格模式、审美情趣,亦即人文精神。

广义的人文主义指强调人的地位与价值、关注人的精神与道德、重视人的权利与自由、追求人的旨趣与理想的一般主张。狭义的人文主义在中国学术界的大多数语境中指的是从文艺复兴时期开始延续至今的一种思潮或思想派别。人文精神与科学精神并非两种对立的精神,自然科学和技术本身也并不排斥人文精神。科学追求的目标或要解决的问题是研究和认识客观世界及其规律,是求真;人文所追求的目标或所要解决的问题是满足个人和社会需要的终极关怀,是求善。

人文学科,是指哲学、语言学、文学、艺术、历史学、考古学、神话学、文化学、宗教学等这样一些学科。人文学科总是要设立一种理想人格的目标或典范。人文学科引导人们去思考人生的目的、意义、价值,去追求人的完美化。人文学科的主要目标是发展人性,完善人格。

二、希腊神话中的人

希腊神话故事就已反映出古希腊人对人的思考。首先,人是从哪里来的。有一则故事说普罗米修斯造人。普罗米修斯聪慧而睿智,知道天神的种子蕴藏在泥土中。此时,天和地已经被创造出来,大海波浪起伏,鱼儿在水里嬉戏,鸟儿在空中歌唱。大地上动物成群,但人还没有诞生。普罗米修斯捧起泥土,用河水把它沾湿调和起来,按照世界的主宰,即天神的模样,捏成人形。为了赋予泥人以生命,普罗米修斯从动物的灵魂中摄取了善与恶两种性格,封进人的胸膛。智慧女神雅典娜,惊叹普罗米修斯的创造物,于是朝着具有动物灵魂的泥人吹起了神气,使它获得了灵性。这样,第一批人在世上出现了,他们繁衍生息,不久形成了一大群,遍布各处。

人起初不知道怎样使用四肢,也不知道怎样使用神赐的灵魂。于是,普罗米修斯便来帮助人,教他们观察日月星辰的升起和降落;为他们发明数字和文字,让他们懂得计算和用文字交换思想;还教他们驾驭牲口,让他们懂得给马套上缰绳拉车或作为坐骑。他发明了船和帆,让他们在海上航行。普罗米修斯关心人类生活中其他活动。从前,生病的人不知道用药物治病,不知道涂药膏或服药来减轻痛苦,许多病人因缺医少药而悲惨地死去。普罗米修斯教会他们调制药剂来防治各种疾病。另外,他教会他们占卜,圆梦,解释鸟的飞翔和祭祀显示的各种征兆。他引导他们勘探地下的矿产,让他们发现矿石,开采铁和金银。他教会他们农耕技艺,使他们生活得更舒适。

希腊神话中还讲远古人类的五个时代。第一个时代是黄金时代。神创造的第一代人是黄金的一代。这代人生活得如同神一样,无忧无虑,没有繁重的劳动,也没有苦恼和贫困。大地给他们提供了各种各样的硕果,丰盛的草地上牛羊成群,他们平和地从事劳动,几乎不会衰老。当他们感到死期来临的时候,便沉入安详的长眠之中。当命运之神判定黄金的一代人从地上消失时,他们都成为仁慈的保护神,在云雾中来来去去,他们是一切善举的施主,维护法律和正义,惩罚一切罪恶。

第二个时代是白银时代。神用白银创造了第二代人类。他们在外貌和精神上都与第一代人类不同。娇生惯养的孩子生活在家中,受到母亲的溺爱和照料。等到孩子步入壮年时,他们的一生只剩下短短的几年了。放肆的行为使这代人陷入苦难的深渊,因为他们无法节制他们激烈的感情。他们尔虞我诈,肆无忌惮地违法乱纪,不再给神祇献祭。当然,这个种族也不是一无是处,所以他们荣幸地获得恩准,在终止生命以后,可以作为魔鬼在地上漫游。

第三个时代是青铜时代。神创造了第三代人类,即青铜的人类。他们残忍而粗暴,只知道战争,总是互相厮杀。他们专吃动物的肉,不愿食用田野上的各种果实。他们顽固的意志如同金刚石一样坚硬,人也长得异常高大壮实。他们使用的是青铜武器,住的是青铜房屋,用青铜农具耕种田地,因为那时还没有铁。他们不断进行战争,可是,虽然他们长得高大可怕,然而却无法抗拒死亡。他们离开晴朗而光明的大地之后,便降入阴森可怕的冥府之中。

第四个时代是英雄时代。宙斯神又创造了第四代人。这代人住在肥沃的大地上,他们比以前的人类更高尚,更公正。他们是英雄的一代人,即古代所称的半神的英雄们。可是最后他们也陷入战争和仇杀中。当他们在战争和灾难中结束了在地上的生存后,宙斯把他们送往极乐岛。极乐岛在天边的大海里,风景优美。他们过着宁静而幸福的生活,富饶的大地每年三次给他们提供甜蜜的果实。

第五个时代是黑铁时代。人类的第五代是黑铁制成的!他们彻底堕落,彻底败坏,充满着痛苦和罪孽;他们日日夜夜地忧虑和苦恼,不得安宁。神不断地给他们增添新的烦恼,而最大的烦恼却是他们自身带来的。父亲反对儿子,儿子敌视父亲,客人憎恨款待他的朋友,朋友之间也互相憎恨。人间充满着怨仇,即使兄弟之间也不像从前那样坦诚相见,充满仁爱。白发苍苍的父母得不到怜悯和尊敬。老人备受虐待。啊,无情的人类啊,你们怎么忘了神祇将要给予的裁判,全然不顾父母的养育之恩?处处都是强权者得势,欺诈者横行无忌。正直、善良和公正的人被践踏;拐骗者飞黄腾达。

权利和克制不再受到敬重。恶人侮辱善人,他们说谎话,用诽谤和诋毁制造事端。这就是这些人如此不幸的原因。从前至善和尊严女神还常来地上,如今也悲哀地离开了人间。这时候,留给人类的只是绝望和痛苦,没有任何的希望。

宙斯不断地听到这代人的恶行,决定扮作凡人降临到人间去查看。他来到地上后发现情况比传说中的还要严重得多。宙斯回到奥林匹斯圣山。他与诸神商量,决定根除这一代可耻的人。他正想用闪电惩罚整个大地,但又担心天庭会被殃及,宇宙之轴会被烧毁。于是,他放弃了这种粗暴报复的念头,放下独眼神给他炼铸的雷电锤,决定向地下降下暴雨,用洪水灭绝人类。这时,除了南风,所有的风都被锁在埃俄罗斯的岩洞里。南风接受了命令,扇动着湿漉漉的翅膀直扑地面。南风可怕的脸黑得犹如锅底,胡须沉甸甸的,好像满天乌云。洪涛流自他的白发,大水从他的胸脯涌出。南风升在空中,用手紧紧地抓住浓云,狠狠地挤压。顿时,雷声隆隆,大雨如注。暴风雨摧残了地里的庄稼。农民的希望破灭了,整整一年的辛劳都白费了。宙斯的弟弟,海神波塞冬也不甘寂寞,急忙赶来帮着破坏,他把所有的河流都召集起来,说:"你们应该掀起狂澜,吞没房屋,冲垮堤坝!"他们都听从他的命令。波塞冬亲自上阵,手执三叉神戟,撞击大地,为洪水开路。河水汹涌,势不可挡。泛滥的洪水涌上田野,犹如狂暴的野兽,冲倒大树、庙宇和房屋。水势不断上涨,不久便淹没了宫殿,连庙堂的塔尖也卷入湍急的漩涡中。顷刻间,水陆莫辨,整个大地一片汪洋,无边无际。

大地全被淹没,只有一座高山的两个山峰露出水面,这就是帕耳那索斯山。普罗米修斯的儿子丢卡利翁事先得到父亲的警告,造了一条大船。当洪水到来时,他和妻子皮拉驾船驶往帕耳那索斯。

被创造的男人和女人再也没有比他们更善良、更虔诚的了。宙斯平熄了怒火,唤来北风,驱散了团团乌云和浓浓的雾霭,让天空重见光明。树梢从深水中露了出来,树叶上沾满污泥。群山重现,平原伸展,大地复原。丢卡利翁和皮拉看到周围一片荒芜泥泞,没了主意,只好来到圣坛前跪下,恳求女神忒尔弥斯告知该如何创造已经灭亡了人类。女神说:离开我的圣坛,戴上面纱,解开腰带,然后把你们母亲的骸骨扔到你们身后去!

丢卡利翁领悟了,对妻子说:如果我的理解没有错,那么女神的命令意思是:大地是我们仁慈的母亲,石块一定是她的骸骨。皮拉,我们应该把石块扔到身后去!他们转过身子,蒙住头,再松开衣带,然后按照女神的命令,把石块朝身后扔去。奇迹出现了:石头突然不再坚硬、松脆,而是变得柔软、巨大,逐渐成形。石头上湿润的泥土变成了一块块肌肉,结实坚硬的石头变成了骨头,石块间的纹路变成了人的脉络。丢卡利翁往后扔的石块都变成男人,而妻子皮拉扔的石头全变成了女人。直到今天,人类并不否认他们的起源和来历。这是坚强、刻苦、勤劳的一代。人类永远记住了他们是用什么东西造成的。

从这些神话故事中,我们可以看出古代希腊人对人的几点基本看法:(1)人起源于神;(2)人的形体是土,人的灵魂是神的气息;(3)人的幸福之本在于拥有神,人类灾难的根源在于不敬神,被神抛弃。

哲学诞生以后,早期哲学家仍旧用自然的眼光对人进行观察,得出了一些很有趣的看法。

阿那克西曼德说,人是从另一种动物产生的,实际上就是从鱼产生的,人在最初的时候很像鱼。赫拉克利特说,人的心没有智慧,神的心则有智慧。在神看来人是幼稚的,就像在成年人看来儿童是幼稚的一样。最美丽的猴子与人类比起来也是丑陋的。最智慧的人和神比起来,无论在智慧、美丽和其他方面,都像一只猴子。毕达哥拉斯学派说,人类与神灵是亲戚,因为人类分享了热元素,神灵之所以眷顾人类,原因就在于此。克塞诺芬尼说,一切都从土中生,一切最后都归于土,我们都是从土和水中生出来的。巴门尼德说,人是从土中生的,灵魂由冷、热、干、湿四种元素的等量部分构成。恩培多克勒说,当人类从土中生出来的时候,太阳走得很慢,一天的时间有十个月这么长。今天的人与最初的人比起来好像儿童。德谟克利特说,人是从地里出来的,就和虫子之类产生的方式一样,并不是被创造出来的,也没有什么特别的理由。

三、古代人文主义思潮

人文主义思想的产生需要具备一些基本的条件。经济要发展到一定程度,使部分社会成员有可能脱离物质生产劳动,专门从事精神文化的创造;政治要采取比较民主的形式,使公民能够享有同等的权利;宗教要比较人性化,对民众的精神控制要相对比较宽松,给个人的思想自由留下较大的空间;社会要有较大的宽容度,使不同的思想观点能够共存。从世界历史的发展来看,希腊民族最先具备了这些条件,因此在古代各民族中,人文主义思想最先出现在希腊。而在希腊诸城邦中,雅典是首席代表,是希腊人文精神表现最集中的地方。

我们看到,公元前8世纪的时候,雅典完成了阿提卡地区的统一。以后历经提秀斯、梭伦、克利斯提尼等政治家推行的改革,废除王政和贵族统治,确立了以平民占主导地位的民主政制,在雅典迎来了古典时代的繁荣。伯里克利说:"我们的政治制度不是从我们邻人的制度中模仿得来的。我们的制度是别人的模范,而不是我们模仿任何其他人的。我们的制度之所以被称为民主政治,因为政权是在全体公民手中,而不是在少数人手中。"[1]具有"主权在民"和"公民参政"两大特色的政治体制是古希腊人留给全世界的宝贵遗产,至今已是世界政治制度的主流。这样的政治方式是人文思想产生

---

[1] 修昔底德:《伯罗奔尼撒战争史》,第130页。

的土壤和温床。

我们还看到,雅典的整个社会氛围在进入古典时期以后变得较为宽容。伯里克利的葬礼演说词中有这样的话:"我们日常生活中的人际关系,一如我们的政治生活,也是自由的、开放的。我们绝不干涉邻人自行其乐。我们在私生活上是自由而容忍的,但是在公众事务上,我们则依法行事。每当工作完毕,我们就可以享受各种娱乐身心的活动……我们家里有使我们天天快乐、并为我们驱除忧愁的美好事物。我们爱美,却不流于铺张浪费,我们爱好心灵活动,却不流于怯懦……至于贫穷,这是不足以为耻的,真正可耻的是不实际设法去避免它。我们交友之道不在于求人施惠,而是要善待别人。如此我们的友谊就更可靠……每一位公民都能做自己的主宰,而且,很得体,很干练地处理日常生活的诸多问题。"①

由此可见,雅典社会奉行三条原则:第一,公共生活由法律来保障,私人生活享有最大程度的自由,尊重个人的人格,允许他人自寻快乐,不因其异己而予以指责,只要不妨害邻人,每个人可以有自己的信念,随心所欲地做事;第二,鼓励公民树立健全和均衡的理想,鼓励公民的个人实现,让工作和娱乐服务于公民身心均衡发展;第三,公民个人的独立自主,凭个人能力处理自己的事务,通过自我约束管理自己,不需要他人来指使我们循规蹈矩。

政治上如此,宗教上也如此。古希腊有多种宗教,但与其他民族的宗教相比,希腊宗教中的崇拜对象相当人性化,是神人同形同性论的。这是希腊比较容易产生人文思想的又一原因。在希腊古典时代,古希腊人以理性为尺度研究自然、社会和人生,不仅创造了光辉灿烂的古典文化,而且为西方科学和哲学传统奠定了基础。古希腊人创造的哲学、史学、文学、科学、艺术、戏剧,这些东西从本性上来说,无一不是人性的展现。通过这样的精神活动,希腊人展现

---

① 修昔底德:《伯罗奔尼撒战争史》,第130页。

着自己的人性及潜能。随着希腊社会的进化,理性思想渗入了整个社会和文化的发展中,建筑脱离了原始的宗教范畴而发展为复杂的形式;雕塑摆脱了庙宇模式转而崇尚自然主义和对称协调;政治生活从王政和僭主制转向对民主的理性尝试。

古希腊人强调人的尊严,肯定人的欲望,张扬人的个性,认为可以用教育(paedeia)来塑造和推动人的个性朝着正确的方向发展。古典时期的哲学家们讨论教育的目标与方法,提出知识的发展、品德的培养、实用技术的训练、抽象科学的促进,应以何为主的问题,哲学家们一致同意,教育应予以最大的重视。古希腊教育的根本目标就是培养身心和谐发展的人才,体育是教育体系中使受教育者精神健全、道德完善和体魄强健的主要手段。它在人类历史上首先明确提出了人的全面发展的主张。受过教育的人比未受教育的人高明在哪里?希腊哲学家阿里斯提波的回答是:"如同驯服的马和未驯服的马,受过教育的人,即使学不到其他有用的东西,当他在戏院里看戏时,至少不会像一块石头。"亚里士多德对这个问题的回答是,"犹如一死一活"。

"希腊人的生活与思想之能如此丰富充实,其秘密在于希腊人认为:人是认识万物的尺度。"① 那么这个思想是由谁提出来的呢?智者普罗泰戈拉。

我们知道,"智者"的原义在荷马时代指拥有某种能力和技艺的人,如造船工、驭手、卜者、雕刻匠等。后来成为一批以收费授徒为职业的巡回教师的专有名称。"智者"这个名称的意思是——有智慧的人,由于受到苏格拉底、柏拉图的批判,这个名称一度被译为"诡辩家"。

我们看到,从智者开始,希腊哲学的中心议题有了转向:从自然

---

① 威尔·杜兰:《希腊的黄金时代》,《世界文明史》第六卷,台北:幼狮文化公司,1974年,第70页。

转向人和社会。亚里士多德说:"这个时期人们放弃了对自然的研究,哲学家们把注意力转向政治科学和有益于人类美德的问题。"①黑格尔认为从智者和苏格拉底开始将"绝对"设定为主体,进入了主观反思阶段。②文德尔班在《哲学史教程》中认为以智者为标志,希腊哲学"走上了人学的道路,或者说走上了主体性的道路:研究人们的内心活动,研究人们的观念和意志力。"③格思里在《希腊哲学史》的导言中也认为从智者和苏格拉底开始,哲学研究的兴趣"从宇宙转向人,从宇宙论和本体论的有吸引力的理性问题转向更迫切的人生事务和行为的问题"④。

这一重大转折的根源在于时代的巨变。取代了氏族制的新型共同体城邦的民主制度,在古典时期迅速发展完善起来;希波战争的胜利使希腊人得到成长,雅典成为全希腊的政治、经济和文化的中心。雅典城邦民主制度的高度发展保证了它的公民享有政治自由权利,促进了他们能力的高度发挥。公民们积极投身于各种公私事业,自由的讨论促使他们产生了历史的自觉和思想的自觉。以普罗泰戈拉、高尔吉亚和安提丰为代表的一大批智者可以说是希腊古典时期人本主义思潮的开创者。

普罗泰戈拉堪称智者的首席代表。他是德谟克利特的同乡,阿布德拉人。有记载说普罗泰戈拉早年在德谟克利特门下学习,从30岁开始从事智者的职业,长达40年。他的主要活动地点在雅典,享有盛誉,拥有众多追随者。在雅典期间他与伯里克利结为挚友,他们俩曾就标枪致人丧命的事辩论了一天。伯里克利的两个儿子都跟从普罗泰戈拉学习治理城邦的知识和演讲、诉讼的技艺。公元

---

① 亚里士多德:《论动物部分》642a28—29,苗力田主编,《亚里士多德全集》第5卷,北京:中国人民大学出版社,1997年,第12页。
② 黑格尔:《哲学史讲演录》第1卷,第171页;第2卷,第3、151页。
③ 文德尔班:《哲学史教程》上卷,第97页。
④ Guthrie, W. K. C., *A History of Greek Philosophy*, vol. 1, p. 8.

前430—前429年雅典发生大瘟疫期间,普罗泰戈拉亲眼看到伯里克利在两个儿子死于瘟疫时表现出来的镇静自若。关于他的死因,有记载说他在雅典宣读他的著作《论神》,受到渎神的指控,被逐出雅典,在逃亡途中溺海而死。(DK80A2)

普罗泰戈拉最著名的哲学命题——人是万物的尺度——由柏拉图保存下来。在柏拉图的《泰阿泰德篇》中,对话人泰阿泰德和苏格拉底讨论什么是知识。泰阿泰德说了"知识就是感觉"的观点以后,苏格拉底说:"你提出的关于知识性质的解释无论如何都不会被轻视。你的解释与普罗泰戈拉的解释是一样的,只不过叙述方式有些不同。他说,你要记住,'人是万物的尺度,是存在的东西(如何)存在的尺度,也是不存在的东西(如何)不存在的尺度。'无疑,你读过这段话。"(152A)普罗泰戈拉的这句原话被第尔斯辑为普罗泰戈拉残篇第一条。(DK80B1)在后续的对话中,柏拉图还为普罗泰戈拉设计了一番辩护性的解释:"我确实像我在著作中写的那样,肯定这是一条真理。我们每个人都是存在的东西与不存在的东西的尺度,但是,这个世界上的这个人与那个人之间全是有区别的,这正是因为存在并对某人呈现的东西与存在并对另一个人呈现的东西是不一样的。"①

普罗泰戈拉的这个命题历来受到学者们的重视,值得我们进一步理解。命题中的"人"是个类名词,它形式上是单数,但它既可指个别的人,也可以指整个人类,就好像英文中的man。尽管普罗泰戈拉时代还没有种、属和个体的区分,但从柏拉图、亚里士多德等古人对普罗泰戈拉对命题的理解来看,该命题中的人指的是个人,是这个人或那个人。命题中的"尺度"一般都解作"标准",亚里士多德说除了度量尺度和标准外,这个词还可以理解为知识或认识的标

---

① 柏拉图:《泰阿泰德篇》166d。

准。①命题中的"存在"我们在前面巴门尼德哲学中已经遇到过了。它在这段残篇第一次出现时没有任何疑问,作系动词"是"解;第二次和第三次出现时可作"存在"解,也可作"是"解;有后续词时作"是"解,无后续词时作"存在"解。命题中的"存在"和"不存在"之前有一关系代词"如何",如果删去这个词,意思就有一些差别,前者是"存在或不存在",后者是"如何存在或如何不存在"。前者的重点是做出一个性质判断,后者的重点则在于方式,如何存在,如何不存在。从柏拉图的解释看,该命题的原意贴近后者。柏拉图在引述了普罗泰戈拉的命题以后接着说:"他的意思岂不是在说,你我都是人,因此事物对于我就是它向我呈现的样子,对于你就是它向你呈现的样子。"(152A)接下去他又以风为例:"让我们来了解一下他的意思吧。有时候一阵风吹来,我们中间的一个人感到冷,另一个人感到不冷,或者一个人感到有点冷,而另一个感到非常冷。"(152B)普罗泰戈拉的看法不是"风本身是冷的或不冷的",而是"风对于感到冷的人来说是冷的,风对于感到风不冷的人来说是不冷的。"(152B)所谓"呈现"就是"感觉到",所谓"感觉到"就是"存在"。"感觉总是对于存在的感觉,作为知识,它是无误的。"(152C)由此可见,普罗泰戈拉命题的具体含义是:每一个人的感觉和体验是判断事物的标准;对于我来说,事物就是向我呈现的那个样子;对于你来说,事物就是向你呈现的那个样子;我就是对我而言的存在的事物的判断者,也就是对我而言不存在的事物的不存在的判断者。

普罗泰戈拉的这个命题不是在讨论某种自然现象,而是与其全部学说密切相关,集中表达了他的认识论和真理观。他对真假和知识发表了独特的见解:无论是论辩、诉讼、正治,双方的议论、命题或体验,如果从真假考虑,都是真实的,无所谓假,目标只是要寻求好的,对己有益的方面。所谓知识就是教人在相反的命题中发现和追

---

① 亚里士多德:《形而上学》1053a31。

求好的、有益的命题。从智者运动的整个理论和实践来说,普罗泰戈拉所表述的原则正是智者运动的理论基础和指导思想,也是智者运动的实践概括。

普罗泰戈拉的命题具有感觉主义和相对主义的特征。智者们研究的主要对象是社会现象和社会问题,他们思考问题的角度、观察问题的方法以及认识事物的目的都不同于以往的自然哲学家。着眼于现实,追求眼前对自己有用的能实现的目标,置价值考虑于真假问题之上,这是他们的共同特点。由此提炼出的以价值目标为核心的感觉主义、相对主义和怀疑论是他们的哲学思维的最高准则。格思里说:"我们可以做出结论,普罗泰戈拉持极端的主观主义立场,按照这种意见在感觉背后不存在任何不依存于感知的实在;感觉和存在没有什么差别,人们是各自的印象的裁判者。"①

然而,该命题所具有的历史作用我们仍旧要放回到曾罗泰戈拉所处的时代中去作评价。在普罗泰戈拉生活的时代,希腊人还普遍处在原始宗教的统治之下,把神视为万事万物的尺度。而普罗泰戈拉的命题意味着希腊人已经开始看到在人生和社会这个舞台上,人才是中心。人为自己制定习俗、法律、伦理规范、生活准则,并且有资格对此发表意见、加以褒贬、做出裁决。人类第一次意识到自己是自己所属的城邦与社会的审判者,自己有资格有力量也有权力重新规范自己和城邦的生活。这是人类在原始宗教统治下的第一次觉醒。普罗泰戈拉是西方人文主义的先驱。

从公元前6世纪至公元前4世纪中叶的希腊古典文明,是西方文化奠立根基、首次全面昌盛的时代。从小亚细亚和南意大利的某些殖民城邦开始,而后在以雅典为中心的希腊本土吹开文化领域的百花,文明的种子到处播撒,又使整个希腊罗马世界,以及罗马帝国初期的古代文明灿烂辉煌。

---

① Guthrie, W. K. C., *A History of Greek Philosophy*, vol. 1, p. 186.

在人道的意义上,希腊的人文主义开创了西方人道主义之先河,这是希腊人给世界文明留下的思想遗产;在人本的意义上,希腊思想家创造了以人为本之思想模式,批判了传统宗教对民众的束缚,力图探索一种理性宗教,充分肯定了人的价值和能力;而在人文的意义上,希腊人以教育改造人性的模式至今仍是全球文明发展的重要理想。

希腊文化的繁荣是后世近代人文主义的思想预演,现代人类所接受的一切社会制度和价值尺度在那时都已经有了萌芽和胚胎。然而,即使是在古代文明繁荣昌盛之时,类似现代社会般的道德宿命也同样显露出来。希腊的人文主义的优点在于能够促进个人的全面发展,使人的能力全面提高;其缺点则是,缺乏信仰的约束力,使社会公德与个人私德沦丧。希腊的传统宗教没有发挥好维持社会公德的功能。公元前5世纪的雅典人已不是道德的楷模;知识的进步已使他们之中的许多人脱离了其伦理传统,并且将他们转变为不道德的人。他们很少有利人的观念,很少想到要像爱自己一样去爱他们的邻居。希腊人可能也承认诚实是美德,但是他们想尽一切办法去投机取巧。"我们知道希腊的弱点——其疯狂而无情的战争,其呆滞的奴隶制度,其从属的妇女地位,其普遍缺乏的道德节制,其腐败的个人主义,其未能与秩序及和平相配合的自由。然而,珍爱自由、理性及美的人不会太关心这些弱点。他们会在政治历史的混乱之外,听到梭伦、苏格拉底、柏拉图、欧里庇得斯、斐狄亚斯、伊壁鸠鲁及阿基米德的呼声;他们会为这些人的存在而心怀感激,而愿越过许多世纪去与他们神交。他们会将希腊视为西方文明中晴朗的早晨,此种文明虽有其同类的错误,却是我们的营养及生命。"①

扫一扫,观看讲座视频

---

① 威尔·杜兰:《希腊的衰落》,《世界文明史》第七卷,台北:幼狮文化公司,1974年,第310页。

第11讲
求义:正义论

只要有人群聚居的地方,就必然有正义和非正义、公平和不公平的冲突。公平和正义是人类社会追求的永恒目标和价值。柏拉图、西塞罗、奥古斯丁都思考过正义或公义问题,本讲通过了解他们的相关思想,来领略希腊罗马民族的求义精神。

一、相关语词释义

我们先来看看汉语中"义"这个词的意思。《古汉语常用字字典》解释说,义有以下几个意思:(1)合宜的道德、行为或道理。"多行不义,必自毙。"(2)意义,意思。"一意两出,义之骈枝也。"(3)指旧时拜认的亲属关系。"义父、义子。"①"正义"这个词,在古文中最早见于《荀子·儒效》,"不学问,无正义,以富利为隆,是俗人者也。"在现代汉语中,"正义"的意思是公正与恰当,与公平、公道、正当、正直是同义词或近义词。

在希腊文中,正义写作δίκη,这个词也是正义女神的名字。英文把这个词译为 justice, right, order, law。由此可见,希腊文的δίκη可以解为正义、公正、权利、秩序、法则。柏拉图在讨论正义时用了

---

① 《古汉语常用字字典》,第344页。

两个希腊词,一个是δικαιοσύνη(正义),指"灵魂与其自身的一致,灵魂构成部分之间的相互尊重与关切;按其应得对每个人进行分配的状况;财产所有者按照对他显得正当的方式来挑选的状态;守法的生活方式的潜在状态;社会平等;服从法律的状态。"另一个是ἐπιείκεια(公正),指"放弃个人的权利和利益;适度达成约定;理性灵魂在什么是可敬的、什么是可鄙的方面达成良好的约束"①。

在拉丁文中,正义写作 iustitia,它的形容词形式是 iustus。这个词也是一个多义词,兼有公正、公平、公道、法、法律、权利等含义。

二、巨格斯的故事

柏拉图对话中有一个"隐身戒指"的故事。说的是牧羊人巨格斯在放牧时遇上暴雨和地震,地面开裂,一道深渊出现在他面前。他虽感惊慌,但还是走了下去,看到许多神奇的东西。他见到一尊空心铜马,马身上开有小门。他朝里窥视,看到里面有一具尸体,尸体手上戴着一只金戒指。巨格斯取下戒指,返回地面。后来他发现转动这只戒指上的宝石就能隐身。掌握这个秘密以后,他设法担任使者去见吕底亚国王。来到国王身边以后,他设法勾引王后,与王后合谋杀害国王,霸占了整个王国。②

柏拉图为什么要讲这个故事?其寓意何在?阅读上下文可以看到,这个故事出现在《国家篇》第二卷,而整部对话的主题是正义。对话人苏格拉底虽然在第一卷中与智者塞拉西马柯展开激烈争论,批判功利主义正义观,并击败了塞拉西马柯。然而他在第一卷结束处说:"我们最先考察的那个目标还没发现,对什么是正义还没有得出结论,就去考虑正义的一些性质……后来又冒出个不正义

---

① 柏拉图:《定义集》411e。
② 参阅柏拉图:《国家篇》2.359c—360b。

比正义更有利的问题,我情不自禁地又讨论起这个问题来。因此到头来,我还是一无所知,在这场讨论中我一无所获。"[1]这是柏拉图探讨正义问题的阶段性总结。有了这样的认识,柏拉图在《国家篇》第二卷中继续探讨正义的本质。

第二卷开始后,格老孔提议由他来赞扬"不正义",为功利主义作出理论上的证明,以便树立一个批判的靶子,让苏格拉底接着他的话头批评不正义。获得苏格拉底的赞同之后,格老孔提出了一个功利主义的论纲并展开他的证明。[2]

第一、趋利避害是正义的起源和本质。[3]

作恶会得到好处,承受恶行会受到伤害。人们在交往中既伤害他人又受他人伤害,于是那些没有力量避免受害的人觉得最好还是为了大家的利益而订立契约,既不作恶,又不受恶。这就是立约和立法的开端,践约守法就是正义。正义实际上就是一种介于最好和最坏之间的状态。所谓最好就是作恶而不受惩罚,所谓最坏就是受到伤害而没有能力报复。

第二、人们实施正义不是心甘情愿的,而是由于没有力量行不义之事。[4]

人们接受和赞成正义并不是把它当作一种真正的善,而是由于没有力量去行不义之事,而真正有能力作恶的人绝对不会和别人订立什么契约。牧羊人巨格斯的故事可以证明,每个人都相信作恶比行善更有利,无人会自觉自愿地行善,一旦知道自己有权作恶,他就会去做坏事。

第三、不义者(恶人)比正义者(善人)生活得幸福。[5]

---

[1] 柏拉图:《国家篇》1.354b。
[2] 柏拉图:《国家篇》2.358c。
[3] 参阅柏拉图:《国家篇》2.358e—359b。
[4] 参阅柏拉图:《国家篇》2.359b—360d。
[5] 参阅柏拉图:《国家篇》2.360d—362c。

只要不义者的行为方式高明,他的不正义会显得像是正义。不义者在作恶时仍旧能够取得正义的好名声,即使出了破绽,他也能鼓起如簧之舌,说服人家相信自己是正义的,如果需要动武,那么他有的是力气和本事,还有朋党和金钱的支持。与不义者相比,正义者尽管没有做坏事,但却拥有最不正义的名声。他的正义要经受考验。他会受到严刑拷打,受尽折磨,最后被钉死在十字架上。诸神和凡人给不正义者安排的生活要比正义者的生活好得多。

柏拉图讲这个故事带有思想实验的性质。"为了便于理解,我们可以在思想上假设这样一种情况,如果我们把能够随心所欲行事的许可和能力赋予一个正义的人和一个不正义的人,然后在想象中跟随他们,观察欲望会把他们引向何方。这样一来我们马上就能看到,那个正义的人也会在行动中恢复到不正义的状态,与不正义的人一样行不正义之事,这是因为每个人生来都把私利当作善来追求,只是在法律的制约下才被迫尊重他人的平等权力。"[①]"现在我们假定有两只这样的戒指,正义者和不正义者各戴一只,没有人能看见他们。在这种情况下,那个正义者不会坚定不移地继续实施正义,也不会约束自己的双手不拿别人的东西,不碰别人的财物,即使在市场上他也不用害怕,要什么就拿什么。他还能随意穿门越户,奸淫妇女,杀人劫狱。总之,他的行为就像神一样,可以在人世间为所欲为。在这样行事的时候,他和那个不正义者就没有什么差别,而是一模一样了。这是一个有力的证据,我们据此可说无人会自觉自愿地实行正义,人们实施正义总是由于受到约束。"[②]

格老孔展开的第一部分证明把利益规定为正义的本质,把人们为了趋利避害所订立的契约视为正义的起源,这正是功利主义的特征。功利主义以利益作为道德选择的标准,认为人的行为本身无对

---

① 柏拉图:《国家篇》2.359c。
② 柏拉图:《国家篇》2.360c。

错之分,行为所产生的效果决定了行为是否具有道德上的正当性。格老孔的第二部分证明是第一部分的推论。以获取个人利益为行为的动机和目标,就从根本上颠覆了对人的行为的道德评价标准。一切善行都被归诸假正义或不正义,任何人都不会自觉自愿地行正义之事,行善是被迫的,只要有能力行不义之事,任何人都会去作恶。格老孔的第三部分证明是第二部分的延伸。通过行善与作恶两种行为之比较,得出不正义的人比正义的人幸福的结论。继而,一种道德选择上的建议提了出来:宁要不正义,不要正义。换言之,宁作恶,勿行善。

行善与作恶是自愿的还是非自愿的?这个问题,无论是在伦理学家的理论探究中,还是在人们对现实生活的道德思考中,可以说是古已有之。"隐身戒指"的故事作为一个典型事例形象地反映了功利主义的理论特征。可以说,行善与作恶是否自觉自愿,这是功利主义正义观和德性论正义观在理论上的分野。智者将趋利避害视为正义的本质与起源,由此认为人不可能自觉自愿地去行善,而德性论则持相反的态度。在早期对话中,柏拉图已经指出:"无人会选择恶或想要成为恶人。想要做那些他相信是恶的事情,而不是去做那些他相信是善的事情,这似乎违反人的本性,在面临两种恶的选择时,没有人会在可以选择较小的恶时去选择较大的恶。"[①]而在《国家篇》中,柏拉图声称:"正义是德性和智慧,不正义是邪恶和无知。"[②]因此,"正义的人是好的和聪明的,不正义的人是坏的和无知的。""如果某个不正义的人能够随心所欲地行不正义之事,那么要么是他做坏事没有被发现,要么是他能够凭借暴力不断地做坏事。但不管怎么说,我不相信不正义比正义更有益。"[③]但是,"正义者不

---

① 柏拉图:《普罗泰戈拉篇》358c。
② 柏拉图:《国家篇》1.350d。
③ 柏拉图:《国家篇》1.345b。

向他的同类而向他的异类谋求利益,不正义者既向他的同类又向他的异类谋求利益。"[①]"正义的灵魂和正义的人会生活得好,而不正义的人生活得坏"[②],"正义者是幸福的,不正义者是痛苦的。"[③]这就是柏拉图本人在行善与作恶是否自愿这个问题上作出的德性论的回答。

三、古代正义论

众所周知,柏拉图、西塞罗和奥古斯丁是西方古代哲学的主要代表。在正义问题上,柏拉图批判功利主义而坚持本质主义的正义论。西塞罗和奥古斯丁则在不同文化场景中发展了本质主义的正义观。西塞罗在吸取了斯多亚学派有关自然的解释后,对正义做出了较为圆满的解释。奥古斯丁用基督教的上帝取代了柏拉图和西塞罗的"正义之神",把正义解释为上帝安排的事物的秩序与和谐状态,在此基础上构筑了一个完全正义的"上帝之城"。

正义观或正义论不是对事物是否正义的具体道德评判,而是对正义的本质思考,亦即对正义本身的理性认识,尽管人们在进行这种思考时总要联系具体的道德评判。柏拉图是讨论正义问题最多的一位古希腊哲学家。他的著作《国家篇》可以称作西方古代的"正义论",就像我们今天把美国现代哲学家罗尔斯的惊世名作《正义论》视为西方现代的"正义论"一样。细读柏拉图的有关论述,我们会看到其中大部分是对具体事物作出正义或不正义的道德判断,它们要回答的问题是:某某事物是不是正义的?而不是"什么是正义?"这才是本质正义论应当回答的首要问题。

---

① 柏拉图:《国家篇》1.349c。
② 柏拉图:《国家篇》1.353e。
③ 柏拉图:《国家篇》1.354a。

柏拉图的"代言人"苏格拉底在《国家篇》第一卷中与智者塞拉西马柯展开激烈的争论,批判功利主义,并最终击败了塞拉西马柯。然而,柏拉图感到这种批判虽然有效(打败了对手),但结果并不令人满意。因此,苏格拉底在第一卷结束时说:"我们最先考察的那个目标还没发现,对什么是正义还没有得出结论,就去考虑正义的一些性质,它是邪恶和无知,还是智慧与德性。后来又冒出个不正义比正义更有利的问题,我情不自禁地又讨论起这个问题来。因此到头来,我还是一无所知,在这场讨论中我一无所获。因为既然我连什么是正义都不知道,那么我就难以知道正义是不是一种德性,难以知道正义的拥有者是不是幸福。"①这是柏拉图对自己的批判工作所做的暂时性的总结。柏拉图实际上看到,在正义的本质和正义者与不正义者何者是幸福的这两个问题中,前者是前提,不掌握正义的本质,就难以回答第二个问题,最后只能根据习俗的观念来为传统的正义观辩护,不能真正驳倒功利主义。功利主义以个人利益为判断行为是否公义的标准,而其他正义论者也不能不谈利益,只能围绕什么是利益做文章,这就无法真正驳倒功利主义。

在有了这样的认识之后,柏拉图在《国家篇》剩余的各卷里,以及在以后的对话中,孜孜不倦地探讨正义的本质,力图从根本上驳倒功利主义。他把正义定义为"灵魂与其自身的一致,灵魂构成部分之间的相互尊重与关切;按其应得对每个人进行分配的状况;财产所有者按照对他显得正当的方式来挑选的状态;守法的生活方式的潜在状态;社会平等;服从法律的状态。"他把公正定义为"放弃个人的权利和利益;适度达成约定;理性灵魂在什么是可敬的、什么是可鄙的方面达成良好的约束"。这两条定义基本上反映了柏拉图对正义或公正的本质认识。②

---

① 柏拉图:《国家篇》1.354b。
② 柏拉图:《定义集》412b。

细读这些定义,我们可以看出柏拉图已经认识到正义是属性,是状态,是关系,而不是实体。也正因如此,在陈述和判断中,以正义为主词的陈述句总是能转变为以正义为述词的判断句。例如:"正义就是守法践约"可以转变为"守法践约就是正义的";"正义就是强者的利益"可以转变为"强者的利益就是正义的"。所以智者塞拉西马柯的正义观并没有道出正义的本质,而只是他对一些事件作出的道德判断。

基于这种对正义本质的把握,柏拉图对正义的探讨向着更加广泛的领域延伸,既指向国家、法律、社会,也指向个人,既包括个人的外在行为,也包括个人的内在灵魂。柏拉图正义观的最终指向是灵魂。他说:"正义的真相确实就是我们所描述的这样一种东西,它与外在的各司其职似乎关系不大,而主要涉及内在的各司其职,在其真正意义上,它只和人本身有关,只和个人自己的事情有关。也就是说,一个人一定不能允许自己灵魂的各个部分相互干涉,做其他部分该做的事,而应当按照正义这个词的真实意义,安排好自己的事,首先要能够成为支配自己的人,能做到自身内部秩序良好,使灵魂的三个部分相互协调,就好像把最高音,最低音,中音,以及其间的各个音符有序地安排在一起,使之成为一个有节制的、和谐的整体,这样一来,他就成了一个人,而不是许多人。这个时候,如果他必须做些什么,那么他就可以转入实践,无论是挣钱、照料身体,还是从事某种政治事务或私人事务,所有这些行为都堪称正义的和高尚的,都能保存或帮助产生灵魂的这种状态,智慧或知识则指导着这样的行为;而那些试图颠覆这种精神状态的行为都可以称作不正义的,指导着这种不正义行为的是愚昧无知。"① 总之,正义本质上就是灵魂和谐的状态,而无论是在何种实践领域。

柏拉图突破了苏格拉底的个人美德论,将其扩展到社会公德领

---

① 柏拉图:《国家篇》4.443c。

域,从而将社会伦理思想与政治融为一体,设计了一个以正义为原则的理想国。"当我们建立这个城邦时,从一开始我们就已经确定了一条普遍原则,我想,这条原则,或这条原则的某种形式,就是正义。你还记得吧,我们确定下来并且经常说到的这条原则就是每个生活在这个国家里的人都必须承担一项最适合他的天性的社会工作。"① 所谓正义就是"每个人做自己分内的事,不去干涉别人分内的事","如果商人、辅助者和卫士在国家中都做他自己的事,发挥其特定的功能,那么这就是正义,就能使整个城邦正义"。②

在西塞罗所处的时代,罗马贵族共和体制已经发展成熟,正向帝制转化。希腊哲学在罗马广泛传播,经过罗马知识分子的吸取和改造,达到与罗马传统相融合的地步,西塞罗是这一潮流的核心人物。西塞罗对希腊人的正义观进行验证、补充和改造,使其与罗马公民的生活、规范、准则相结合,以适应新的时代要求,其理论特征是将柏拉图的本质正义论改造成自然正义论,将公正规定为自觉自愿地履行义务。

西塞罗指出:"柏拉图说得好,我们生来并非只为我们自己,我们的国家有权拥有我们的一部分,我们的朋友有权拥有我们的一部分;斯多亚学派认为,大地上产生的一切事物都是造出来供人使用的;人的出生也是为了人的缘故,为的是让他们能够相互帮助;在这个方面,我们必须以自然为向导,通过相互交换的仁慈行为,通过给予和接受,通过我们的技能和勤劳,为公共利益作贡献,使人类社会更加紧密地联系在一起,使人与人之间更加团结。"③

拉丁文中的"正义"是个多义词,兼有公正、公平、公道、法、法律、权利等含义,西塞罗在使用这个词的时候经常在公正和法这两

---

① 柏拉图:《国家篇》4.433a—d。
② 柏拉图:《国家篇》4.434c。
③ 西塞罗:《论义务》1:7。

层意思之间转换。在西塞罗那里,自然的正义和自然法是一回事。①

一般认为自然法学说源自斯多亚学派,但是对自然法作出经典表述的是西塞罗。西塞罗认为,人分有神的普遍理性,因此也分有自然法,亦即正确的理性。他说:"真正的法是与自然相一致的正确的理性,它具有普遍适用性,是不变的,永久的;它用命令召唤人们履行义务,用禁止抵御各种恶行。"法与自然相一致,而且是永恒不变的。"在罗马和在雅典不会有不同的法律,现在和将来不会有不同的法律,而只会有一个对所有民族、所有时代都永久不变的法律,我们所有人只有一个主人和统治者,那就是神。"②

以自然法和自然的正义为基础,西塞罗提出了德性平等这一观念。他认为,一切人都分有正确的理性。"不管对人作什么样的界定,它必定也对所有人适用。这一点充分证明了人类不存在任何差异。如果存在差异,那么单独一个定义便不可能界定所有的人。"③他们实际上具有血缘关系,也具有同样的人格(persona)。因此每个人都是一个尊严的存在,具有基本的道德价值,应当受到同胞们的尊重。人优于其他动物,能够过一种群居的文明生活,因而具有一种人性(humanitas),因此,每个人都是一个拥有道德、正义、法律的生物。因此,"凡是具有法律和法的共同性的人们,理应属于同一公民社会"④。

在表述自然正义或自然法的时候,西塞罗坚持柏拉图的本质正义。他把正义理解为适当与和谐的状态。他说:"这就是它的本质,与道德之善不可分,因为凡是适当的事情在道德上都是公正的,凡

---

① 西塞罗:《论法律》2:5。
② 西塞罗:《论国家》3:22。
③ 西塞罗:《论法律》1:30。
④ 西塞罗:《论法律》1:23。

是道德上公正的事情都是适当的。"① "以适当为根源的义务所指引的道路就是与自然和谐,以及忠实地遵守自然法则。如果我们以自然为向导,我们就决不会误入歧途,但是我们还要追求对事理明确、透彻的认识(智慧)、可用于促进和巩固社会的力量(正义),以及坚强和勇敢的精神(刚毅)。"②

我们知道柏拉图在探求正义的绝对本质时遇到一个棘手的理论问题:人们实行正义是自愿的吗?如果不是自愿的,而是被迫的,那么正义还有什么绝对本质可言呢?西塞罗把这个问题转化为义务问题,即自觉自愿地履行义务。"本质上正当的行为之所以是公正的,仅在于它是自愿的。"③

西塞罗于公元前44年秋写成了3卷《论义务》(De Officiis)。他首先描述了道德上的善的构成要素和特征以及四种基本美德,进而讨论从四种基本美德中如何衍生出义务,并在每一种基本美德之下讨论各种具体的义务。

拉丁文officium是个多义词,意思是义务、责任、职责、本分、服从、忠诚等等。义务和责任都是重要的伦理学范畴。义务指个人所意识到的对他人、集体和社会应尽的道德责任,源自拉丁文的debere(负有,应尽),有时也称作道义。而责任的一般含义是份内应做的事,或者是没有做好分内应做的事,因而应当承担的过失。道德义务指人们对自己行为的过失及其不良后果在道义上所承担的义务。

西塞罗把公民自觉自愿地履行适当的义务视为公正。"现在如果我们想要作一比较,以便发现我们主要应当在哪些方面承担起我们的道德义务,那么首先是国家和父母;为他们服务是我们最大的

---

① 西塞罗:《论义务》1:27。
② 西塞罗:《论义务》1:28。
③ 西塞罗:《论义务》1:9。

义务;其次是儿女和家人,他们只能指望我们来抚养,不可能得到其他人的保护;最后是亲戚,在日常生活中他们总是能与我们和睦相处,以及那些能与我们同舟共济的人。"①

西塞罗指出:"如果一个国家不对权利、义务和职责作平等分配,从而使官员们拥有足够的权力,使杰出者的意见具有足够的威望,使人民享有足够的自由,那么这个国家的状态便不可能保持稳定。"②"有节制的、和谐的国家体制可以通过法权的适当分配来维持,即权利属于人民,元老院享有权威,法律得到遵循。"③

奥古斯丁生活的年代是罗马帝国的晚期,此时基督教已经取代斯多亚学派成为主流意识形态。在罗马帝国中,希腊文化和拉丁文化经过长期融合之后已经被重新整合到基督教文化之中。奥古斯丁这位基督教的大哲学家也有自己的正义观。他称正义为"神圣的正义",④后人把他的正义观称作西方"神正论"(theodicy)思想的源头。

奥古斯丁对正义的解释重点放在和谐的秩序上。他说:"正义怎么样,她的任务不就是让一切事物各得其所吗?(由于这个原因,人自身就有某种天然的公正秩序,灵魂服从上帝,身体服从灵魂,而身体和灵魂都服从于上帝。)正义在执行这一任务时,不是证明了她仍旧在继续辛劳,而不是已经完工休息了吗?"⑤"身体的和平与它各个组成部分的平衡有序相关。非理性灵魂的和平在于欲望的正确有序,理性灵魂的和平在于认知与行为之关系的正确有序,身体与灵魂的和平在于生灵的生活与健康的正确有序,人与上帝的和平在于永恒法则之下的有序的服从和信仰,人与人之间的和平在于心灵

---

① 西塞罗:《论义务》1:17。
② 西塞罗:《论国家》2:57。
③ 西塞罗:《论法律》3:28。
④ 奥古斯丁:《上帝之城》,第952页。
⑤ 同上书,第908页。

与心灵之间的有序的一致。家庭的和平是一种有序的涉及命令与服从的协调,就居住在一起的人而言;城市的和平是一种有序的涉及命令与服从的协调,就公民而言;属天之城的和平是一种完善的秩序与和谐,享有上帝,相互之间共处于上帝之中。一切事物的和平在于秩序的稳定,秩序是平等与不平等事物的配置,使每一事物有其恰当的位置。"①

在古代社会中,神是人的权力的授予者,是社会正义的监督者。神既是人的权力的来源,又是人的权力的合法性依据。这种一切权力源于神的观念,使任何凡人独霸权力的行为成为非法。这种非法的含义在于:真正的权力在于神,掌权者剥夺其他贵族或公民的天赋权利而独霸政治统治权是凡人对神的僭越,是一种亵渎神的行为。

在现实社会生活中,人们既求助于正义又不断破坏正义,而为了维护社会生活的正常秩序,社会公正必不可少。于是神正论成为古代思想家解决这个问题的主要途径。然而,个人的不幸与社会的不公会引起人们对"神正"的怀疑。在希腊广为流行的"正义即强权"的观念就是对神正论的怀疑与否定,其依据就是人类社会现实中的恶。古希腊的诗人、哲学家、政治家、历史学家们一而再、再而三地提出对神正论的怀疑。

基督教在西方世界占据统治地位之后,它也要从理论上回答全善、全能、正义的上帝与人世间存在的种种罪恶的关系问题。它要回答:这个世界上存在着各种各样的恶,在这种情况下人们如何能够相信神是正义的?不解释恶的性质与根源就无法坚持"神正"的基本原则。奥古斯丁借助新柏拉图主义的观点对这一问题作出了回答。奥古斯丁认为:善是绝对的,惟有善才是真正的存在和真实的实体;恶是相对于善而言的,是善的缺乏,是一种虚无。所谓恶,

---

① 奥古斯丁:《上帝之城》,第924页。

就是缺乏善。所谓疾病和伤害,不过就是缺乏健康而已。所谓心灵之中的恶,也无非就是缺乏天然之善。恶有三类:(1)自然之恶;(2)认识之恶;(3)伦理之恶,这种恶起源于人的自由意志。上帝并不干预人的意志的自由选择,上帝只是对自由选择所产生的善、恶后果进行奖惩。上帝的恩典主要表现为赏罚分明的公正,而不在于帮助人们择善弃恶。上帝把选择的自由完全交给人,让人自己选择,但人必须对自己的选择后果负责。上帝决非对人的行为听之任之,上帝的公义体现在对人的最后裁决:如果人选择了善,最终将得到永福;如果选择了恶,将受到应有的惩罚。上帝给人类规定了严格的道德秩序:善的行为必然产生好的结果,恶的行为必然遭到惩罚。如果为善得不到赏赐,作恶不给以惩罚,那么上帝的公正何在呢?所以上帝对人的惩罚既是为了维护自己所规定的道德原则,也体现了他的神圣、伟大和公正。

柏拉图在思考正义时遇到的那个棘手的理论问题在奥古斯丁这里就有了新的解答。人行正义之事是自觉自愿的,行不义之事也是自觉自愿的。他说:"我还知道,在意志变恶之处,若是意志本身不愿意,那么这种恶不会在其中产生,因此这些恶会受到公正的惩罚,因为它们不是必然的,而是自愿的。意志的缺陷并非针对恶的事物,而是由于它们本身是恶的,也就是说,意志的缺陷并非针对本性为恶的事物或存在于恶的事物之中,倒不如说,意志的缺陷本身是恶的,因为它违反了本性的秩序。它实际上是偏离最高的存在而转向较低的存在。"[①]

人要对自己的行为负责。人的社会生活出了问题,那不是神的错,而是人的错,都应当到人自身中去寻找问题的根源,而解决的办法则是向神认罪,改过自新,祈求神的宽恕。神赋予人类正义的本性或德性,也为构造一个理想的社会生活模式提供了终极的价值和

---

① 奥古斯丁:《上帝之城》,第503页。

意义。奥古斯丁指出:"没有高度的正义便不可能对国家进行统治,也不能使国家长存。"①正义是国家存在的基础,完善的正义乃是治理国家的关键要素。奥古斯丁认为,真正的正义或公正只存在于上帝那里。"只有基督创建和统治的国家才有公正。"②这种国家建立在一种真正的公正(上帝的公正)之上。

他说:"不事奉上帝的人能有什么样的正义呢?如果灵魂不事奉上帝就不能正义地统治身体,那么理性不事奉上帝也就不能正义地统治各种邪恶。如果这样的人没有正义,那么由这种人组成的集合体也没有正义。"③

奥古斯丁的神圣正义论正论建构了一个超自然的制裁体系,通过万能的上帝来实施。上帝是全能的、至上的、无所不知的、正义的,他高高在上,神圣不可侵犯;他通过奖善罚恶干预人的生活,使人不敢越轨冒犯;他把今生与来世结合起来,通过来世的制裁而控制人类今世的生活;未来之事,没有躲得过他预知的;一切罪恶,没有不被他的正义所惩罚的。有学者评价说:"经验充分证明,那些完全对德行的美好和崇高麻木不仁的人,也能被审判的恐惧所震动,能被自己的罪恶真诚忏悔所惊醒,以至彻底改变性情倾向,丢掉最根深蒂固的恶习,更新他们整个生活的进程。"④

从以上对三位思想家原著的简要引用,我们已经可以看出西方古代思想在正义问题上的一个逻辑进程。柏拉图要透过现象发现事物的本质,在正义问题上他也不例外,他将正义之相视为超验的实在,一般人所见所论均为有关正义的现象,看不到正义的本质。只有极少数人能够追寻到这种大智慧,从而成为哲学家王;西塞罗的观点坚持了柏拉图的本质主义,又吸取了斯多亚学派对"自然"和

---

① 奥古斯丁:《上帝之城》,第76页。
② 奥古斯丁:《上帝之城》,第78页。
③ 奥古斯丁:《上帝之城》,第937页。
④ 罗斯:《社会控制》,北京:华夏出版社,1989年,第100页。

"法"的解释,对正义做出了较为圆满的解释;奥古斯丁作为一名基督教的思想家,用基督教的上帝取代了柏拉图和西塞罗的"正义之神",但在理论类型上仍坚持本质主义,把正义解释为上帝安排的事物的秩序与和谐状态。最终,柏拉图正义之相的超验性使他无法设想人的平等,西塞罗的自然理性使他可以设想公民权利的平等,而奥古斯丁的正义的上帝使他能够设想人虽然不能完全认知上帝的正义,但可以瞥见上帝的正义的余光。正是在这样的基础上,奥古斯丁构筑了他的完全正义的"上帝之城"。

扫一扫,观看讲座视频

第12讲
求礼:国家与法制

希腊哲学发展到亚里士多德之前,其研究对象可以说是浑然一体,无所不包,哲学思维的成果也确实是"知识"的总汇。而亚里士多德创立了逻辑学、伦理学、政治学等多门学科或哲学的分支,也对国家和社会的"礼法"进行了详尽的思考。本讲主要介绍柏拉图和西塞罗有关国家和法制的思考,来领略希腊罗马民族的求礼精神。

一、相关语词释义

这一讲的标题是求礼。礼字在汉语中是什么意思?许慎在《说文解字》中解释说:"礼,履也。所以事神致福也。"《古汉语常用字字典》解释说,礼有以下几个意思:(1)古代社会的法则、礼仪。"殷因于夏礼,其损益,可知也。"(《论语·为政》)(2)以礼相待,礼貌。"执事不礼于寡君。"(《左传·襄公二十二年》)(3)礼物。"及受礼,唯酒一斗,鹿肉一盘。"(《晋书·陆纳传》)①所以,汉语中的礼字即有法则和礼仪之意。

和本讲内容相关的希腊语词主要有两个。一个是 νόμος,一个是 πολϊτεία。Νόμος 这个词用英文可以翻译为 custom, convention,

---

① 《古汉语常用字字典》,第178页。

law, ordinance，也就是说它有习俗、规范、法则的意思。希腊人理解这个词的含义经历了三个阶段：(1)没有区分自然和社会，因此礼法和习俗也是自然的；(2)随着部落、城邦、国家的建立，礼法与习俗的作用凸显，人们认识到风俗习惯、传统惯例、伦理规范、成文法律、协议章程等不是自然的，而是由人自己约定的，不是普遍适用的，可以修改的；(3)把礼法与自然对立起来，这样做的哲学家有恩培多克勒等早期哲人和智者。

πολἳτεία这个词在希腊文中的基本意思是城邦。城邦由卫城发展而来。原初的居民定居下来以后，在遭到敌对势力或海盗的威胁时就聚居在一起，在高地和山头上建筑城墙和城堡。后来由于耕作的发展和定居的需要，卫城就从山头搬到平坦的地方或河畔。后来，卫城逐渐转化为建有生产场所、宗教生活中心和首领、祭司居屋的城市。卫城加上周边的居民住宅就成为城市，再加上周边的土地与村落，就成为大小不等的城邦。等到城邦社会进一步发展，产生了国家，πολἳτεία也就有了"国家"的意思。①

二、柏拉图的理想国度

在古希腊哲学中，国家与社会的关系一直是不清楚的，或者说是混合在一起的。柏拉图在众多领域中的贡献不是缔造了相关的学科，而是在这些方面提出了重要思想，比如他提出了社会分工与互助的国家起源说、奴隶制城邦的社会结构说、男女平等权利说，他抨击财产私有化、在统治阶层范围内主张财产公有，他提出了"哲学家王"的思想，提出了一整套治国方略。

柏拉图专门探究了城邦国家的起源，他认为社会或国家的起源不仅仅是因为人们为了抵御野兽侵袭而群居，而在于"我们每个人

---

① 参阅汪子嵩等《希腊哲学史》第1卷，第25—32页。

都不能自给自足,相对于我们自己的需要来说,每个人都缺乏许多东西","由于有种种需要,我们聚居在一起,成为伙伴和帮手,我们把聚居地称作城邦或国家。""我们的需要是城邦的真正创建人。"①这是西方国家学说中最早的"互助论"思想,柏拉图从经济生活的角度,提出由于人的基本生存需要而形成的分工互助关系是城邦产生的根源。恩格斯由此评论说:"柏拉图把分工描述为城市的(在希腊人看来,城市等于国家)自然基础,这种在当时说来是天才的描述。"柏拉图这一想法的合理性在于他重视经济,从分工导致商品生产与市场发生来说明城邦的起源与发展,但其深层含义则是为了说明不同行业与阶层的人应当做符合其天然禀赋的工作。

柏拉图指出,城邦从贫乏的自给自足逐渐抵达繁荣发达。到了这个时候,社会物质产品已经较为丰富,城邦文化人产生,但由于从事非生产人口增多,本来自给自足的城邦为了要有足够大的耕地和牧场,就要与邻邦争夺土地,这就是战争的起源。为了进行战争,城邦"增加一支军队,用它来抵抗和驱逐入侵之敌,保卫我们刚才提到过的所有那些财富和奢侈品"。而军队的出现,正是国家产生的重要标志。②

柏拉图认为,一个理想的城邦国家应当由三个等级的社会集团成员组成。第一等级是统治者;第二等级是卫士;第三等级是被统治者,包括农工商和其他服务者。为了说明他的设想的合理性,他还讲了一个"立国神话"他说,"听完这个故事,你就全明白了。在我们的故事中,尽管所有人在这个城邦里都是兄弟,但神在塑造那些适宜担当统治重任的人时在他们身上掺了一些黄金,由于这个原因,他们是最珍贵的,神在那些助手身上掺了一些白银,在农夫和其他手艺人身上掺了铁和铜。虽然他们都有亲缘关系,一般说来有什

---

① 柏拉图:《国家篇》369b—c。
② 柏拉图:《国家篇》374a。

么样的父亲就会生下什么样的儿子,但有时候也会有这样的情况,金的父亲生下银的儿子,银的父亲生下金的儿子,其他的也有类似情况,可以互生。因此神给统治者下的命令中首要的一条就是要他们精心保护和关注自己的后代,不让他们的灵魂混入低贱的金属,如果他们儿子的灵魂中混入了一些废铜烂铁,那么他们决不能姑息迁就,而应当把这些儿子放到与其本性相对应的位置上去,安置在手艺人或农夫之中。还有,如果手艺人和农夫竟然生了一个金的或银的儿子,那么他们就要重视这个儿子,提升他,让他担当卫士或助手的职责。须知有个神谕说,铜铁之人当政,国家便要倾覆。这样的解释很容易被误解为血统论,而柏拉图实际上指出这样的等级不是一成不变的,金银的父辈也会有废铜烂铁的后辈,出身是一回事,品德与才能是另一回事,社会的等级是可以变换的。①

柏拉图的理想城邦国家以正义为其伦理基础和治国原则。在确立了正义原则之后,柏拉图提出了三项主要的制度设计。

第一,以德治国,通过教育培养人的美德,从而达到国家的良好治理。"真正的立法家不应当把力气花在制定法律和宪法上,无论是一个治理得不好的国家,还是一个治理良好的国家,因为在一种国家里法律和宪法无济于事,而在另一种国家里,无论谁都能自己发现某些类似法律和宪法的东西,而其他一些法律和宪法则会在我们已经描述过的探讨过程中自动产生。"②

第二,在统治阶层实行财产公有。"除了生活必需品,他们中任何人都不得再拥有什么私人财产。""他们中任何人都不应该拥有其他人不能随意进出的私房或仓库。城邦要按照一名智勇双全的战士所需要的数量来向他们提供食物,他们必须得到这些食物,作为他们担负卫士职责应得的报酬,其标准是到了年终既不会多余,也

---

① 柏拉图:《国家篇》415a—c。
② 柏拉图:《国家篇》427a。

不会有任何短缺。他们必须住在一起,就像士兵在战场上扎营一样。至于金银,我们一定要对他们说,你们的灵魂中已经有了来自诸神的金银,所以不再需要凡人的金银了,你们不需要把神的金银同世俗的金银混在一起,使之受到玷污,因为世俗的金银是罪恶之源,心灵深处的金银是纯洁无瑕的至宝。城邦居民之中只有他们经手金银是不合法的,他们甚至不敢碰它们,不敢和它们同处一室,不敢在身上挂一点儿金银首饰,或者用金银酒器喝酒。过这样的生活,他们才能拯救他们自己和他们的国家。要是他们为自己搞到一些土地、房屋或金钱,他们就会成为业主和农夫而不是卫士,他们就会从同胞公民的助手蜕变为公民的敌人和暴君,他们会生活在仇恨和被仇恨、打倒和被打倒之中,在恐惧中度日,他们会惧怕人民超过惧怕国外的敌人,其结果自然就是他们和国家一起走向毁灭。"①

第三,在统治阶层中做到男女平等,子女共有。"管理国家的工作没有一件由于只适合女人干而专门属于女人,也没有一件由于只适合男人干而专门属于男人。各种天赋才能同样分布于男女两性,女性可以做任何事情,男性也可以做任何事情,不过总的说来,女性比男性要弱一些。"②"在是否适宜担任国家的卫士方面,女人和男人具有同样的素质,只不过女人要弱一些,男人要强一些罢了。"③"因此必须挑选这种女子和男子住在一起,共同担负卫士的职责,因为他们都具有这方面的才能和天性。""他们全都生活在一起,同吃同住,但没有任何私人财产可言。他们在一起参加体育锻炼,共同生活,共同锻炼,共同接受教育,在内在的必然性的引导下进行两性结合。"④"生下来的孩子将交由专门管理这种事情的男女官员抚养。"这样的制度设计虽然带有乌托邦的性质,但也表现出柏拉图为建设

---

① 柏拉图:《国家篇》416d。
② 柏拉图:《国家篇》455d。
③ 柏拉图:《国家篇》458d。
④ 柏拉图:《国家篇》459b。

繁荣城邦而付出的苦心孤诣,给后人以一些启迪。

要建设一个繁荣昌盛的城邦,统治者是关键。柏拉图说:"除非哲学家成为我们这些国家的国王,或者那些我们现在称之为国王和统治者的人能够用严肃认真的态度去研究哲学,使政治权力与哲学理智能结合起来,而把那些现在只搞政治而不研究哲学或者只研究哲学而不搞政治的碌碌无为之辈排斥出去,否则,我们的国家就永远不会得到安宁,全人类也不能免于灾难。除非这件事情能够实现,否则我们提出来的这个国家理论就永远不能够在可能的范围内付诸实行,得见天日。"①这就是柏拉图的"哲学王"的思想。所谓"哲学王"的含义宽泛,指的是集政治权力与哲学智慧于一身的统治者,或者是真正的哲学家掌握了政治权力,或者是统治者对哲学有了真正的把握。这样的人有良好的记性,敏于理解,豁达大度,温文尔雅,爱好和亲近真理,拥有正义、勇敢和自制的美德,能够把握永恒,制定出良好的法律并守护它们。

柏拉图到了晚年思想发生变化,在被人称作"第二理想国"的《法篇》中,他完成了从人治向法治的转变,把重心转到法治上面来,论述了立法原则、国家起源、政治制度、官吏任命等方面的内容,具体拟定了包括政治、经济、军事、外交、教育、文化、宗教、婚姻、遗产在内的一整套完整的法律制度。"这是西方第一部关于法学思想与法律制度的著作,在西方法学与法律思想史上有重要的地位,对后来的罗马法也有较多影响。"②

三、西塞罗的人民共和国

西方古代的社会政治哲学,希腊人是首创,也有罗马人的贡

---

① 柏拉图:《国家篇》473d。
② 姚介厚:《古代希腊与罗马哲学》,《西方哲学史》第2卷,南京:江苏人民出版社,2005年,第637页。

献。西塞罗身处罗马国家由共和制向元首制(帝制)转化的关键时期,是罗马贵族共和派的主要政治代表。他在一系列讲演词中阐述了他的政治观点,而《论共和国》和《论法律》这两部对话比较集中地反映了西塞罗的社会政治哲学。

西塞罗的这两部对话与柏拉图的《国家篇》和《法篇》有对应关系,西塞罗在对话中表达的思想有柏拉图社会政治观的影子。但西塞罗不是简单地模仿或转述柏拉图,而是结合罗马社会政治的实际,提出了一系列具有深远历史意义的观念和思想。他似乎预见到有人会说他在模仿柏拉图,因此他在对话中说:"要知道,有谁能够、或者更确切地说,有谁在什么时候能够模仿他?转述他人的话非常容易……但这样的转述又有什么意义呢?"①

西塞罗认为,每一位行为端庄的公民,特别是那些出身于名门望族的成员,都应全面透彻地了解国家事务,直接参与国家事务的管理。"美德的最好运用在于管理国家,并且是在实际上,而不是在口头上实现那些哲学家们在他们的学派内部议论的东西。"

西塞罗给国家下了定义。他说:"国家是人民的事业,但人民不是某种随意聚集在一起的人的集合体,而是大量的民众基于法的一致和利益的共同而结合起来的联合体。"(Est res publica res populi, populus autem non omnis hominum coetus guogue modo congrecatus, sed coetus multitudinis iuris consensus et utilitatis communione sociatus.)②

严格说来,西塞罗的国家定义就是"国家是人民的事业"这个简单句。国家是这句话的主语。在拉丁文中,"res"是个阴性单数名词,它的基本含义是东西、事物、事务、事件(thing, object, matter, affair),引申义则有情形、原因、诉讼、事业、利益、财产、功绩,等等。

---

① Cicero, *De Legibus*, 2.17.
② 西塞罗:《论国家》1:25。

"publica"是个形容词,意思是社会的、公共的、国家的、人民的、大众的、民众的。它与"res"组合在一起,就成了"公共所有的东西"(a thing belonging to the public)或"公共财产"(the property of the state),亦即国家(res publica)或共和国(respublica)。"populi"是个阳性属格名词,意思是人民的、公民团体的、公民社会的、平民的、民众的,等等。它与"res"组合在一起,意思是"人民的财产"(the property of the people)。

在中文翻译中,把国家说成是"人民的财产",意思虽通,但不雅,所以中国学者通常把这个短语译为"人民的事业"。然而,汉语中的"事业"指的是人所从事的,具有一定目标、规模和系统而对社会发展有影响的经常性的活动,如科学事业、文化事业等。把国家定义为一种活动,似有不妥之处。所以我们虽然将它译为"人民的事业",但在理解时可以回归"res"的本义,重点领会西塞罗把国家视为"人民的"事业。

国家定义是不同时代的政治哲人反思政治问题的聚焦点。通过上述对西塞罗国家定义的解读,我们可以清楚地看到,西塞罗创造性地提出了自己的国家定义,他的定义有三个特征:以人民为前提,以正义为准则,以合法为本性。

以人民为前提是西塞罗国家定义的第一个特征。西塞罗的基本想法是,国家是人民的东西(财产,事业),因此要说明什么是国家,先要说明什么是人民,亦即国家的定义要以人民的定义为前提。这就是西塞罗的整个定义对国家的解释相对比较简单,而对人民的解释比较详细的原因。西塞罗对国家定义的后半句从对"国家"的解释转为对"人民"的解释,那么,什么是人民呢?西塞罗的解释是:"人民不是某种随意聚集在一起的人的集合体,而是大量的民众基于法的一致和利益的共同而结合起来的联合体。"西塞罗讲到人民的时候用的是"populus"。这个名词的含义是:一、人民,民族;二、公民团体,市民团体;三、罗马公民(最早用来指贵族、显贵,后用来指所有的人民);四、平民(由奴隶解放而来);五、民众。西塞罗在这里没有用"plebs"。这个词的含义是:一、贱民、庶民、平民;二、平民,群众,老百姓;三、民众,人群,一般人员。就罗马共和国的具体处境而言,人民是一个政治术语,而民众(plebs)则是一个社会术语,因为它蕴含着社会阶层的区分。①

以正义为准则是西塞罗国家定义的第二个特征。西塞罗认为国家定义应当建立在人民共同利益的概念之上,而人民这个联合体的形成则是由于"法的一致和利益的共同"。我们看到,西塞罗的国家定义中出现的是"法"(iuris),而不是"正义"(iustitia)。但是西塞罗的其他相关解释可以补足二者的联系。他说:"仅当个人按照一种公正(正义)的合作关系聚集在一起时才有所谓人民。"②"阐释法这一术语本身可以清楚地看出,它包含有公正、正确地进行选择的意思。"③由此可见,西塞罗国家定义中提到的法与正义是互通的,在特定语境下是可以替换的。

按照共和时期的罗马法,只有人民通过的规定才是"法",法就是人民投票通过的法令。但在罗马人的观念中,除了这种公民法,还有所谓自然法。西塞罗说:"真正的法乃是与自然相一致的正确的理性;它适用于所有人,是稳定的、永恒的;它以命令的方式召唤履行责任,以禁止的方式阻止过犯。"④"法乃是自然之力量,是明理之士的智慧和理性,是合法和不合法的尺度。""法是根据最古老的、作为一切事物的始源的自然所表述的对正义和非正义的区分,人类的法受自然指导,处罚邪恶者,保障和维护高尚者。"⑤公民法(lex civilis)应当与自然法的普遍原则一致。如果公民法没有做到

---

① 谢大任主编:《拉丁语汉语词典》,第426页。
② 西塞罗:《论国家》3:33。
③ 西塞罗:《论法律》2:5。
④ 西塞罗:《论国家》3:22。
⑤ 西塞罗:《论法律》1:8。

这一点,它就不是真正的法。"如果是由一些一窍不通、毫无经验的人打着有益于健康的名义开出的可以致人于非命的药方,人们完全应该不把这些药方视为医生的处方,同样,如果人民通过了有害的决议,不管这些决议是什么样的,它们也不应被称为法。"①

西塞罗指出,法可以分为自然的与公民的,正义也可以分为自然的与社会的。他指出:"我们正在考察的正义是政治的产物,而不是自然的产物;如果它是自然的,就像热和冷、苦与甜一样,那么正义和非正义对所有人都相同。"②为了保全社会,人必须注意共同利益。社会正义对保全社会来说是绝对必要的。正义是人的一种倾向,没有正义社会就不能存在。正义是社会的基础,正义对一切人类关系都是重要的。"所有人都凭着仁慈和善良的自然情感,凭着正义的合作而联合在一起。我们现在已经承认这些结论是正确的,是真理,所以我想,我们怎么能够把法和正义与自然分开呢?"③

在提出国家定义以后,西塞罗反复强调国家要以正义为准则。他说:"由于法律是联系公民团体的纽带,通过法律实施的正义对所有人相同,所以,如果公民中没有平等,那么什么样的正义能够使公民团结在一起?如果我们不同意平均人们的财富,而人们的内在能力又不可能平等,那么至少同一国家的公民拥有的法律权利要平等。"④

以合法为本性是西塞罗国家定义的第三个特征。在西塞罗的国家定义中,人们之所以能够聚合在一起的基础是"法的一致和利益的共同"(iuris consensus et utilitatis communione)。"consensus"是阳性名词,意为同意、赞成、一致、统一。一种所有人共享的正义感,反映了一个社会的道德生活和体制安排。与此相关,西塞罗还有一

---

① 西塞罗:《论法律》2:5。
② 西塞罗:《论国家》3:8。
③ 西塞罗:《论法律》1:13。
④ 西塞罗:《论国家》1:32。

些表达法:commune ius(shared justice,共享的正义),societas iuris,(association based on justice,以正义为基础的联合体)。西塞罗国家定义中的"法的一致"强调的是"对正义的一致尊重","利益的共同"强调的则是"利益共享"。西塞罗在国家定义中引入这两个成分,并把它们联系在一起,其目的在于确立一个判断标准,以判别任何体制、组织、集团的政治统治的合法性。

提出国家定义以后,西塞罗运用上述标准对各种体制的国家进行合法性的论断。西塞罗指出:"如我所说是'人民的事业'的每一个国家要想永久长存,必定要由某个商议性的组织(consilium)来统治。"①如果政府处于一人的支配之下,则为君主制;如果处于少数的几位经过挑选的人的支配之下,则为贵族制;如果由人民直接参与和支配,则为民主制。

西塞罗认为三种政体形式均有缺陷:在君主制中,公民不享有政治权利,不参与公共决策,因此他们无法享有实际的政治权利。"这怎么能被称作'人民的事业'呢,而这正是国家的含义。因为有一个人在残酷地压迫所有人,没有任何形式的正义,而那些聚集在一起的人之间也没有任何一致的合作,尽管这是人民的定义的一部分。"②

在贵族制中,人民缺乏真正的、确确实实的自由,特别是无权自由地选择地方行政官,并且没有人能保护它免遭贵族的滥用。"甚至完全由一个派别控制的国家也不能真正地被称作共同体,……在伯罗奔尼撒大战以后,臭名昭著的三十僭主极不正义地统治了他们的城市,这个时候"雅典人民的事业"又在哪里?"③"当十人委员会统治罗马,对他们的决定不得上诉的时候,在他们掌权的第三年,当自由

---

① 西塞罗:《论国家》1:26。
② 西塞罗:《论国家》3:31。
③ 西塞罗:《论国家》3:32。

失去了它的全部法律保障的时候,怎么样?……没有'人民的事业';人民起来造反,想要夺回他们的财产。"①

在民主制中,尽管一切都归人民掌管,一切都处于人民的权力之下,民众想惩治什么人就可以惩处什么人,但是"那里不存在人民,它不是由法的一致结合起来的,而是一个集体僭主"②。所以民主制也有严重缺陷,不是真正的"人民的事业"。这三种体制总是逐渐衰败,并形成循环。起初是君主制,随后退化成暴君专制;接着是贵族制,它会演变成寡头统治;再接着是民主制,它最终又会衰变为平民政治,即无政府主义的人心蛊惑,亦即放纵无拘的群氓政府,这一群氓政府又会试图实现君主制。如此周而复始,永远也找不到一个稳定的、永恒的政治体制。总之,上述政体的国家之所以不是真正的国家,其原因正在于"合法性"的丧失。

西塞罗也有十分丰富的法律思想。他在他的早期著作中曾区分过自然法、成文法、习惯法。习惯法中包含着从自然中派生中来的某个原则,并通过成文法得到加强。"我们看到习俗、延续的原则、公众的赞同、社团的习惯,加强了从自然开始的东西。"③成文法以书写的形式规定所希望之事,或是命令,或是禁止。经过长期发展形成的某些被证明对人们有益的用语在成文法中得到确认。

西塞罗认为:"法律不是人的思想的产物,也不是由任何人规定的东西,而是某种凭借关于允许或禁止的智慧管理整个世界的永恒之物。因此,人们习惯上说,神的心灵是最初的和最终的法律,它的理性通过推动和约束来指导万物。因此,由神明赋予人类的法律理应受到赞扬,因为它也就是贤明的立法家用来提出允许或禁止的理性和心灵。"④神界的法律和人民的法律虽然是两种法律,但两者根

---

① 西塞罗:《论国家》3:32。
② 西塞罗:《论国家》3:33。
③ Cicero, *De Inventione*, 2.162.
④ Cicero, *De Legibus*, 2.8.

本上是一致的。"没有什么比理性更优越,而理性既存在于人,也存在于神,因此人和神的第一种共有物就是理性。既然理性存在于人和神中间,那么在人和神中间存在的应是一种正确的共同理性。因为法律即理性,因此应当认为我们人在法律方面与神明共有。"①这一思想为后来的早期基督教思想家所继承。

西塞罗给自然法下了经典性的定义。他说:"真正的法律乃是与自然相一致的、正确的理性;它适用于所有人,是稳定的、永恒的;它以命令的方式召唤人们履行责任,以禁止的方式阻止过犯。"②"法律乃是自然中固有的最高理性,它允许做应该做的事情,禁止相反的行为。""法律乃是自然之力量,是明理之士的智慧和理性,是合法与不合法的尺度。"③"法律是根据最古老的、作为一切事物之始源的自然所表述的对正义和非正义的区分,人类法律受自然指导,处罚邪恶者,保障和维护高尚者。"④

西塞罗的思想所具有的创造性值得人们加以关注。比如,西塞罗对国家、公民、法律等一系列重要术语的理解与希腊思想家相比有较大进步,他引入了"人民的共同意志"的因素,从而更为鲜明地提出了"民众"参与司法、政治活动的问题。他为西方思想贡献了典型的罗马人的法律、政治、国家概念。西塞罗心目中的理想化的国家体制是一种宪政体制。这一制度的特点在于:它不是一个抽象的理论构造,不是一个人或一代人的创作成果,而是对罗马人长期实践的理论总结,它已经在长期的历史过程中,由许多人提出和实施过了。

扫一扫,观看讲座视频

---

① Cicero, De *Legibus*, 1.23.
② Cicero, De *Legibus*, 3.33.
③ Cicero, De *Legibus*, 1.19.
④ Cicero, De *Legibus*, 2.13.

第13讲
求福：宗教的寻求

古希腊的宗教与哲学有着千丝万缕的联系，共同体现了希腊民族精神。希腊哲学家把幸福定为人生的目标，希腊各种宗教也都在追求幸福。本讲通过介绍希腊罗马传统宗教的衰亡和基督教的诞生来反映希腊罗马民族宗教精神的变迁和追求。

一、相关词义解释

与本讲相关的语词首先是福或幸福。我们先来看看汉语中间"福"这个词的意思。《说文解字注》的作者说："福，佑也。"《古汉语常用字字典》解释说，"福"的主要意思有：（1）幸福："祸兮福所倚，福兮祸所伏。"（《老子》）（2）祭过神的酒肉："骊姬受福。"（《国语·晋语二》）①

福或幸福在希腊文中写作 εὐδαιμονία，英文翻译为 happiness, prosperity。这个词圣俗通用，没有专门的宗教涵义。而在基督教《新约全书》中，"福"写作 μακάριοι。"耶稣看见这许多人，就上了山，既已坐下，门徒到他跟前来，他就开口教训他们，说：虚心的人有福了！因为天国是他们的。哀恸的人有福了！因为他们必得安慰。

---

① 《古汉语常用字字典》，第88页。

温柔的人有福了！因为他们必承受地土。饥渴慕义的人有福了！因为他们必得饱足。怜恤人的人有福了！因为他们必蒙怜恤。清心的人有福了！因为他们必得见神。使人和睦的人有福了！因为他们必称为神的儿子。为义受逼迫的人有福了！因为天国是他们的。人若因我辱骂你们，逼迫你们，捏造各样坏话毁谤你们，你们就有福了！"（《马太福音》5:1—12）这些话被基督徒称作"登山宝训"，里面提到的八种幸福被称作"真福八端"，也就是八种真正的幸福。

二、希腊晚期的宗教潮流

公元前4世纪以后，古希腊城邦社会盛极而衰。城邦内部各种矛盾的发展促使了社会的分裂，城邦之间的争战造成了城邦国家实力的削弱。此时，处于希腊本土边徼之地的马其顿王国崛起了。公元前360年，雄才大略的马其顿国王腓力二世即位。他仿照底比斯的军事体制召募牧民和农民，建立了一支强大的军队，大量使用骑兵作战。从此，马其顿成为希腊半岛上武力最强的国家。公元前338年，腓力在喀罗尼亚地方彻底击溃雅典和底比斯的联军。从此结束了希腊半岛上城邦林立的局面。喀罗尼亚战役被史家视为马其顿统一希腊半岛的起点。希腊古典城邦文化的发展告终，希腊文明的发展进入了希腊化时期。

腓力统一希腊各邦以后，原拟兴兵对波斯帝国进行复仇战争，但他在宫廷事变中被刺杀。他的事业由儿子亚历山大继承下来。公元前336年，亚历山大继承马其顿王位，开始用武力征服地中海世界和波斯帝国，想要建立一个世界性的大帝国。亚历山大征战的结果是缔造了一个地跨欧亚非，版图达到200万平方英里的大帝国。马其顿人的武力征讨成为希腊文化传播的导体，军威所至，希腊文化亦随之传到那里。

严格说来，东西方文化的交流并非始自亚历山大东侵。早在希腊向东方进行大移民(公元前8—前6世纪)前,希腊和东方就处于密切的交往中。但是,希腊化时期东西方文化交流与融合的规模和程度都是前所未有的。这个时期最显著的事实,便是古希腊的文化和古代东方各国的文化因为交流融合而孕育出更有活力的文化。亚历山大打破了西方和东方之间的藩篱。随着希腊文化的传播,希腊的影响进入东方;与此同时,东方各种古代文化也反过来影响着西方和希腊。

希腊文化的东传给东方各民族文化带来了巨大的冲击,产生了许多新的结合点。"在长期的持续中,同时产生出一种东方思想的缓慢的回流;它的踪迹,若干世纪后出现在希腊哲学中。在希腊母邦著名学术中心的旁边,产生了若干适合形势、居民和特殊环境的新的学术中心;把东方和西方的文化连结起来,把不同种族的理智力量,融合成为一种同质的群体。"①希腊共同语的形式,对希腊文化的传播起了重要作用。

由于希腊古典文化所取得的辉煌成就以及从亚历山大东征开始造就希腊化世界这一历史事实,希腊化时期的文化本质很容易被人们理解为希腊古典文化的扩展和延续。然而文化扩展从来就不可能是单向的。希腊化不是希腊文化单向地影响东方国家的文化,也不只是希腊人把他们的文化输往非希腊文化的东方国家,而是东西方文化的汇集和融合。希腊化时期文化的本质是希腊文化和东方文化的综合。那些在亚历山大帝国的废墟上所形成起来的各个希腊化国家,一方面具有东方的特征,一方面又具有希腊的色彩。那些"希腊化"大都市,如埃及的亚历山大里亚、叙利亚的安条克、小亚细亚的帕加马等,成了新文化的渊薮,成为东西方文化融合的中心点。正是在亚历山大里亚,最先和最完全地实现了希腊和东方的结合。这个地方在希腊化时期的宗教和哲学的发展中,占有重要地

---

① 策勒尔:《斯多亚学派、伊壁鸠鲁学派和怀疑论学派》,第15页。

位。后来对基督教神学有重大影响的犹太教神学就是在这里诞生的。以后,这种文化融合的传统又被罗马帝国继承下来。潜在地作为一种世界宗教的早期基督教,就是从这些大的希腊化的城市形成和发展起来的。

随着这种东西方文化交流的进程,希腊的文学、艺术、科学和哲学在西亚地区和埃及流传开来,但是东方的宗教由于其悠久的传统和深厚的根基,并没有被希腊文化所征服。亚历山大梦想的种族融合并未实现。在帝国广大疆域之中,各民族仍然讲他们本族的语言,信奉其祖传的神灵,保持其习惯已久的生活方式。社会上层是希腊文明熏陶的希腊马其顿人,而社会下层却是亚洲和埃及各民族大众。古典时代希腊人对智慧的热爱,对传统的理性态度,一旦时过境迁,在希腊本土尚难持续发展,对东方民族,就更难谈得上改变他们的性格,征服他们的心灵。随着时间的推移,东方文化熏染而成的东方思维方式渐渐渗入西方。东方的宗教神秘主义浸透了希腊的哲学;巴比伦的占星术破坏了希腊的天文学;东方的君主专制制度比希腊的民主制更为强有力。首先是亚历山大大帝,而后是希腊和罗马的历代帝王,差不多都按照东方皇帝和埃及法老的方式宣称自己为神,并建立了一套崇拜自己的宗教仪规。东方诸神和相应的崇拜仪式差不多都被希腊人接受过来。希腊人的文化气质过于理性化,对宗教和神并无深厚的信仰,而东方人则信得非常深沉。似乎可以这样说,在精神文化层面,希腊化时期东西方文化交流的特点是:希腊人的哲学传到东方,东方人则把宗教献给希腊。哲学的深奥性,使它只能成为少数知识阶层的奢侈品,而宗教的神秘性,则拨动了社会大众的心弦,激发起普遍的共鸣。

东方宗教神秘主义在希腊社会的流传不可能不触动希腊知识界的神经,引起理性的反响。在这股宗教大潮面前,哲学不得不作出回应。文德尔班说:"哲学陷入这潮流愈深,就愈明显地显示出:哲学不能用伦理的生活理想满足有教养的人——不能向他们保证预许的幸福。因此结果是(首先是在亚历山大里亚),宗教各种观念混杂的、澎湃的洪流一股脑儿地涌进哲学中来;这一下,哲学在科学的基础上不仅力图建起伦理的信念,而且力图建起宗教。哲学,利用希腊科学的概念、澄清和整理宗教概念;对于宗教感情迫切的要求,它用令人满意的世俗观念来满足它,从而创立了或多或少与各种相互敌对的宗教紧密相联的宗教形而上学体系。"① 希腊化时期最有代表性的三个流派,伊壁鸠鲁学派、怀疑论学派、斯多亚学派,对这股宗教潮流作出了不同的回应。一般地说来,怀疑学派和伊壁鸠鲁学派可以看成是对宗教神秘主义的怀疑和否定,而斯多亚学派则可看成是希腊古典时期形成的理性主义神学的进一步发展。换言之,伊壁鸠鲁学派是这股宗教潮流的抗击者,怀疑学派是旁观者,斯多亚学派是迎合者。

三、基督教的诞生与发展

基督教是一种世界性的大宗教。"基督教"一词在英语中称 Christianity,是指信奉耶稣基督为救世主的所有教派,即包括罗马公教(Catholic)、正教(Orthodox)、新教(Protestants)三大派及其他一些小教派。它与佛教、伊斯兰教并称世界三大宗教,但较之佛教和伊斯兰教,它在世界各地分布更广,占人口比例更高,影响也更大。

"基督教"这一称谓在中国的使用比较混乱,往往有广义和狭义之分。广义的基督教,也就是英语中的 Christianity 之意;狭义的基督教则是指其中的新教,即英语中的 Protestants。这种状况是由于历史原因造成的,因为长期以来华人都习惯把新教称为基督教。大

---

① 文德尔班:《哲学史教程》上卷,第213页。

陆的新教教会也从不称自己为新教,只称基督教或耶稣教,而将罗马公教称为天主教,正教称为东正教。港台华人为解决这一混乱状况,把广义基督教称为"基督宗教",以与专指新教的狭义基督教相区分。这一用法现已渐被一些大陆学者所采用。我们这里用基督教一词专指广义基督教,而将狭义基督教称为新教。

基督教诞生在古罗马帝国,至今已有两千年的历史。基督教诞生以后很快就突破了地域和文化藩篱,逐渐扩散到全世界,成为世界上最具影响的重要宗教之一。它在西方世界曾一度高居精神思想的统治地位。时至今日,它仍然深刻地影响着人类生活的许多方面,并且是相当一部分人精神世界不可剥离的组成部分。把基督教思想看作当代西方文化的底蕴、未来世界文化的重要因素是丝毫也不过分的,而当代基督教思想的种种要素都可以追溯到它的古代阶段中去。

在学术研究中,学者们一般将基督教的整个历史划分为四个时期:(一)古代基督教,从公元元年至公元590年,亦即从基督降生到大格里高利;(二)中世纪基督教,从公元590年至1517年,亦即从大格里高利到宗教改革;(三)近代基督教,从公元1517年至1878年,亦即从宗教改革到现代主义兴起;(四)现代基督教,从1878年教皇利奥十三世(Leo XIII)即位至今。而古代基督教的历史又可分为以下三个阶段:第一,基督的生活与使徒教会,时间上是公元元年至100年,从《圣经》中所说的基督"道成肉身"到使徒约翰之死;第二,遭受罗马帝国迫害的基督教,从公元100年至311年,亦即从使徒约翰之死至康斯坦丁大帝;第三,与罗马帝国和解并处于蛮族大迁徙风暴之中的基督教,从公元311年至590年,即康士坦丁大帝至教皇格里高利一世(Pope Gregory I)。

基督教的创始人是耶稣。史书对耶稣的记载非常有限制,从基督教《福音书》中我们可以知道耶稣的大概情况:童贞女马利亚因圣灵感孕,怀了耶稣,罗马政府的人口普查使耶稣降生在伯利恒,为躲避希律王的迫害,他的父亲带他逃亡埃及,直到希律王死后才返回。耶稣后来接受圣灵给他的洗礼,表明他已成为基督,是上帝的儿子,为要拯救世人,执行上帝赋予他的使命。《福音书》中记载的有关耶稣基督的言论行为,甚至他的神迹奇事都是围绕着这个使命。耶稣的影响力并没有因为他的受死而消失,他的门徒反而将福音"传到地极"。

公元1世纪中叶,当时基督教还是犹太教内部的一个小社团。使徒们把"福音"的内容集中为报告耶稣的言行、受难及复活的信息,"福音"一词遂成为专有名词。《福音书》中的耶稣没有提出当时有教养的犹太人所不熟悉的教义,也没有形成全新而完整的宗教理论和道德学说,但他针对当时的现实问题所发表的各种议论与犹太教正统派有着明显差异。犹太人认为,犹太教的神是最完美的神,耶路撒冷城是上帝在地上的居所,圣殿是上帝的圣殿;因此,世人当"归"耶路撒冷城。基督教则认为,上帝的救恩已来临,上帝就在信徒心中,信徒当去万国万邦传福音、做见证。承认耶稣是"弥赛亚"成为基督教与犹太教的重要区别之一。

宗教的根本特征在于信仰。在宗教的精神历程中,首先出现的是一套反映其信仰的观念体系,形成某种宗教世界观。它是宗教行为和宗教组织的内在依据,是宗教文化形成的精神骨架。在社会文明程度达到一定阶段时,宗教观念以语言或文字的形式表现出来。此时,宗教观念就超出个人体验和信仰的范围而具有了社会的意义,成为一种精神文化的内容。而当人的理性思维发展到一定程度时,宗教观念也要求得到解释和证明,于是具有理性色彩的神学体系出现了,原先观念性的东西演化为外观和形式与哲学相近的教理和教义。在此阶段,有无特定的宗教信仰成为哲学与神学的唯一界限。而在允许信仰寻求理解的宗教中,哲学与神学融为一体。宗教哲学发生的这一逻辑进程在基督教中表现得最为明显。它在历史上的表现就是教父哲学。

基督教的"教父"一词的拉丁文是 Pater,英文是 Father。它原先是对教会主教的称呼,后来被用来称呼教会中的神父,特别是主持忏悔的神父。基督教正统教会把早期和中古时期基督教的权威思想家称为教父。按类别分则有使徒教父、希腊教父、拉丁教父、东方教父等。

"使徒教父"这个术语的另一译法是"使徒时代的教父",指在最后一位使徒仍旧活着的时期的那些基督教作家,其中有些人还可能作过使徒的门徒;主要有巴拿巴、赫马、罗马的克莱门、波利卡普、帕皮亚和伊纳爵。除了他们所写的书以外,还有两部佚名著作,一部是《给狄奥格尼图的信》,另一部是《十二使徒遗训》。学者们认为使徒教父的思想一般比较粗浅、缺乏深度和确定性,也不够明晰。其著述的内容主要出于新约《圣经》,很少有他们自己的思想。

使徒时代以后的基督教教父可以分为希腊教父和拉丁教父两大系列。从时间上说,拉丁教父思想家的产生比希腊教父思想家大约晚一百年,在这个意义上,拉丁教父可以看成是希腊教父的学生,他们的信仰与思想深深地受到希腊教父的影响。然而,拉丁教父的思想又不能被视为对希腊教父思想的简单模仿,而应看作"教会生活和基督教神学的一种新的、充满活力的、独立的形式。它在过去已经证明了自己并不劣于希腊教父学,而且很可能在对世界历史的影响上超过了它的老师"[①]。希腊教父的思想与拉丁教父的思想有许多相同点,也有许多不同的地方。一般说来,那些罗马帝国东部的教父由于生活在希腊思想之中,倾向于哲学思考,而那些西部的教父则更多地与基督教的敌人进行论战,反击诸如基督教是文明之敌,基督徒是给国家带来毁灭的人这类实际的谴责。他们尤其坚持说:基督徒是忠于皇帝的,因为他们为皇帝祈祷;不是他们给文明带来损害、给帝国带来灾难,而是那些不敬真神的异教徒损害了国家

---

① Campenhausen, H., *The Fathers of the Greek Church*, Pantheon, New York, 1959, p.1.

的真正利益;基督教是社会的拯救者。

"基督教哲学在最初几个世纪里,通常被命名为教父学,它用比拟的方式大规模地扩展开来。这种使福音哲学世俗化是由基督教护教士开始的,他们力图将宗教信仰描述为唯一的真正哲学,其目的是要在知识分子眼中捍卫基督教,使其免受歧视和迫害,从而开始使宗教信仰的内容适合于希腊科学的概念形式。"[1]以教父们的著作为研究对象的教父学在西方是神学研究的一个分支。广义上,教父学的研究范围一直延伸到13世纪经院神学的兴起;狭义上,它的研究范围从1世纪末新约圣经基本完成起,至8世纪止,即所谓的"教父学时代"(Patristics Age)。由于这些基督教教父们的著作是他们所处的那个时代所发生的事件和观念的主要证据,因此教父学的研究与早期教会史和教义史的研究密切地联系在一起。[2]"教父学的一般任务是研究、评价、揭示教会教父们的文献和神学成就。它是一种教父的文献史,是学说和教义史的伴生物和补充,同时又构成了对古代文献史的一种补充。"[3]在较早的时候,当学者们进行教父学研究,并且将重点放在学说研究方面时,"patrology"是"patristics"的同义词。但现在一般用"patrology"表示对教父文献所作的系统整理或研究指南。[4]

基督教在其初始阶段并不具备一套抽象的神学理论体系。使徒们在传道中要阐发神的启示和耶稣基督的启示,对启示的内容作过一些理性化的解释,这就是所谓的新约神学思想。然而基督教思想并没有到此止步,而是在与各种哲学思想的交锋中继续发展。异教哲学家对基督教的批判越多,基督教教义的理性化程度提高的越

---

[1] 文德尔班:《哲学史教程》上卷,第286页。
[2] Cross, F. L., *The Oxford Dictionary of the Christian Church*, Oxford University Press, 1974, p. 1044.
[3] Campenhausen, H., *The Fathers of the Greek Church*, p.9.
[4] Cross, F. L., *The Oxford Dictionary of the Christian Church*, p. 1045.

快。在基督教与希腊哲学各个流派的思想交锋中,基督教一方有虔诚的信仰,但无系统的神学理论;而希腊哲学一方有成熟的理性批判能力,但无统一的信仰,而且又在相互攻伐。然而也正是在这样丰厚的理性批判精神的文化氛围下,基督教神学思想迅速地理论化、体系化了。完成这项工作的是古代基督教教父。使徒教父们有神学思想,但在理论形态上大体与保罗相仿,还谈不上系统化、理论化。而希腊教父和拉丁教父的著作则大大地系统化、理论化了。希腊哲学在罗马帝国文化中所占的巨大份额使基督教教父们不得不思考基督教应当怎样对待希腊哲学,并在面临希腊哲学家对基督教的批判时发表自己的见解,由此构成了罗马帝国精神文化领域内与希腊哲学家对峙的另一个阵营。

在古代基督教思想家那里,占上风的观点是将基督教教义解释为真正的、最高的哲学,并企图证明基督教教义已经把可以在希腊哲学中发现的那些具有持久价值的所有学说融合于自身。基督被称为导师,这个导师就是理性本身。通过这种方式,基督教教义便与理性哲学尽可能地接近了。对基督教思想家来说,完全不加选择地"接纳"希腊哲学或完全不加改造地"使用"希腊哲学的情况并不存在,也不可能。从狭义的哲学发展看基督教与希腊哲学的关系往往看不清其意义所在,但若把握了古代西方文化向中世纪过渡的全景,那么,双方所处的位置及其作用就可以看得比较准确了。有学者这样评价奥古斯丁:"奥古斯丁不只是对中世纪人的思想的形成,做出了许多贡献,而且,通过使用正在崩溃的大厦的材料,有助于使某些古代的成就继续保持生命,为了在不同的基础上,缔造一种新的文化。"[①]这一评价同样适用于所有古代基督教教父对希腊哲学的接纳和使用。

---

① Armstrong, A. H., ed. *The Cambridge History of Later Greek and Early Medieval Philosophy*, Cambridge, 1967, p.348.

教父学的基本性质,从思想形态看,教父学中的理论部分是基督教世界观的理论表现,是蕴涵在教义体系中的理论思维,是对信仰的理性证明,是基督教思想家在与古代哲学等意识形态的激烈斗争中吸取对方的思维方式和理论证明而创造出来的一种宗教哲学。基督教教父通过对古代哲学思想的扬弃,塑造出中世纪典型的思维模式,其特征是:摒弃一切不利于增进基督教信仰的纯哲学思辨,使哲学思辨服务于信仰;以灵魂和肉体(物质与精神)为两个独立的实体建构哲学和神学的世界观;以善恶问题和信仰与意志自由为人生观的首要问题,将人生终极意义问题定位于对神的事奉;以理性主义(逻辑论证)和神秘主义(精神体验)为达到理想境界的两条并行不悖的通道。从教父哲学对经院哲学家的影响来看,教父学是经院哲学的先声,教父思想家创造的哲学术语和建构的理论体系为经院哲学家留下了丰富的思想资料和分析工具,对当代宗教哲学和基督教哲学的也具有重要影响。

四、理性与信仰的冲突(德尔图良)

德尔图良(Tertullian,约公元160—225)是古罗马帝国北非的一位拉丁教父思想家。他"是拉丁神学和教会拉丁文之父,也是古代基督教最伟大的人物之一"[①]。他出生于迦太基的一个异教徒家庭。他的父亲是罗马军队里的一名百夫长。德尔图良所受的教育是一种自由的希腊罗马式的教育。他的著作表明他对当时的历史、哲学、诗学、法律都很熟悉。大约30岁时,他在罗马成为一名基督徒。后来他返回迦太基担任神父。大约在公元199年,他加入基督教的一个派别——孟他努派。此后他又成立了自己的小派别

---

① Schaff, P., *History of the Christian Church*, vol.2, Hendrickson Publishers, New York, 1996, p.819.

德尔图良派。德尔图良是尼西亚会议以前最多产的拉丁教父。他的著述共有31种流传至今。

德尔图良用希腊罗马世界的理念构筑基督教拉丁神学。公元2世纪的希腊护教士在讨论异教的多神论时强调严格的一神论。菲利克斯的神学思想也没有脱离一神论的基本立场。但是,他们的神学都还没有具体涉及圣父、圣子和圣灵的关系问题。希腊护教士塞奥菲鲁用"三合一"(Trias)这个术语讨论过这个问题,但对这个问题更深一步的概念探讨以及形成某些经典性的表述则是拉丁护教士的贡献。神学反思到了公元2世纪末已经在精确地考虑三位一体的问题了。

德尔图良阐述了三位一体问题。他说:"我们也同样认为,上述神借以造成万物的圣言,理智和权能,以精神为万物固有的精华,寓于其中的圣言发出话来,理智遵照进行安排布置,权能则予以全面执行。我们得知,他出自神,而且在此过程中他是生出来的。因为他是神的儿子,并由于与神性体同一而被称作神。因为神也是一种精神。就连从太阳射出来的光线也是其母体的一部分,太阳仍在该光线中,因为此光线是太阳的光线——性体并未分开,只是延伸而已。"(《护教篇》第21章)此外,德尔图良对三位一体的神作了解释。尽管神只有一个,但他决不独处。这个神是三合一的,是三位一体的神。在这个三合一中,只有一个神的本质。这种神性是永恒地连在一起的。神永远在自身中与圣言和圣灵在一起。来自神的圣言恰似太阳发出的光芒。在创世的那一刻,圣子成为第二位的,圣灵成为第三位的。这三位均有神圣的基质或本质,亦即神力。

德尔图良的三位一体学说与他的基督论有密切联系。他认为基督是出自灵的灵(Spirit of Spirit),是出自神的神(God of God),就像光源发出的光芒。物体的基质仍旧是完整无损的,尽管你会从中得到拥有它的性质的无数的散发物。同样,出自于神的也马上就是神,就是神的儿子,两者实质是一。以同样的方式,由于他是灵的灵、神的神,他也就在存在方面,在地位上,而不是在本性上,成了第二位的。他不是返归最初的源泉,而是从那里出发。这道神的光就像古代早有预言的那样进入一位处女,在她的子宫中结成圣婴。因他的诞生,神与人连为一体。这个由圣灵造就的肉体得到哺育,长大成人,论道传教,他就是基督。①这种解释在一百多年以后举行的尼西亚会议上得到认同。

德尔图良的著作首先给我们留下的印象是,他是传统文化的摧毁者,是希腊罗马文化的否定者。然而,他虽然以反文化的面貌出现,但是最终并未能避开基督教与希腊罗马文化融合的难题,他的反文化实际上仅仅是创建基督教文化的一个必要的组成部分或前提性工作。这一点在德尔图良那里或许是不自觉的,或许是口头上不承认,但他实际上已经这样做了。简言之,德尔图良对传统文化的否定与他对基督教拉丁神学的贡献是相辅相成的。

德尔图良从他的传道生涯一开始就是一个基督教信仰的捍卫者,福音的传播者,也是一个要求严格的人,容不得半点妥协。德尔图良想要识别一种真正的基督教的热情引导着他去发现基督教与异教哲学之间的根本差别。他比其他护教士要更加强调两者之间的敌对。德尔图良接受传统教育的程度很高。但他拥有的知识没有使他对异教徒的哲学产生同情感,而是敌视它。当时有一些基督教护教士把基督教当作一种真正的哲学,德尔图良则说:"不能将基督教视为一种哲学,基督徒与你们的哲学家在认识和方法上都没有什么相似之处。"②异教哲学在合理性和清晰性方面不会超过基督教,它只不过是这个世界智慧的材料,对自然和神道的粗糙解释。基督教与希腊哲学无关。他还说过:"雅典与耶路撒冷到底有什么关系?学园和教会有什么一致的地方?异端与基督徒有什么相同

---

① 参阅德尔图良:《护教篇》,第21章。
② 同上书,第46章。

的地方？我们的教诲来自所罗门的殿堂,他自己教导我们说'简洁的心灵才能寻求主。'让那些创造所谓斯多亚学派的基督教、柏拉图学派的基督教、辩证法的基督教的企图统统见鬼去吧！"就这样,德尔图良否定了学习异教哲学的必要,并重申保罗关于哲学的警告。"不要让任何人通过哲学和空洞的欺骗误导你们,它只是人的传统,与圣灵的智慧相对立。"①

然而,这只是问题的一个方面。在他的精神活动中,我们可以看到他与异教哲学的关系的另一个方面。在解释和证明基督教的信仰时,德尔图良本人毫不犹豫地使用他在皈依基督教以前学到的哲学知识。他对以往哲学著作的引用也比比皆是。例如他在证明上帝存在时引用了斯多亚学派的宇宙理论。他在解释基督教的逻各斯概念时明确地说:"很显然,你们的哲学家也把逻各斯,即圣言和理智视为宇宙的创造者。"②后来当他解释三位一体的奥秘时,德尔图良似乎忘记了他那简单自足的信仰。他的解释无论是用语还是观念都从希腊哲学典籍中作了大量的借用。他甚至公开承认哲学家的教导有时候与我们的相同。③如果说他把大量的非基督教的理性遗产带进基督教,那么他这样做不是为了在两者之间架设桥梁,而是为了更好地理解基督教,使他为基督教信仰的辩护更加有效和有力。我们可以看到,他在这样做的时候,作为希腊罗马文化核心成分的哲学已经渗入他的神学思想。

德尔图良对异教哲学的态度就是由这两个矛盾的方面组成的。一方面是对异教哲学总体上予以否定,另一方面又汲取它的术语和逻辑推理。他告诉我们基督教与异教哲学的矛盾实际上是信仰与理性的矛盾。他认识到两者的差别,把基督教的信仰在严格意

---

① 德尔图良:《异端的行迹》,第7章。
② 德尔图良:《护教篇》,第21章。
③ 参阅德尔图良:《论灵魂》,第2章。

义上理解为接受《圣经》的权威性教导。这样的简单信仰对拯救来说足够了。但是基督徒在解释信仰时需要寻求理性的证明,以便护教和宣传,在这种时候他完全可以这样做而不会损害他的信仰。如我们所见,德尔图良本人尽管不相信这样做有什么用,但在用哲学知识解释基督教的学说时是毫不犹豫的。很难相信他在这样做的时候会感到他自己的信仰受到了损害。相反,那些德尔图良在皈依基督教以后用于基督教学说的哲学解释也帮助了他的信仰,他由此获得的信念并非是无价值的。

德尔图良这个范例使我们确信,文化冲突以及继之而来的不同程度的调和也是基督教神学发展的一个动力。德尔图良使用希腊罗马世界的理念构筑了基督教早期神学的典型,即天主教神学。他把基督教界定为一种神赐的启示,提出了一些权威性的天主教准则。他的那些信仰公式为后来天主教教会拉丁信经的"三位一体"说奠定了基础。他的著作中有大量的新术语被后来的神学家采用,从而在天主教学说的词汇表中有了永久性的地位。可以说德尔图良并非有意识地要去保存希腊罗马文化,也并非有意识地要把基督教的信仰与其他宗教和哲学相妥协。为了捍卫基督教,他对异教文化进行了坚决的批判,否定了这种文化。然而在他阐释基督教的信仰的时候,他汲取了希腊罗马文化的精髓,从而使早期基督教的拉丁神学具有了适合在罗马帝国生根的形式。由于这个原因,德尔图良被称作"教会拉丁文的创造者",在许多方面他都是整个西方神学传统的奠基者。"他对三位一体的解释和他的基督论学说使他置身于圣奥古斯丁之旁,成为教父时期西方最伟大的神学家。"①

扫一扫,观看讲座视频

---

① Cross, F. L., *The Oxford Dictionary of the Christian Church*, p.1334.

第14讲
求圣：与神合一

精神方面的追求有一个境界问题,我们知道,希腊古代思想家都在求福,也在求圣,希望能够达到圣贤的境界。基督教诞生之前,希腊罗马有各种各样的宗教,也有各种各样的哲学。我们可以看到,希腊罗马的宗教家在求圣,希腊罗马的哲学家也在求圣,但他们求圣的道路却各不相同。让我们通过了解他们的精神历程,来领略希腊罗马民族的求圣精神。

一、相关语词解释

我们先来看看汉语中间"圣"这个词的意思。《说文解字注》说:"汝颖之间,谓致力于地曰圣。"《古汉语常用字字典》解释说,"圣"字有以下几个意思:(1)通达事理。"母氏圣善。"(《诗经·邶风》)(2)具有最高智慧和道德的。"若贵而愚,贱而圣且贤,以是而妨之,其为理本大矣。"(柳宗元《六逆论》)(3)具有最高超技艺的人。"诗圣。"①

"圣"字经常与"人"字联用,构成"圣人"这个词。比如,"天地无心而成化,圣人有心而无为。""至于圣人,则顺理而已,复何为哉!""圣人之常,以其情顺万事而无情。""圣"字又常与"贤"字联用,构

---

① 《古汉语常用字字典》,第256页。

成"圣贤"这个词。比如,"五代之时,又却生许多圣贤,如祖宗诸臣者,是极而复者也。""圣贤道在万世,功在万世。"在古汉语中,"圣"字又和所谓"天神地祇人鬼"相关。"如鬼神之事,圣贤说得甚分明,只将礼熟读便见。""古来圣人所制祭祀,皆是他见得天地之理如此。"圣人与常人相比当然要高明得多。"如人看水一般:常人但见为水流,圣人便知得水之发源处。"因此,常人要"求圣人之意,求圣人之心,求圣人之用"乃至于最后"成圣"。(皆引自《朱子语类》)

希腊文中有这么几个词与我们说的圣人、圣贤有关: σοφιστής,这个词英文可译成 sage,就是圣人或圣贤的意思。但我们也要看到,这个词在希腊哲学中译成"智者",即拥有大智慧的人。ιερος,这个词英文译为 Sacred,表示"神圣的"。原本一些自然的东西、世俗的东西被人圈定或界定出来,就具有了神圣的意味,就成为神圣的。比如一些风景优美或奇特的地方盖了一些宗教建筑,这些地方也就成为神圣的了。ιερειον,这个词英文译成 Sacrifice,表示献祭,我们知道各种宗教祭品原本都是一些自然物品,但一旦成为供奉神的祭品,它们也就具有了神圣的意味了。σεμηνόν,这个词英文译为 Sacredness,它的意思就是"成圣"。

还有一个希腊词与本讲主题密切相关。希腊文 μυστήρια,这个词英文译为 Mystery,它的含义有奥秘、引导、介绍入会、秘密的东西、神秘、超验的启示。这个词转写为拉丁文是 mysterium,它表示秘密祭神礼、奥迹、奥义、神秘等。

神秘主义一词的英文 mysticism、法文 mysticisme、德文 mystizismus,皆源于拉丁文 mysterium。让我们再找一本专门的宗教辞典[①]来看一下神秘一词的含义。

mystery:奥秘;奥迹;秘迹;神秘;秘密;奥理;秘义;玄义;玄妙;奥妙(人只能借超自然启示,以信心接受方能知晓的任何宗教真

---

① 引自辅仁大学神学著作编译会编:《英汉信理神学词汇》,第167页。

理);秘教仪式;圣事;圣餐礼。

　　mystery cults:秘教礼仪;神秘宗教敬礼;神秘祭仪。

　　mystery of the cross:十字架的奥秘。

　　mystery of the Trinity:三位一体的奥迹。

　　mystery of religion:秘教;神秘宗教;密仪宗教;奥迹宗教;秘仪(埃及、希腊、波斯等地,分享神明或死而重生之英雄生命的宗教)。

　　mystical contemplation:神秘默观。

　　mystical experience:神秘经验。

　　mystical immolation:神秘祭杀(指基督弥撒中非流血方式的祭献)。

　　mystical life:神秘生活;秘修生活;潜修生活。

　　mystical sacrifice:秘祭;神秘祭祀;秘迹祭祀(某些文化或宗教仪式中,一人或神自献,得到常人得不到的效果,如死而复生,藉以满足人常生不死之欲望者)。

　　mystical spirituality:神秘神修;密契神修;净配神修。

　　mystical theology:神秘学;神秘神学;奥秘神学(描述以神秘经验之途径认识天主之学)。

　　mystical theory:神秘论(有关神秘经验的各种学说)。

　　mystical union:神秘结合;神秘联合(密契中天人的合一)。

　　mystical vision:神见(神秘经验中所见到的一切)。

　　mysticism:神秘论;神秘主义;密契主义;密契学;神秘教;密契;神契(广义指内心与神结合的任何形式,狭义则仅指超乎寻常的与神结合);神秘。

　　从上述释意我们可以看出,神秘、神秘主义及其同源词基本上是在宗教范围内使用的,具体所指又涉及宗教意识、宗教礼仪、宗教组织等各个层面。人们在非宗教的意义上也在使用神秘一词,但那基本上可以看作是"秘密"的同义词。请看下面这则广告词:"钻石,在大自然中经过亿万年光阴,方才焕发出醉人的华彩,每一颗都是独一无二,弥足珍贵,给人一种神秘莫测的感觉。然而要衡量一颗钻石的价值与品质,却一点也不神秘。"在这种世俗的意义上,神秘的意思等于不了解、不懂、尚未被认识,等于秘密。所谓神秘的对象一旦被人们了解了,也就不再神秘了。然而,在西方宗教传统或宗教学研究中,神秘主义是指宗教的某些组成部分或要素,用作形容词时则用于描述某种宗教的特征或宗教思维的类型。当然,在这个词的宗教意义中,世俗的一般含义仍然保留着。也就是说,一种宗教被人们了解的越多,它就越不神秘;反之,人们对某种宗教越不了解,也就越觉得它神秘。

神秘主义是一种十分普遍的宗教现象,与宗教的各个层面和包括基督教在内的各种宗教都有关。为神秘主义下定义者不乏其人。定义是进行理论探讨和学术研究的重要起点。让我们来看一下学者们给神秘主义下的定义。

"神秘主义是融修行术与秘传知识为一体的一门学科,是上升到最高水平的个人宗教。神秘主义可以与宗教有关联,但并非必然如此。神秘主义者往往是宗教团体(例如教会)并不培养也不知如何对待的人物。"①这一定义从学科分类的角度描述了神秘主义的所指。但实际上,至今为止还没有一门学科愿意给自己冠上"神秘学"的称号,相反的,倒是那些很难登上科学殿堂,或至今仍在科学的门槛边徘徊的类科学或准科学经常被人们贴上神秘主义的标签。更何况,这个定义将某种宗教现象,即修行术,定为神秘主义的主要内容,这样一来,对神秘主义的研究也就被局限在宗教的一个要素之中了。在这样的定义下,我们很难看清宗教意识与宗教体验的关系,更无法弄清宗教神秘主义的发展。我们认为,神秘主义是一种普遍的宗教现象,是与宗教的各个层面都有关系的一种性质,而不是一个独立的可作研究对象的实体。宗教意识、宗教礼仪、宗教组

---

① 《简明不列颠百科全书》第7卷,第152页。

织和宗教体验都有神秘与不神秘之分。学术界在使用神秘主义这个词时,更多地也是用于属性判断,而不是用作实体陈述。当然,我们这样说并不意味着反对研究修行术,而是认为修行术是宗教的重要内容,也是我们在研究宗教神秘主义时要加以关注的。

与上述定义类似的一类定义是把神秘主义限定为一种宗教体验,即所谓神人合一的体验。美国《哲学百科全书》"神秘主义"词条列举过一些现代西方学者给神秘主义下的定义。例如,"神秘主义是个人与神合一时的直接感受";"神秘主义是这样一种心灵的态度,在心灵中所有的联系都被心灵与神的联系所吞没","真正的神秘主义是这样一种意识,我们所经验到的每一样事物都是一种成分,并且事实上只是一种成分,亦即在存在的本质上,它只是别的事物的符号"。不过词条作者指出:"显然,这样的对神秘主义现象作宗教和哲学解释的定义不会被所有沉思者所接受。例如,不相信一个人格神的佛教神秘主义者,会排斥这些定义中的前两个;他也会对第三个定义产生怀疑,在什么意义上可以把涅磐的体验理解为其他别的事物的符号?"[①]其他类似的定义还有:"总的说来,神秘主义是一种在现世通过个人的宗教体验而获得的关于神的间接的知识。它原来是一种祈祷者的状态,从得到程度不同的各种短暂而又罕见的神圣的触及到在所谓的'神秘的合一'中达到实际的与神永恒的联合。神秘主义者自己为他们的体验的真实性提出的最确定的证明是它的效果,亦即在谦卑、仁慈、甘愿受苦这类事情上的增长。神秘主义是一种广泛的体验,不仅在基督教中有,而且在其他许多非基督教的宗教中也有,例如,佛教、道教、印度教和伊斯兰

---

① Edwards, P., ed., *The Encyclopedia of Philosophy*, vol., 5, Macmillan Publisheing Co., Inc., New York, 1967, p.420.

教。"[①]"神秘主义就是人与神的心灵合一。"[②]这些定义表明,在现代西方宗教学和哲学研究中,神秘主义主要是被理解为一种特殊的宗教体验,即人神合一的心灵体验。这种理解是一种狭义的神秘主义。它表现了当代宗教学研究的一个重要趋势,但并不表明对宗教神秘主义研究的全部范围。为了比较准确地理解神秘主义的含义,我们需要简单地追溯一下现代西方宗教学发展的历程和趋势。

二、与神合一

从宗教发展的历史来看,与神合一的宗教经验只是宗教发展到一定阶段出现的现象。与其说它是全部宗教现象的核心,不如说它只是神秘主义这种宗教现象的核心。我们下面就来看一下希腊罗马思想中的"与神合一"。

现代西方哲学家罗素曾经这样概括古希腊人的两种精神倾向。他说:"事实上,在希腊有着两种倾向,一种是热情的、宗教的、神秘的、出世的,另一种是欢愉的、经验的、理性的……并且是对获得多种多样事实的知识感到兴趣的。"[③]罗素想要做的是把希腊民族精神世界的两种主要倾向描述出来,并以宗教和哲学分别为这两极的代表。

我们认为,希腊民族的精神文化确实存在着两种基本倾向,但罗素所做的概括很容易引起读者的误解。他用"热情"和"欢愉"这两个形容词来描述两种精神倾向,并分别与"宗教的、神秘的、出世的"和"经验的、理性的"并列,这样一来,人们就会误以为热情只与

---

① Cross, F. L., *The Oxford Dictionary of the Christian Church*, p.935.

② Ferguson, E., *Encyclopedia of Early Christianity*, Garland Publishing, Inc., New York & London, 1990, p.632.

③ 罗素:《西方哲学史》上册,第46页。

神秘的出世的宗教有关,而与欢愉的经验和理性无缘,而实际情况并非如此。更糟糕的是,罗素的概括把宗教与神秘联系在一起,而与理性无关,这种划分带来的误解就是把希腊宗教等同于神秘主义,而同时也就把希腊哲学等同于理性主义。

在我看来,用"理性主义"和"神秘主义"来概括希腊民族精神文化的两极更为贴切。就希腊民族精神的总体倾向来说,哲学可以作为理性主义这一极的主要代表,宗教可以作为神秘主义这一极的主要代表,但做这样的论断并不等于肯定希腊哲学与神秘主义无关,或者说希腊宗教全部是神秘主义的。只有了解希腊宗教的基本状况及其与希腊哲学之间的复杂关系,我们对希腊民族的精神世界才会有比较准确的把握。

与神合一也可以理解为一种精神境界。我们看到,希腊罗马人在长时间的精神追求中,主要沿着两条道路在前进。我把它们称作祭仪通神和理性通神。

祭仪通神是希腊各种宗教信徒走的道路。在希腊哲学与科学兴起之前,奥林波斯教的神灵观念是希腊民族精神的主要体现,它对当时社会公众心理的影响比后起的哲学更加广泛,但它在以后的发展中并没有保持原有的地位,而奥林波斯教的消亡已经由它自身的缺陷所决定了。当希腊人的理性思维已经发展起来并有了哲学的时候,这种宗教尚无理性化的教义;当希腊人除了参与公共生活,还想要获得个人情感的满足的时候,这种宗教就越来越官方化了。于是,希腊人探索神秘的生命,想要达到"与神相合"的精神境界的目标只能由其他神秘的民间宗教来满足了。

希腊神秘教主要有狄奥尼索斯教和奥斐斯教,狄奥尼索斯教的历史可以追溯到公元前7世纪,但它到了古典时代迅速崛起并广泛传播。狄奥尼索斯教徒崇拜的酒神狄奥尼索斯,其出身比其他天神要低微。神话中说,狄奥尼索斯是宙斯与凡妇塞墨勒偷情的产物,天后赫拉知晓后妒火中烧,设计哄骗塞墨勒,让她要求宙斯以向赫拉求爱的形象与自己相会。宙斯无法自食其言,只能以霹雳的形象出现在塞墨勒面前。结果,塞墨勒被烧成灰烬,宙斯从火中抢出六个月的胎儿,缝入自己的髀肉。待胎儿长成后,宙斯割开大腿,产下狄奥尼索斯,把他交给赫耳墨斯,而赫耳墨斯把狄奥尼索斯变成一只小山羊,交给倪萨山的神女抚养,慢慢地,狄奥尼索斯在山中长大并发明了酒。后来,赫拉认出他是宙斯和塞墨勒的儿子,将他变成了疯子。在一大群山羊神和狂女的陪伴下,他周游世界,在各处创下辉煌业绩……后来,狄奥尼索斯返回希腊世界,人们认识到他是神后,就开始崇拜他。最终,他终于升入天庭,成为十二主神之一。他又下到冥府,迎回死去的母亲。在以这些神话故事为主要依据的酒神庆典中,信徒们扮演这位神灵,由羊人和狂女陪伴,手持长笛和酒杯到处游逛,喝得醉熏熏的。这种宗教庆典给了信徒们一种与官方祭典不同的新感受。你想要与神相通吗?不必去与天神攀亲,不靠祖宗和前辈英雄,也不必顶礼膜拜。只要你信奉狄奥尼索斯,只要你按他的处世方式去行事,你自己就是神。这样,平民们在庆典中与神沟通了,与神认同了。他们体验到了自身的神圣性,这对平民阶层来说,确实是一种精神解放。狄奥尼索斯教发展到后来有被奥林波斯教融合的迹象,狄奥尼索斯被纳入神圣家族,也有一些城邦尊他为城邦保护神。与此同时,在该教内部也有一些人做了使该教礼仪规范化的努力,从而使该教演变为奥斐斯教。

  奥斐斯教因其教祖而得名。在希腊神话中,奥斐斯是个半人半神的角色,他是文艺女神之子,擅长音乐和诗歌,他美妙的歌喉来自于天赋,能使顽石动情,顽石可以跟着他聆听歌声。他曾去埃及游历,后来参加希腊英雄们寻找金羊毛的远航,是他用音乐帮助英雄们克服了许多困难。远航结束后,奥斐斯返回故里,娶欧律狄刻为妻,后来妻子被毒蛇咬死,为了使妻子能够复活,他下到冥府,用歌声让艄公卡戎给他摆渡,又驯服了三头狗。冥王哈得斯受到感动,允许他带妻子的鬼魂去还阳。但有一个附加条件,在走出冥界之前,不能回头看妻子的影子,结果在快要走出冥界的时候,奥斐斯忍不住回过头去看了一眼,他妻子的鬼魂立即消失了。奥斐斯在失去妻子后,致力于宣传一种新宗教。

奥斐斯教有成文的教义,该教的《圣书》相传由奥斐斯撰写,奥林波斯诸神也被该教列为崇拜对象,并排列成五代,但排法与荷马、赫西俄德的做法不同。它最崇奉的神祇不是天神而是冥神,不是宙斯而是狄奥尼索斯;它最关注的不是现世的福益而是来世的幸福,不是人的肉体,而是人的灵魂;它最崇尚的原则不是理性至上,而是自由狂放;它追求的精神境界不是神圣和庄严,而是自由与狂放。这些精神要素都汇聚在狄奥尼索斯身上,他是酒神,是自由与生命的象征,他每年在隆冬萧杀之际去世,到春天复生,意味着生对死的胜利。

奥斐斯教也给信徒个人提供了一条摆脱人生苦难的解救之道,即人生在世要净化灵魂,净化的方式则是用清净的泉水洁身、节食、禁绝杀生和血祭等等。通过这些洁净礼仪,使灵魂摆脱肉体的污秽,最后与神相合。人生就是死亡的演习,只有通过死亡,灵魂才能从它的禁锢之中解脱出来,才能从它身体的罪恶之中得到解救。总之,奥斐斯教以它独特的教义和教仪为一部分希腊人提供了精神上的抚慰,代表着希腊民间宗教发展到一个新的阶段。

理性通神是希腊罗马哲学家走的道路。希腊人的宗教神话以形象思维和诗性语言为基本思维工具。而一旦人们用概念和理论说明万物的本原和生成过程时,哲学的思维方式就诞生了。过去人们用神来说明自然和社会,现在用抽象概念来说明,并使用逻辑证明。原始人面对变幻莫测的自然形象,靠狭隘的体验和丰富的想象力,塑造了拟人的神的形象。现在哲学家们依靠广阔的生活体验和理性去思索神及神人关系,构思理性神的观念。这样也就有可能挣脱神人同形同性观念的束缚,体验到神是单一的精神实体。这种由哲学家的理性思维产生的神学理论可以称为"理性神学"。它是希腊宗教意识的理性化,是希腊宗教思想发展的主要趋势之一。希腊理性神学是希腊古典时代哲学的一项副产品。

首先是苏格拉底。他在当时雅典公众的眼中是一个无神论者,并因此受到指控,被迫上法庭辩述,但他自己并不这样认为。他说,我从来就敬奉神明。"从幼年起就有一种声音降临于我心中"①,"经常降临的神的意旨不时地警告我,甚至极小的事如不应做,都要阻止我做。"②这位神委苏氏以重任——拯救雅典人的心灵,召唤他们的良知,洗心革面,重振城邦。苏氏自称是神赐予雅典人的礼物,以便"不时地唤醒、劝告、责备你们"。③由此可见苏格拉底是有神论者,而不是无神论者。不过,他信仰的神不是宙斯也不是传统神谱中的任何一位。它不像旧神住在奥林波斯山,而是苏格拉底自己体验到的神。这位神的本性是智慧。"真正的智慧是属于神的,神谕只是告诉我们,人的智慧微不足道,没有价值。"④"我认为'智慧'这个词太大了,它只适合于神;但'爱智'这个词倒适合于人。"⑤

可以说,苏格拉底提出了一种完整的理性神论。这种理性神学的理论是古典时期希腊哲学对宗教的渗透。在理性思维的作用下,传统的人格化的多神宗教被哲学扬弃了。希腊神学的发展进入了理性神阶段。它的产生一方面使希腊宗教的品位得到提升,起着破除传统宗教神秘主义的作用,但另一方面,它引入了理性神,主张通过沉思默想达到与神的沟通,因而又给希腊人的理性世界披上了一层新的神秘面纱。苏格拉底的目的论哲学合乎逻辑地要求他承认有一位最高的神主宰宇宙和人类社会。他从理智主义出发,悄悄地给宗教意识注入精神和道德的因素,使传统的人格神上升为理性

---

① 柏拉图:《申辩篇》31d。
② 柏拉图:《申辩篇》40a。
③ 柏拉图:《申辩篇》31a。
④ 柏拉图:《申辩篇》23a。
⑤ 柏拉图:《斐德罗篇》278d。

神,使已经不适应时代需要的非道德宗教向道德宗教嬗变。在此意义上,苏格拉底是当时希腊人的耶稣。"在基督教以前的整个古代时期,连希伯来人的古代时期也不例外,找不到一个比苏格拉底和基督更相近似的人物。在苏格拉底以后,在提高希腊文化的风格,使之可以和希伯来宗教相颉颃,从而为基督教做好准备方面,也没有一个希腊人比苏格拉底的弟子柏拉图做得更多的了。"①

柏拉图继苏格拉底之后继续朝着建构理性神学的方向迈进。西文"神学"(Theology)一词来源于希腊文Theos(神)和Logos(知),意为关于神的知识、道理、论述、学问或学科。柏拉图是西方最先使用"神学"这个词的人。②他在《国家篇》第二卷中想为神学确立几条原则或规范,并当作法律确定下来。他提出,为了建立一个理想的城邦,诗人们应避免荷马、赫西俄德以来的希腊诗学传统,把他们对诸神的解释提高到哲学真理的水平。人们应当"始终按照神的真相去表现神"。③这也就是说,要用理性思维去思考神的问题,不能把神说成是一切事件的原因,不能描写神带来了灾祸,不能把恶归于神;神不是魔术家,不会变化形体,也不会骗人,凡是与此相悖的故事应当一律禁止。④在他眼中,以往诗人们对神的描写充斥着谎言,建立真正的神学有待于哲学家们的努力。

柏拉图理性神学的核心篇章是他的《蒂迈欧篇》。在这篇对话中,柏拉图发表了同以往神话中的宇宙生成论不同的,同时又和自然哲学相对立的宇宙创造论。对话中的主要发言人蒂迈欧说,要阐述宇宙的生成最好先说明它的创造者和原型。宇宙的创造者就是神。他是善的,没有妒忌,希望万物都像他自己一样只有善没有恶;他将混乱无秩序的运动安排得有秩序,因为这样是最好的,这也就

---

① 斯特劳斯:《耶稣传》,吴永泉译,北京:商务印书馆,1981年,第1卷,第251页。
② 见柏拉图:《国家篇》386a。
③ 柏拉图:《国家篇》379a。
④ 柏拉图:《国家篇》377d—383b。

是宇宙的创造;他看到理性比非理性好,所以将理性放入灵魂,将灵魂放入躯体,将宇宙造成一个带有理性和灵魂的生物。①我们的这个世界,上至日月星辰,下至地上万物和人类自身,都是生成的,因而必定有一个生成万物的最终原因;它们又都是被造物,因而必定有一个创造者,它就是神,万物之父。

《蒂迈欧篇》中的神学具有以下几个明显的特征:第一,肯定作为宇宙创造者的理性神的存在,否定拟人的诸神具有真正的神性;第二,始终以理性的目的因解释宇宙和人的产生,反对自然哲学家用物质的必然原因作解释;第三,不排斥自然科学方面的内容,而是将它们纳入一个统一的神学理论,使自然科学知识服务于神学。综合起来看,柏拉图对神的体验同旧约《创世记》的神观有相似之处。他像《创世记》的作者一样,认为太初是混沌一体,神按自己的意愿从混沌中创造万物,而且赋予美好的秩序;这个序列的最高点是人,人分享神的智慧,管理世界;人们可以从被造物中体验到神的伟大、完满和爱心。柏拉图在对话结束处说,我们关于宇宙的讨论现在可以结束了。有了不朽的生物和有死的生物,这个宇宙也就成为一个完满的可以看见的有生命的东西;它包括一切可见的东西,即理性的影像,它成为一个可见的神,它是"最伟大的,卓越的,美好的,完满的"。②为了扫清这些宗教信仰的思想障碍,他竭尽全力论证神的存在,为希腊人信仰一位理性的思辨的神奠定基石。他对后世西方宗教神学的影响是深远的。

柏拉图的神学理论体系化程度不高。在他那里,神学理论淹没在哲学对话的汪洋之中,使人很难辨别他的真实思想。随着学术门类的分化,这种状况在亚里士多德那里得到了改观。他明确地提出一套体系化了的神学理论。他认为,研究自然生成原理的学问是

---

① 柏拉图:《蒂迈欧篇》29d—30c。
② 柏拉图:《蒂迈欧篇》92c。

"第二哲学",而研究原理和原因本身,研究实体及其本性的是"第一哲学"。第一哲学与神学有相通之处,因而又可叫"神学"。这个相通点主要是实体问题。实体可分三种,一是可感的有生灭的自然物,二是可感的无生灭的永恒运动的天体,三是不可感的,永恒不动的最高实体。唯有最高实体是单一的,纯形式的(不含质料的),永远现实的,至善的;它自身不动却推动万物运动,故称之为"第一推动者";它是纯理性的,纯精神的,以自身为认识和追求的对象,因而在它那里精神与精神的对象是同一的。它显然就是神。研究它的第一哲学也就是神学。①

既然神学和哲学的最高原理是同一的,那么亚里士多德的神必然是理性神、哲学神,神的内涵全靠哲学范畴来表述,靠逻辑推理来论证。神人关系被忽略了,神与自然的关系仅仅是动因与被动的关系,而没有柏拉图的创造与被创造的关系。这种神比之柏拉图的理性神更有理性,但却没有情感和体验。然而亚里士多德的神学自有他特殊的意义。正是他十分明确地将神看作单一的,至善的、理性的精神实体,这就与希腊人的神人同形同性论最后划清了界线。这种神学在当时虽然不被希腊人所理解,但到后来中世纪的时候,当基督教的神学理论遭到理性和科学的挑战,基督教神学家可以用这种理论来回敬理性对信仰的挑战,建立严密的神学体系。托马斯·阿奎那就悟到了亚里士多德神学的真谛。不过,正因为如此却又给神学带来灾难。因为信仰的问题更多的是依靠信念和自身的体验。从本质上说,二者有一个不可逾越的界线,否则信仰也就化为理性了。它是无法全靠理性来认识,用逻辑来证明的。愈是靠理性证明,就愈诱使人们靠逻辑和理性去思索,于是就愈陷入困境。这就是后来经院哲学的烦琐的逻辑论证的命运。

综上所述,希腊人的神灵观念之所以能不断更新、深化和发展,

---

① 参阅亚里士多德《形而上学》1071b4—1076a5。

哲学起了重要作用。要想在神学理论上有新的建树必须借助当时的哲学。希腊哲学家的宗教神学思想经过长期的发展,在古典时代行将结束之时,终于达到了"一神"和"理性"神的阶段。首先是苏格拉底以前的自然哲学家的对传统神话宗教的批判,但摆脱不了神话的思维方式,基本上还停留在自然神学的水平上;其次是智者的疑神论思想和苏格拉底以人生体验和理性为依托的神;最后是被柏拉图和亚里士多德发展了的、高度思辨的、体系化了的神学理论。尽管古典时代希腊人的理性神学还要经过希腊化时期的发展才能对基督教神学发生作用,但返溯这种神学理论的发展线索确实可以使我们体会到:"如果古希腊传统的连续性在欧洲从未被完全打破,那是由于希腊哲学使它保持了生命力,但若无作为自然神学的同一哲学作为基督教超自然神学的基础,那么这也是不可能的。"①

三、普罗提诺的神秘主义思想体系

讲完了希腊罗马人通神的两条道路,我还想给大家提供一个神秘主义思想体系的样本。这个体系是由新柏拉图主义者普罗提诺提出来的。

普罗提诺(Plotinus,约公元205—270)是新柏拉图主义的主要代表,新柏拉图主义的实际缔造者。"他是一位富有原创性的哲学天才,是晚期希腊思想史中唯一能达到柏拉图和亚里士多德水准的哲学家。"②由于有了他的弟子波菲利在编定出版普罗提诺遗著时撰写的传记,我们才对他的人格、思想、生活原则有了一些形象的了解。

柏拉图主义发展到公元3世纪初产生了新柏拉图主义,它的创

---

① Jaeger, W., *The Theology of the Early Greek Philosophy*, Oxford. 1947, p.2.
② Armstrong, A. H., ed., *The Cambridge History of Later Greek and Early Medieval Philosophy*, Cambridge, 1967, p.195.

始人据说是阿莫尼阿斯·萨卡斯,而它最出名的代表人物要数普罗提诺。普罗提诺出生于公元204年,出生地为当时罗马治下的上埃及的吕科坡利斯。普罗提诺在28岁左右到亚历山大里亚城学习哲学达11年之久,39岁时曾一度追随当时罗马皇帝哥狄阿努出征波斯;40岁时到罗马城定居达26年,直到66岁去世。"普罗提诺把宗教当作哲学一样接受,追求相同的目的。"[①] 普罗提诺广泛吸取各种宗教与哲学思想,制定了一个宗教与哲学合一的思想体系,成为了新柏拉主义的最主要代表人物。他的著作《九章集》在他去世30年以后,由学生波菲利整理出版。

普罗提诺思想体系的形成,使得新柏拉图学派成为一个独特的学派,并在罗马帝国产生越来越大的影响,有超过斯多亚学派之势。"新柏拉图学派的成长,不只是作为罗马帝国中的一个学术机构,而且还是一个宗教时代的一种精神运动。这种发展早在普罗提诺以前已经开始,它的这种特征是非常清楚的。无论是在名义上还是在事实上,神学原来就是属于希腊哲学的,新的东西是学院派哲学家们对宗教的态度。"[②]

以普罗提诺为主要代表的新柏拉图主义从阿漠尼乌开始算起,到东罗马皇帝查士丁尼于公元529年下令关闭雅典所有的哲学学校为止,前后发展持续了三个世纪左右。普罗提诺的思想体系是古代神秘主义的典范。它由两部分组成:第一部分是理论,通过对三一原理的阐述,从理论上说明自终极第一原理,太一逐步下降,经由神圣的第二原理心智到第三原理灵魂,然后进入最低的可感现象世界;第二部分是实践,以和第一部分相反的历程逐步上升,灵魂超越自身,脱离与现象世界的接触,超越和高于一切存在,重新返回到所

---

① Armstrong, A. H., ed., *The Cambridge History of Later Greek and Early Medieval Philosophy*, p.277.

② Ibid.

出自的太一,达到物我两忘、与神同在的境界。"我们不用再去寻找任何其他原理。这种太一、善就是我们的第一者;接着第一者而来的是心智原理、原初的思维者;接着心智原理的是灵魂。这就是自然的序列。"①

普罗提诺"三一原理"的基本主张是:太一是终极的第一原理,它就是万物而不是万物中的一种,万物都是属于太一所有,都可以上溯到太一;太一是完善的、盈满的,它的流溢产生出新东西,后者又转化成为再一次产生次一等级的父亲、沉思者,即第二原理心智;心智这个沉思者观照太一,它既是心智原理和存在,同时通过这种观照而达到和太一相似,它以一种巨大的力量,重复太一的活动;接着是从心智到灵魂的第二种流溢,由此出现第三原理灵魂,即作为出自理念的那种静止的心智生活,灵魂的作用不是静止的而是活动的,灵魂的形象通过它的运动表现出来,灵魂由于注视它的来源(心智)而获得它的盈满性;但是灵魂产生它的形相,灵魂采取一种向下的运动,这种灵魂的形相就是自然、感觉、植物等的原理。尽管存在太一、心智、灵魂这三个原理,但是万物一源,三者始终保持着同一性,第二、三原理都出自第一原理。它们彼此的关系是,离太一越远也就越不完善。太一是终极最高原理,就是神、善;心智按其本性处于永恒的活动之中,灵魂朝着心智或围绕心智运动。太一、心智、灵魂虽说是三个领域,但实际上是统一体,类似从一个源泉中发出的流溢、辐射、散发、光照。②从哲学发展的角度看,"成为古代哲学最后、最高问题的是:将宇宙作为精神产物来理解,甚至将物质世界及其一切现象作为在根源上和内容上都基本上是理智的或精神的来理解。宇宙精神化是古代哲学的最后结论。"③普罗提诺的三一原理

---

① 普罗提诺:《九章集》6:9:1。
② 同上。
③ 文德尔班:《哲学史教程》,第317页。

为古希腊哲学的宇宙观提出了一幅精神化的宇宙图景,这就是他的理性神学思想的哲学基础。普罗提诺哲学活动的目的不仅是要从理论上阐明太一如何经由心智下降到灵魂,直至最低等级的可感物质世界,而且更重要的是探讨如何通过一系列带有神秘主义色彩的宗教、伦理实践,使灵魂重新摆脱尘世,逐步上升,回到心智、太一(神)那里去。据说他临终时最后一句话是:"我试图将你带回到神那里,并将所有人带回到神那里。"①普罗提诺认为,这个世界存在着罪恶,它"根据必然规律缠着这个世界"。②灵魂降入有形体的物质后就与可感世界相接触,这样灵魂也就遭到玷污,从而导致灵魂的堕落。因此人的任务就是要改造自己,通过摆脱一切欲望来净化自己。灵魂想要的是避开罪恶,变得公正和虔诚,按智慧生活,按美德生活。美德带有至上者的最高的善的踪迹。美德从灵魂中剔除激情,使灵魂接近神,和神相似。灵魂由此得到净化,排除掉一切异己的东西,实现它的转向,即从它的影像、图形转向原本,再进而转向神圣的心智。最后,灵魂通过对神的爱,即神圣的美德才能达到解脱,达到和神的统一。但是,这种与太一神的最终结合,不仅要凭借人们自身的努力进行选择,而且还要等待太一神的出现,以便使人意识到永恒地呈现于灵魂。由于神的力量和召唤,人们的灵魂才能上升到神,上升到与神结合。只有这样,才能达到摒弃万事万物,物我两忘、神人结合的神秘境界。

通过宣扬这种神秘的灵魂解脱说,普罗提诺把哲学归结为宗教神秘主义,要求人的灵魂摆脱其与客观现实的物质世界的一切联系,通过心智凭借神秘的出神、迷狂、对神的爱,同时又由于神的眷顾、干预,才能上升到与神结合、观照神这个终极本原太一。这样一条达到人神合一境界的道路叫做辩证法。"辩证法,普罗提诺把它称

---

① 波菲利:《普罗提诺传》,第2节。
② 普罗提诺:《九章集》1:2:1。

为使灵魂简化,即使灵魂直接与神合一的一种方法",辩证法"在普罗提诺那里表现为一种状态——这就是出神状态。"①从神学的角度看,普罗提诺的辩证法可以称得上是一种"理性通神法",与神合一的境界在任何情况下都是神的恩赐。但人具有自己的自由意志,他不得不使自己配得上这种神化。他必须丢掉自己的一切感性,自己的整个意志,走向自己纯洁的本质。

晚期新柏拉图主义的重要人物普罗克洛把这个问题说得非常清楚。他认为,通向与神合一的境界之路是爱、真理和信仰。但是,只有通过信仰才能超越整个理性之路,灵魂才能与神完全结合,才能找到幸福狂欢的宁谧。②祷告和宗教崇拜的一切仪式都是接受这种神圣恩典的最有效的途径的准备。如果这些行动不是每一次都能得到神的最高的启示,至少可以得到低一级的神、幽灵、圣人的安抚和有益的启示,一切礼拜仪式都象征着个人与上帝的直接结合的演习。所以,我们可以把神圣的启示当作新柏拉图主义思想体系的特点,在新柏拉图主义那里,神灵的启示是个人摆脱外部一切干扰、沉浸于超越自我意识的一种过程。

针对性柏拉图主义代表人物普罗提诺说倡导的宗教精神,有学者就评价说:"普罗提诺是哲学史中最伟大的名字当中的一个,人类思想主要线索中的一名古典代表;他是典型的神秘主义者,那种造成他的神秘主义的更重要的东西是,他把这种神秘主义呈现为是整个希腊哲学发展的终极结果。此外,要是我们注意到普罗提诺以后的思想发展,我们可以看到,正是通过他,并通过受到过他的影响的圣奥古斯丁,这种神秘主义变成为基督教神学,成了中世纪和近代世界的宗教中的一个重要因素。"③在新柏拉图主义一类的哲学体系

---

① 《马克思恩格斯全集》,第40卷,第145页。
② 普罗克洛:《柏拉图蒂迈欧篇评注》1:24。
③ 凯尔德:《希腊哲学家中神学的演化》第2卷,第210页。

中,神启本来是对人的认识能力的补充,却必须在神对个人直接的启发中寻找。由于这个原因,神启也就被认为是对神圣真理的超理性的领悟,这种领悟只有个人同神本身接触才能逐渐获得。这种通过个别人与神的直接接触而得来的神启也被称作神秘或奥秘。"在这一点上,新柏拉图主义是后来一切神秘主义的根源。"①

扫一扫,观看讲座视频

---

① 文德尔班:《哲学史教程》上卷,第307页。

第15讲
总结：希腊哲学的基本精神

以上各讲，我们从求是、求本、求知、求真等十二个方面探讨了希腊罗马民族的精神追求。今天我们进行本门课程的总结，思考一下什么是希腊哲学的基本精神。

一、希腊哲学的地方性特征

古希腊是西方文明的发源地，古希腊哲学是西方哲学的初始阶段，整个西方哲学史是从古希腊哲学开始的。然而，古希腊哲学确实是一种"地方性思想"，具有各种"地方性"特征。"这种地方性不仅指地方、时间、阶级与各种问题而言，并且指情调而言——事情发生经过自有地方特性并与当地人对事物之想象能力相联系。"[①] 而在希腊哲学跨文化、跨地域的传播过程中，希腊哲学的"地方性"逐渐消退，其"世界性"逐渐增强，具备了诸多"世界性"的价值。因为哲学的本质是思想而不是知识，所以我不用学界近期流行的"地方性知识"这个文化人类学的概念，而用"地方性思想"这个概念来替代它。

希腊哲学在现代人心目中无疑拥有世界性的价值，很少有人会

---

① 克利福德·吉尔兹：《地方性知识：阐释人类学论文集》，北京：中央编译出版社，2000年，第273页。

因为这种哲学冠有"希腊"二字而径直认为它只是地方性的。但若我们考察希腊哲学思想的起源,它的地方性却会显露无遗。希腊哲学源起于公元前6世纪的古代希腊,希腊哲学思想是内生的还是外来的?黑格尔说:"在希腊生活的历史中,当我们进一步追溯时,以及有追溯的必要时,我们可以不必远溯到东方和埃及,只在希腊世界和希腊生活方式内,就可以追寻出:科学与艺术的发生、萌芽、发达,直到最盛的历程,以至衰落的根源,都纯粹在希腊人自己的范围之内。"①

黑格尔的这一观点是典型的"西方(希腊)中心论",但与历史事实不符,在古希腊所在的地中海区域并存着各种古代文化,希腊文化的兴起并不是最古老的,反而是希腊文化的后起决定了其来源有非希腊的一面。"希腊古典世界并不是一切事情的开端,相反,希腊人是在东方其他早期民族尽力投出的飞标所达到的地方拾起了这支飞标;这是一个自温克尔曼和赫尔德以来就得到承认的真理。表明这一点的,部分是在希腊文献本身中已有的对埃及古代文明的回顾,部分可以从宗教诗中,尤其是从赫西俄德的诗中读到。"②

论及希腊哲学思想的起源,公元3世纪时即有"希腊哲学始于蛮族"的说法,亦即认为希腊哲学的起源是非希腊的。持有这一说法的古人看到其他民族的思想家也有与希腊哲学家的思想相同之处,于是就认定这些非希腊的思想是希腊哲学家的思想来源。波斯人的祆教僧侣、巴比伦人的迦勒底学派、印度人的苦行僧、凯尔特人的神圣一族、埃及人的祭司,等等,都被他们抬出来作为"哲学活动开始于蛮族人"的证据。③

第欧根尼·拉尔修本人是个"希腊中心论"者。他反对"蛮族起

---

① 黑格尔:《哲学史讲演录》第1卷,第158页。
② 伽达默尔:《黑格尔与海德堡浪漫派》,严平编选《伽达默尔集》,第328页。
③ 第欧根尼·拉尔修:《名哲言行录》I.2。

源说",认为"这些作者忘记了,他们归于蛮族人的成就实际上属于希腊人,正是从希腊人那里,不仅是哲学,而且人类自身才得以开始。"①他批评"蛮族起源说"的方法是:承认这些非希腊人的观点与希腊哲学家的观点有相似之处,但指出这些非希腊的思想还不是"哲学"。"那些将哲学的发明归于野蛮一族的人又抬出了色雷斯人俄耳甫斯,称这位今年代久远者为哲学家。就我而言,考虑到他关于神的一些说法,很难知道是否应当把他称为哲学家。"②

考察希腊哲学的起源还有另外一层意思,即讨论希腊哲学的策源地。希腊哲学并非源于希腊本土,而是起于希腊人的海外殖民城邦,带有种种地方性特征。我们要知道,希腊哲学的策源地是伊奥尼亚和南意大利,而不是希腊本土的阿提卡半岛。早期哲学家大都来自希腊人在伊奥尼亚地区和南意大利的殖民城邦,而非后来被政治家伯里克利称作"全希腊的学校"的雅典。早期哲学家拥有的知识是零碎的,不系统的,五花八门的,缺乏理性论证的,他们的思想充满着地方性特征,他们的观点对世人来说是新颖的、无法理解的。

第欧根尼说:"哲学只能起源于希腊人,它不接受野蛮人的任何称谓。"③这一说法的要旨不在于否定希腊哲学的地方性特征,而在于强调希腊哲学的原创性。确实可以认为,承认希腊思想来源的非希腊性并不会导致对希腊思想原创性的否认。希腊哲学确实是古希腊民族的原创。罗素说:"在全部的历史里,最使人感到惊异或难于解说的莫过于希腊文明的突然兴起了。构成文明的大部分东西已经在埃及和美索不达米亚存在了好几千年,又从那里传播到了四邻的国家。但是其中却始终缺少着某些因素,直等到希腊人才把它们提供出来。"④

---

① 第欧根尼·拉尔修:《名哲言行录》I.2。
② 第欧根尼·拉尔修:《名哲言行录》I.5。
③ 第欧根尼·拉尔修:《名哲言行录》I.4。
④ 罗素:《西方哲学史》上卷,第24页。

那么,希腊人为西方,乃至于为全人类提供的这种因素是什么呢?就是"逻各斯"(道),就是理性,就是理性思维。希腊哲学的诞生就是希腊各城邦的那些原有的地方性"智慧"上升为一般的"逻各斯"的过程。哲学是以理论思维形式表现的人们对世界总体的认识。这一认识内容本身决定了哲学必然采用理性思维(逻辑思维)的方法。理性思维在西方始于古希腊,始于古希腊哲学。

海德格尔对早期希腊哲学家有过一个很奇怪的评价。他说:"赫拉克利特和巴门尼德还不是哲学家。为什么不是呢?因为他们是更伟大的思者。"①这是海德格尔的一个著名论断。我们要明白,在哲学兴起之前,这个世界上还存有思想。希腊思想的"第一个开端"在苏格拉底之前的早期思想家那里。人们通常称他们"哲学家"或"自然哲学家"。但海德格尔认为他们不是哲学家,而是"思者"。不过,否认希腊早期思想家是哲学家并不意味着他们对希腊哲学的诞生与发展不起作用,因为没有过渡和预备也就没有真正的开端。如果我们认定哲学的本质特征是理性思维方式,那么在爱利亚学派那里,这一特征已经明显表露。这是寓于希腊哲学"地方性"特征之中的"世界性"。理性是人类文明中现有的最高成就,它的发展过程和迄今为止的文明史过程同步。"哲学思维并不从某个零点开始,而是必须用我们已经拥有的语言来思考和说话。"所以,我们研究希腊哲学的学者喜欢把古希腊人的理性主义称作"逻各斯主义"或"逻各斯中心主义",视之为西方近代理性主义的前身。

二、希腊哲学的世界化历程

在以往研究中,学者们重视"古典时期",忽略长达八百年的晚

---

① 海德格尔:《什么是哲学?》,引自孙周兴:《说不可说之神秘》,上海:上海三联书店,1994年,第80页。

期,重视"纯希腊"的东西,忽视希腊哲学走向东方,走向整个地中海世界以后的情况,重视"纯哲学",忽视哲学与宗教在罗马帝国文化环境中的内在联系、基督教与希腊罗马哲学在罗马帝国的碰撞与融合以及古代基督教哲学家对希腊罗马哲学的超越。产生这种偏向的一个重要原因是:不了解古希腊哲学的地方性特征,不了解希腊哲学跨文化传播过程中发生的嬗变。如果我们从哲学的跨文化传播出发看问题,从希腊哲学的世界化角度去看待晚期希腊哲学,我们就有可能产生新的判断。

希腊哲学的跨文化传播分三步走:第一步是随着亚历山大大帝征战的步伐传遍整个亚历山大大帝国(希腊化时期);第二步是随着罗马帝国的建立传遍整个地中海世界(罗马帝国时期);第三步是西罗马帝国崩溃以后,进入阿拉伯—伊斯兰文化圈,直至欧洲文艺复兴(西方中世纪)。

希腊哲学是"希腊精神的嫡子"[①]。广义的希腊哲学不仅是指希腊古典时代的哲学,而且包括希腊化时期的哲学和罗马帝国时期的哲学在内。晚期希腊哲学是希腊哲学跨文化传播的产物,它已不是纯粹的"希腊哲学"。把握了地中海世界的文化变迁,方能准确认识晚期希腊哲学。"从希腊化至罗马帝国时期的哲学(通称晚期希腊哲学),从学说内容至哲学家的活动和学派的建立,以及哲学的影响都是地中海世界的现象,而不仅仅是希腊罗马本土的成果。希腊文化与希伯来文化的相会,早期基督教与希腊哲学之间的关系,更是地中海世界的现象。"[②]

把握了地中海世界文化传播与交流的总体状况,描述希腊晚期哲学的发展就有了一个基本框架。首先,我们看到希腊古典时期的

---

① 文德尔班:《古代哲学史》,第3页。
② 汪子嵩、陈村富、包利民、章雪富:《希腊哲学史》第4卷,北京:人民出版社,2010年,第2页。

哲学对晚期哲学有重大影响，晚期哲学是古典时期哲学的延续，晚期各个哲学流派的表现形式受到古典时期哲学体系的制约；其次，晚期哲学受时代变迁的影响，哲学的社会功能突显，因此，各种哲学普遍具有伦理化、实用化倾向；再次，处在一个社会动荡和文化变迁的时代，晚期各种哲学必然要反映时代的变化，要对当时的宗教浪潮作出回应，因此在观念交流与精神融合的过程中，哲学与神学的界线消融。希腊哲学经过晚期的发展，多样化、非希腊化了。斯多亚学派对伦理学的重视及其世界主义、斐洛的犹太—希腊哲学、怀疑论对不可信与不可知的探索、新柏拉图主义中哲学与宗教的合流，所有这些有关晚期希腊哲学发展的具体问题都需要我们对哲学有比较宽泛的理解，不能把晚期希腊哲学问题仅限于所谓本体论或形而上学。

公元529年，东罗马帝国皇帝查士丁尼下令关闭雅典所有的哲学学校，希腊哲学的发展在外在形态上走向终结，但希腊哲学的理性精神和论证方法并没有死亡。它们被基督教思想家系统地吸取并加以运用，成为建构基督教神学教义体系的根本方法。奥古斯丁在融合希腊哲学与基督教思想方面作得最为成功。他用基督教的教义精神重整柏拉图和普罗提诺的理论，终于把基督教哲学扩展到自成家数的阶段。他是西罗马帝国最伟大的哲学家。中世纪的基督教哲学家大都继承这一路线，其融合古典思想与基督教精神的努力贯穿于整个西欧中世纪。基督教哲学家让理性服从信仰，但并没有驱逐理性。所以，整个中世纪虽然没有独立的希腊哲学研究，但希腊哲学的理性精神在经院哲学中得到一定程度的延续。

西罗马帝国崩溃以后，希腊哲学的遗产在地中海世界大部分佚失，但在阿拉伯—伊斯兰世界却得以保存。"当哲学正像科学和艺术一样，在西方由于日尔曼民族的统治而枯萎的时候，它就逃奔到阿拉伯人那里去，并且在那里达到一种美好的繁荣；并且正是从他们那里,首先有些哲学方面的东西来到了西方。"①公元8世纪时,阿拉伯世界开始对希腊哲学著作进行大规模的翻译,扩展了阿拉伯词汇,形成了与希腊概念相对应的哲学概念。"阿拉伯人主要地是通过落到他们的统治之下的叙利亚人得知希腊的哲学。叙利亚人是有希腊的文化教养的,并且形成了希腊国家的一部分。在叙利亚,在安提阿,特别是在贝鲁特和以得撒,有很大的学术机关。叙利亚人构成了希腊哲学和阿拉伯哲学之间的联接点。"②到了公元9世纪末,巴格达成为阿拉伯世界的学术中心。阿拉伯人积极主动地掌握希腊文化的遗产,并且创造性地将其推进。

阿拉伯人对希腊哲学的兴趣集中于柏拉图、亚里士多德和新柏拉图主义。"阿拉伯人之获知亚里士多德的哲学,这件事具有这样的历史意义:最初乃是通过这条道路,西方才知悉了亚里士多德。对亚里士多德作品的评注和亚里士多德的章句的彙编,对于西方各国,成了哲学的源泉。西方人曾在一个长时期里面,除了这些亚里士多德著作的重译本和阿拉伯人的评注的翻译之外,半点也不认识亚里士多德。"③以翻译希腊哲学著作为基础,伊斯兰世界出现了不少著名的哲学家对希腊哲学进行研究。正是通过他们的努力,文艺复兴后的西欧才得以重新从伊斯兰世界的文化宝藏里把希腊文献发掘和迎接回来,使之在欧洲重新得到研究和发展。希腊哲学在阿拉伯文化中的传播过程告诉我们:希腊哲学并非西方人的专利。它也属于东方,属于全人类。

在把握了希腊哲学跨文化传播的主要历史事实以后,我们可以回答这样一个问题:希腊哲学在跨文化传播中是否丧失了它的地方性特性?

---

① 黑格尔:《哲学史讲演录》第3卷,第251页。
② 黑格尔:《哲学史讲演录》第3卷,第252页。
③ 黑格尔:《哲学史讲演录》第3卷,第261页。

我们首先可以明确的是,希腊哲学在跨文化传播中确实丧失了它的地方性特征,但是希腊哲学经历了跨文化传播过程以后依然是希腊哲学。为什么?因为希腊哲学在跨文化传播中并没有丧失其基本特征,希腊哲学锻造的理性思维方式没有被后人抛弃,希腊哲学的基本精神没有被后人遗忘。而且正是由于古希腊哲学经历了跨文化传播,它的世界性价值才体现出来,才令后人"感念古代的崇高成就,始终不忘希腊思想为人类文化所创造出来的东西具有不可磨灭的价值"[1]。"西方精神、现代精神是希腊人的发现,希腊人是属于现代世界的。"[2]

进入全球化时代以后,希腊哲学继续向全世界各个地区传播。希腊哲学在其向其他民族、其他地域传播的过程中虽然失去了其原有的地方性,甚至失去了他的民族性,乃至于最终将会失去它的希腊名字,但它的基本精神已经化为更新中的其他文化的基因。正因如此,我们可以说希腊哲学的特征是地方性与世界性的统一。希腊哲学"地方性"特征的消失正是其"世界性"特征增强的同一过程。

三、希腊哲学的基本精神

世上自有"哲学"以来,它就像一个幽灵,充当着文化基因的角色,在民族的精神家园中生存,在民族文化中穿行,想要体现时代和民族的根本精神!而哲学的种子一旦离开本土,落在异质文化的土壤中生长,又会招致种种赞誉或诋毁。

假定中国文化始终处于一个封闭的环境,没有与外界发生文化交流,又假定西方文化在其自身发展中也隅于一方,从来没有与中

---

[1] 文德尔班:《古代哲学史》,序言,第2页。
[2] 伊迪丝·汉密尔顿:《希腊方式——通向西方文明的源流》,徐齐平译,杭州:浙江人民出版社,1988年,第4页。

国文化有什么接触,那么不会有什么哲学与文化的传播问题。可是历史给我们呈现了一幅别样的画卷。"西方史学之父"希罗多德(Herodotus,约公元前484—前425)告诉我们,大约公元前6世纪就有一位旅行家亚里斯特亚斯(Aristeas)随商队远行,遇上了无数冰天雪地和"难以逾越的崇山峻岭",而在山那边,直到大海之滨,居住着"北风那边的人"(Hyperboreans)。①后来有学者考证,这次旅行的起点是顿河口岸,终点是阿尔泰山,这位传说中的旅行家很可能是第一个试图抵达中国的希腊人。②"这些记载说明公元前六到五世纪,中国和希腊之间确已有了来往。"③汉朝的中国人已经知道位于欧洲的罗马帝国,称之为"黎轩"或"大秦"。④公元97年,东汉西域都护班超遣部将甘英出使大秦,止于"条支"(安提阿,Antioch)。由此可见,中国人与西方世界的交往可以说是绵延不断,不绝如缕。⑤我们看到,从那个时候起,各个时代的西方有识之士一直都在延续先祖们做过的事情,孜孜不倦地推进西方各国人民与中国人民的交流。知晓了中国和希腊两国文化交流的历史事实,我们这些当代的中国人自当更对希腊文化传统无比珍惜!

从世界范围看,公元前5世纪前后是人类社会发展的"轴心时代"。在这一时期,原先相对独立发展的希腊、中国、印度等地都出现了伟大的思想家,在希腊有苏格拉底、柏拉图、亚里士多德,在中国有老子、孔子,在印度有释迦牟尼。他们都对人类关切的根本问题提出了独到的见解,为其所属的文化传统的进一步发展奠定了方向。他们都是思想家、哲学家,更是教育家,他们的伟大思想不但开启当时本族本民的思想大门,而且后来还突破了民族的樊篱而泽被

---

① 希罗多德:《历史》,第271页。
② 参阅方豪:《中西交通史》,台北:中国文化大学出版部,1983年,第64页。
③ 沈福伟:《中西文化交流史》,上海:上海人民出版社,1998年,第20页。
④ 参阅沈福伟:《中西文化交流史》,第51页。
⑤ 参阅方豪:《中西交通史》,第163页。

后世,为世界的精神文明作出了重大的贡献,以其深刻的精神价值烙印而成为全人类共同的精神财富,从而具有深广的世界性价值。在一个全球化的时代,我们应当突破民族主义的局限,加强对这些思想宝藏的挖掘和开采,对全世界人民进行传播。[①]

希腊哲学的基本精神可以跨文化传播,也可以跨文化穿越。以中国文化为例。明末清初"西学东渐"时,希腊哲学开始传入中国。中国基督徒李之藻与耶稣会传教士傅汎际合作,翻译了亚里士多德的哲学论文《名理探》和《寰有诠》。20世纪30年代,中国学者翻译了大量的希腊哲学原著,撰写出一批研究性的著作,比如朱公振的《希腊三哲》、李石岑的《希腊三大哲学家》、严群的《希腊思想》、李仲融的《希腊哲学史》等等。陈康先生于40年代出版了《巴曼尼德斯篇》,在翻译之外对原著作了详尽的诠释,陈康先生的工作激发了不少人研究希腊哲学的兴趣,表现了中国学者翻译诠释希腊哲学典籍、勇攀世界学术高峰的气概。中国学者坚信希腊哲学是人类智慧的伟大宝库,整个西方文化发展的基因就包含在希腊哲学之中。

从上世纪30年代开始中国学者对希腊哲学进行独立研究以来,中国学者基本上掌握了古希腊哲学的精髓,形成了自己相对独立的、有别于英美学者的系统见解,并向世人奉献了完整的中国版的"希腊哲学史"。可以说,中国学者在中国文化与希腊文化的双向交流中,已经完成了把"希腊哲学"本土化或中国化的过程。我相信在今后的岁月中,中国学者将更多地走上国际学术舞台,在与各国学者的交流中不断提高自己的水平,弥补自己的不足,在希腊哲学研究这块全球"公共领地"上,更多地留下中国学者的印记。在当今全球化时代,一切有价值的文化成果,早已跨越国界,成为世界的文化,成为全人类的文化成果。中国的优秀传统文化需要弘扬,外国的优秀文化成果我们也要吸取。建设和繁荣中华文化,我们自身也

[①] 希罗多德:《历史》,第271页。

要面向世界,以开放的心态主动吸取外国各个时期创造的优秀成果,促进中国传统文化的更新,进而创造当代的中华文化。这是中国文化建设事业本身的要求,不但是中华文化建设不可缺少的内容,也是中国学术界不可推卸的历史责任。

中国现代哲学发展的历史告诉我们,自"西学东渐"以来,许多中国哲学家在传播西方哲学的同时,融汇中西哲学,创建了自己的哲学体系,也使中国哲学走向世界。20世纪的中国哲学家前辈在引介西方哲学的基础上,创建出了有中国特色的哲学思想体系。马克思有句名言:"世界的哲学化同时也就是哲学的世界化。"[1]哲学是全人类的共同财富,希腊哲学世界化了,其他民族的哲学也要沿着世界化的道路前进。在此意义上,希腊哲学的世界化历程值得当代中国哲学家们借鉴。

什么是希腊哲学的基本精神?黑格尔有过一个总结。他说:"正如希腊人在生活上安于家园一样,哲学也是畅适自足,哲学上的畅适自足,亦即人在精神上的畅适自足,怡然如在家园。如果我们对希腊人有家园之感,就应该对他们的哲学特别有家园之感,——不过哲学并不只是在希腊人那里有如故乡,因为哲学本身正是人的精神的故乡;我们在哲学里所从事的,乃是思想;乃是我们内在的东西,乃是摆脱一切特殊性的自由精神。思想的发展,在希腊人那里,是从他们最原始的素质中启发出来,发展出来的;我们不必远求于外在的机缘,便可研讨希腊哲学。要了解希腊哲学,我们必须亲身流连于希腊人的精神生活之中。"[2]可见,黑格尔认为希腊哲学的基本精神就是哲学的基本精神,就是摆脱一切特殊性的自由精神。

我们在以上各讲中分别从求是、求本、求知、求真、求实、求美、

---

[1] 马克思:《博士论文》,《马克思恩格斯全集》第40卷,北京:人民出版社,1972年,第258页。

[2] 黑格尔:《哲学史讲演录》第1卷,第159页。

求善、求礼、求福、求圣这十二个方面探讨了希腊哲学基本精神。由于每个人的认识和理解有差异,黑格尔的这个观点我们只能拿来做参考。在深入学习和研究希腊哲学的前提下,我相信我们大家完全可以对希腊哲学精神有新的总结,有你自己的总结。

讲到这里,我们这门课就要结束了。我希望同学们在课后能以各种方式继续学习希腊哲学,努力阅读西方古代经典,以求深入领会希腊哲学的基本精神,提高自己的理论思维能力,养成高尚的情操,全面提升自己的人文素质。

扫一扫,观看讲座视频

参考书目

爱弥尔·涂尔干:《宗教生活的基本形式》,渠东、汲喆译,上海:上海人民出版社,2006年。
奥古斯丁:《忏悔录》,周士良译,北京:商务印书馆,1982年。
奥古斯丁:《论三位一体》,周伟驰译,上海:上海人民出版社,2005年。
奥古斯丁:《上帝之城》,王晓朝译,北京:人民出版社,2006年,第481页。
柏拉图:《柏拉图全集》4卷,王晓朝译,北京:人民出版社,2002-03年。
包利民:《生命与逻各斯——希腊伦理思想史论》,北京:东方出版社,1996年。
北京大学哲学系外国哲学史教研室编译:《古希腊罗马哲学》,北京:商务印书馆,1962年。
波普尔:《客观知识》,舒炜光等译,上海:上海译文出版社,1987年。
策勒尔:《古希腊哲学史纲》,翁绍军译,济南:山东人民出版社,1996年。
陈恒:《希腊化研究》,北京:商务印书馆,2006年。
大卫·福莱主编:《从亚里士多德到奥古斯丁》,冯俊等译,帕金森、杉克尔总主编:《劳特利奇哲学史》第二卷,北京:中国人民大学出版社,2004年。
丹纳:《艺术哲学》,傅雷译,北京:人民文学出版社,1983年。
第欧根尼·拉尔修:《名哲言行录》,徐开来、溥林译,桂林:广西师范大学出版社,2010年。
方豪:《中西交通史》,台北:中国文化大学出版部,1983年。
傅元吉:《人性缺陷与文化控制——现代危机根源探究》,北京:知识产权出版社,2011年。
古汉语常用字字典编写组:《古汉语常用字字典》第3版,北京:商务印书馆,

1999年。
黑格尔:《哲学史讲演录》4卷,贺麟、王太庆译,北京:商务印书馆,1981年。
卡西尔:《人论》,甘阳译,上海:上海译文出版社,1985年。
康德:《实践理性批判》,邓晓芒译,北京:人民出版社,2003年。
克利福德·吉尔兹:《地方性知识:阐释人类学论文集》,北京:中央编译出版社,2000年。
罗斯:《社会控制》,北京:华夏出版社,1989年。
罗斯托采夫:《罗马帝国社会经济史》,马雍译,北京:商务印书馆,1985年。
罗素:《西方哲学史》,何兆武、李约瑟译,北京:商务印书馆,1981年。
罗伊德:《亚里士多德思想的成长与结构》,台湾:联经出版事业公司,1979年,第204页。
吕大吉:《宗教学通论新编》,北京:中国社会科学出版社,1998年。
马克思、恩格斯:《马克思恩格斯选集》,北京:人民出版社,1995年。
马克思:《博士论文》,《马克思恩格斯全集》第40卷,北京:人民出版社,1972年。
麦克思·缪勒:《宗教的起源与发展》,金泽译,上海:上海人民出版社,1989年。
威廉·詹姆士:《宗教经验之种种》,北京:商务印书馆,1984年。
麦克斯·缪勒:《宗教学导论》,陈观胜、李培茱译,上海:上海人民出版社,1989年。
欧文·辛格:《爱的本性》,高光杰等译,昆明:云南人民出版社,1992年。
皮亚杰:《发生认识论原理》,王宪钿等译,北京:商务印书馆,1985年。
色诺芬:《回忆苏格拉底》,吴永泉译,北京:商务印书馆,1984年。
沈福伟:《中西文化交流史》,上海:上海人民出版社,1998年。
斯特劳斯:《耶稣传》,吴永泉译,北京:商务印书馆,1981年。
宋继杰主编:《Being与西方哲学传统》,保定:河北大学出版社,2002年。
苏维托尼乌斯:《罗马十二帝王传》,张竹明等译,北京:商务印书馆,1996年。
孙周兴:《说不可说之神秘》,上海:三联书店,1994年。

孙周兴编:《古希腊语简明教程》,上海:上海人民出版社,2010年。

孙周兴选编:《海德格尔选集》,上海:三联书店,1996年。

泰勒主编:《从开端到柏拉图》,《劳特利奇哲学史》第1卷,韩东晖等译,北京:中国人民大学出版社,2003年。

瓦罗:《论农业》,王家绶译,商务印书馆,北京,1982年。

汪子嵩、陈村富、包利民、章雪富:《希腊哲学史》第4卷,北京:人民出版社,2010年。

汪子嵩、范明生、陈村富、姚介厚:《希腊哲学史》,1—3卷,北京:人民出版社,1988-2003年。

汪子嵩著:《亚里士多德关于本体的学说》,北京:三联书店,1982年。

王路:《"是"与"真"——形而上学的基石》,北京:人民出版社,2003年。

王路:《亚里士多德的逻辑学说》,北京:中国社会科学出版社,修订版,2005年。

王晓朝:《基督教与帝国文化:关于早期希腊罗马护教论与中国护教论的比较研究》,北京:东方出版社,1997年。

王晓朝:《教父学研究——文化视野下的教父哲学》,保定:河北大学出版社,2003年。

王晓朝:《跨文化视野下的希腊形上学反思》,北京:人民出版社,2014年9月。

王晓朝:《罗马帝国文化转型论》,北京:中国社会科学文献出版社,2002年。

王晓朝:《神秘与理性的交融:基督教神秘主义探源》,杭州:杭州大学出版社,1998年。

王晓朝:《希腊哲学简史——从荷马到奥古斯丁》,上海:上海三联出版社,2007年6月。

王晓朝:《希腊宗教概论》,上海:上海人民出版社,1997年。

王晓朝:《信仰与理性——古代基督教教父思想家评传》(合著),北京:东方出版社,2001年。

王晓朝:《宗教学基础十五讲》,北京:北京大学出版社,2003年。

威尔·杜兰:《希腊的黄金时代》,《世界文明史》第六卷,台湾:幼狮出版公司,1974年。

威尔·杜兰:《希腊的衰落》,《世界文明史》第七卷,台湾:台北,1974年。

维柯:《新科学》,朱光潜译,北京:人民文学出版社,1987年。

文德尔班:《古代哲学史》,詹文杰译,上海:上海三联书店,2009年。

文德尔班:《哲学史教程》,罗达仁译,北京:商务印书馆,1987年。

吴国盛:《科学的历程》第二版,北京:北京大学出版社,2002年。

西塞罗:《西塞罗全集》1—3卷,王晓朝译,北京:人民出版社,2008年。

希罗多德:《历史》,王以铸译,北京:商务印书馆,1981年。

肖原著:《拉丁语基础》,北京:商务印书馆,1983年。

萧诗美:《是的哲学研究》,武汉:武汉大学出版社,2003年。

谢大任主编:《拉丁语汉语词典》,北京:商务印书馆,1988年。

修昔底德:《伯罗奔尼撒战争史》,谢德风译,北京:商务印书馆,1960年。

许慎:《说文解字》,北京:九州出版社,2001年。

许慎撰,段玉裁注,《说文解字注》,上海:上海古籍出版社,1981年。

亚里士多德:《形而上学》,吴寿彭译,北京:商务印书馆,1981年。

亚里士多德:《亚里士多德全集》,10卷,苗力田主编,北京:中国人民大学出版社,1990—1997年。

严平编选:《伽达默尔集》,上海:远东出版社,1997年。

杨适:《古希腊哲学探本》,北京:商务印书馆,2003年。

姚介厚:《古代希腊与罗马哲学》,《西方哲学史》第2卷,南京:江苏人民出版社,2005年。

伊迪丝·汉密尔顿:《希腊方式——通向西方文明的源流》,徐齐平译,杭州:浙江人民出版社,1988年。

约翰·麦奎利:《二十世纪宗教思想》,高师宁等译,上海:上海人民出版社,1989年。

中国社会科学院语言研究所词典编辑室编:《现代汉语词典》(修订本),北京:商务印书馆,1996年。

Armstrong, A. H., ed., *The Cambridge History of Later Greek and Early Medieval Philosophy*, Cambridge, 1967, p.195.

Augustine, *Contra Academicos*, trans. by M. P. Carvey, Wisconsin: Marquette University Press, 1957.

Campenhausen, H., *The Fathers of the Greek Church*, Pantheon, New York, 1959.

Cicero, Cicero, Loeb Classical Library, 29 vols, Latin Texts and English translations, Harvard University Press, 1969.

Cross, F. L., The Oxford Dictionary of the Christian Church, Oxford University Press, 1974.

Edward Tylor, Primitive Culture: Researches into the Development of Mythology, Philosophy, Religion, Language, Art and Custom, John Murray Co. London, 1871.

Edwards, P., ed., The Encyclopedia of Philosophy, vol., 5, Macmillan Publisheing Co., Inc., New York, 1967.

Farnell, L. R., Outline History of Greek Religion, Ares Publishers Inc. Chicago, 1921.

Ferguson, E., Encyclopedia of Early Christianity, Garland Publishing, Inc., New York & London, 1990.

Forrest Baird & Walter Kaufmann ed., Philosophic Classics, vol. 1, Ancient Philosophy, Second edition, Prentice Hall, New Jersey, 1997.

Guthrie, W. K. C., A History of Greek Philosophy, Cambridge University Press, vol. 1, 1971.

Jaeger, W., The Theology of the Early Greek Philosophy, Oxford. 1947, p.2.

Koester, H., Introduction to the New Testament, Vol. 1, Berlin, New York, 1982.

Liddell H. G., & Scott, R., Greek-English Lexicon, with a Revised Supplement, Clarendon Press, Oxford, 1996.

Peters, F. E., Greek Philosophical Terms: A Historical Lexicon, New York: New York University Press, 1967.

Schaff, P., ed., A Select Library of the Nicene and Post-Nicene Fathers of the Christian Church, Michigan, 1994.

学堂在线是全球最大的中文MOOC(大规模开放在线课程)平台,是教育部在线教育研究中心的研究交流和成果应用平台,致力于通过来自国内外一流名校开设的大规模开放式在线学习课程,为公众提供系统的高等教育,让每一个中国人都有机会享受优质教育资源。

2013年10月10日,以xuetangx.com上线为标志,学堂在线正式宣告成立,面向用户和合作机构提供更多的优质教育资源和更高效的资源共享机制。截止2016年3月,平台注册用户达250万,制作和搭载课程总计超过800门,超过440万人次在学堂在线平台选课学习。通过和清华大学在线教育研究中心、以及国内外知名大学的紧密合作,学堂在线将不断增加课程的种类和丰富程度。

学堂在线目前运行了包括清华大学、北京大学、麻省理工学院、斯坦福大学等60多所国内外顶尖高校优质课程,同时,还与edX、斯坦福大学、法国国家慕课平台、育网、新竹清华磨课师等平台互换。在2015年发布的"全球慕课排行"中,学堂在线成为"拥有最多精品好课"的三甲平台之一。

至今,学堂在线已全面覆盖PC端、手机APP端、PAD端和电视端四种学习终端,实现依据个人兴趣、知识水平和行为规律,为学生推荐个性化的学习课程和学习模块,提供最全面的网络学习功能和教学辅助功能;支撑多元教学理念和教学目标的实现,为教师提供专业实时的教学数据分析,掌握学生情况,监控教学进度,分析教学难点;基于Open EdX代码和云技术,为学校及各类合作机构提供建课、用课、管课一站式综合服务,真正通过前沿的互联网技术模拟甚至超远线下课堂环境。

　　两年来,学堂在线作为我国新兴的在线教育行业领先企业,始终积极在"互联网+教育"的前沿领域开展实践和探索,大力推动高等教育、基础教育、职业教育和继续教育的创新,努力深化与世界顶尖学习平台的合作,以互联网思维打造国际化的慕课平台。